新时代 北京卷

教育文库

北 京 市 二 十 一 世 纪 国 际 学 校

为学生播下"豪迈"的种子
——北京一所国际化学校的新样态

范胜武◎主编

中国言实出版社

图书在版编目(CIP)数据

为学生播下"豪迈"的种子——北京一所国际化学校的
新样态 / 范胜武主编. -- 北京:中国言实出版社,2022.12
(新时代教育文库.北京卷)
ISBN 978-7-5171-4329-1

Ⅰ. ①世… Ⅱ. ①范… Ⅲ. ①中小学教育—文集
Ⅳ. ①G63-53

中国版本图书馆CIP数据核字(2022)第254159号

为学生播下"豪迈"的种子——北京一所国际化学校的新样态

责任编辑:王战星
责任校对:张　丽

出版发行: 中国言实出版社
　　　　　地　址: 北京市朝阳区北苑路180号加利大厦5号楼105室
　　　　　邮　编: 100101
　　　　　编辑部: 北京市海淀区花园路6号院B座6层
　　　　　邮　编: 100088
　　　　　电　话: 010-64924853(总编室)　010-64924716(发行部)
　　　　　网　址: www.zgyscbs.cn　电子邮箱: zgyscbs@263.net

经　　销: 新华书店
印　　刷: 北京虎彩文化传播有限公司
版　　次: 2023年2月第1版　2023年2月第1次印刷
规　　格: 710毫米×1000毫米　1/16　24.5印张
字　　数: 380千字

定　　价: 89.00元
书　　号: ISBN 978-7-5171-4329-1

本书主编简介

范胜武，北京市语文特级教师，北京市二十一世纪国际学校党委书记、校长；兼任中国教育学会中小学德育研究分会理事、中国民办教育协会民办教育研究协作会副理事长、中国教育国际交流协会民办教育国际交流分会理事等。曾获省部级先进工作者、省部级优秀教师、第三届"明远教育奖"、地市级"十佳优秀党员"、地市级党代表（三届），2018年荣登"北京社会好人榜"。

出版《重构学校文化》《拥抱未来：范胜武的全人教育与世纪梦想》等著作，参与编写教材2本，发表文章70余篇，其中多篇发表于《人民教育》《中国教育报》等核心报刊；先后主持国家级课题3项，市级课题3项，区级课题6项。多项教育教学成果获奖，如：2017年、2021年获北京市基础教育教学成果奖二等奖（北京市政府颁发）；在北京市基础教育课程建设优秀成果评选中，2018年、2020年获一等奖，2017年、2019年、2021年、2022年获二等奖。

文库编委会

主　任：顾明远

编　委：（以下按姓氏笔画排序）

尹后庆　代蕊华　朱卫国　朱旭东

李　烈　李有毅　吴颖民　陈如平

罗　洁　姚　炜　唐江澎　韩　平

褚宏启

本书编委会

主　编：范胜武

副主编：郭利军　喻淑双　秦元升　李家军　李志鹏

编　委：王文红　王　冲　王宏宇　王　虹　王海霞

　　　　牛丽华　付海燕　冯立彦　冯晓丹　朱　琳

　　　　向晓燕　刘亦柠　孙　莉　阳文孜　严　妍

　　　　苏万书　李羊洋　李翠玲　杨　蓉　杨　斓

　　　　吴　洁　宋泽茹　张亚楠　张　娜　张新俊

　　　　陈娟娟　苗智文　林　琳　欧　沛　周松涛

　　　　孟繁乔　赵月梅　赵　龙　赵　芳　赵芳薇

　　　　赵海军　胡文静　凌　艳　高　妍　郭茜茜

　　　　崔广坤　逯春玉　彭丽国　焦　扬　詹小妹

　　　　薛　靓

总　序

　　党的二十大报告中指出，"高质量发展是全面建设社会主义现代化国家的首要任务"、"教育、科技、人才是全面建设社会主义现代化国家的基础性、战略性支撑。必须坚持科技是第一生产力、人才是第一资源、创新是第一动力，深入实施科教兴国战略、人才强国战略、创新驱动发展战略，开辟发展新领域新赛道，不断塑造发展新动能新优势"。为深刻领会以习近平同志为核心的党中央作出这一战略部署的深义和赋予教育的新使命新任务，加快建设教育强国，加快推进教育高质量发展，展示新时代我国基础教育的发展变革和取得的重大成就，中国言实出版社策划、出版了"新时代教育文库"丛书。

　　进入新时代以来，教育系统全面贯彻党的教育方针，落实立德树人根本任务，培养德智体美劳全面发展的社会主义建设者和接班人；促进教育公平、提升教育质量，加快推进教育现代化，办好人民满意的教育。教育的中国特色更加鲜明，教育面貌正在发生格局性变化。新时代以来，我国教育普及水平实现了历史性跨越，更好地保障了人民受教育的机会；教育服务能力稳步提升，为国家重大战略实施和经济社会发展提供了强大的人才和智力支撑；教育改革开放持续深化，服务全民终身学习的教育体系进一步完善。"新时代教育文库"丛书记录了、见证了基础教育事业的发展变革，对研究我国基础教育具有一定的史料价值。

本丛书选题视野开阔，立意深远。丛书以地区分卷，入选学校办学特色鲜明、教学教研成果突出，既收录了办学者、管理者高水平的理论研究创新成果，也收录了一线教师对课堂教学的真实感悟案例，收录了一线管理者的成功经验总结，这些，对基础教育工作者、研究者具有一定的参考价值。

是为序。

著名教育家，中国教育学会名誉会长、北京师范大学资深教授

2022 年 12 月

荐　序

　　党的二十大报告强调:"教育是国之大计,党之大计。"教育决定中国的未来,教育决定国家的核心竞争力。如果说,经济是中国硬实力的基础,教育则是中国软实力的基础。

　　要办好教育,需要全国上下、方方面面的支持。我是搞经济工作的,近年来,也越来越多地关注教育,希望教育能为中国经济的腾飞助力。

　　在长期的经济工作中,我注意到,从互联网到经济全球化都贯穿着"连接"这一核心理念。所以,在2020年首届东钱湖教育论坛上,我提出教育也要"连接"的观点。就是要把教育的"德、智、体、美、劳"五个方面连接起来,把学校教育、家庭教育和社会教育连接起来,把中国教育和国际教育的交流合作连接起来。

　　党的二十大报告提出:"引导规范民办教育发展。"机缘巧合,我认识了范胜武先生——北京市二十一世纪国际学校的校长。北京市二十一世纪国际学校是北京一所知名的民办学校。这所学校以"做豪迈的中国人"为校训,把"家国情怀和世界眼光"有效融合在一起,并在学校教学上做了一些有益的探索和实践。范胜武校长把这些探索和实践写成了一本书——《为学生播下"豪迈"的种子——北京一所国际化学校的新样态》,该书即将在中国言实出版社出版。

　　在这本书里,范胜武校长诠释了二十一世纪国际学校一直秉承的"全人教育"理念。这所民办学校,重视学生的全面发展,努力将"德、智、体、美、劳"教育落到实处。学校以德为先,用党建引领办学思想,开办了五个"世纪名人班"。学校培养的学生学业成绩优异,很多学生从这里走向世界名校。学校重视学生体质健康,校长每天亲自带领学生跑步。学校支持学生发展艺术特长,建设各类学科教室。学校也重视劳动教育，要求学生出国前学会做十八道菜。

　　学校还敞开大门办学，请来社会知名人士、优秀家长为学生做讲座，组织学生到各行业进行职业体验；通过研学旅行课程、电影课程等扩宽学生视野，发挥社会的育人功能。在这里，外教、海归教师、中方教师（非海归中方教师）积极分享交流、勇于创新，最大化地发挥国际教育和中国教育的融合优势。实践证明，只要认真执行党的教育方针，民办教育也能为国家的教育事业作出贡献。

　　改革开放以来，我们有很多学生出国留学。我希望出国留学的学生，特别是二十一世纪国际学校培养的学生，不管在世界哪个角落求学，都不忘记中华民族伟大复兴的责任和使命。我期待你们学成归来，报效祖国，真正成为"具有中国灵魂、国际视野与跨文化交流能力的社会主义建设者和接班人"。在这里工作的老师们，是中国教育的具体实施者，承载着很多家庭的梦想，希望你们与孩子们平等地、快乐地相处，鼓励孩子们独立思考、积极创新。在创新这件大事上，教育担负着重要的历史责任，教师们更是任重道远。

　　每所学校都有自己的灵魂和样态，我希望这所国际化学校的新样态能让教育界甚至社会各界有所思考、有所感悟，从中发现一些值得借鉴的地方。

　　祝愿北京市二十一世纪国际学校越办越好，中国的教育越办越好。我不仅希望中国的孩子们出去留学后，能够用行动报效祖国，更期待看到中国教育强大的那一天，全球越来越多的人愿意把孩子送到中国来留学。

中国入世谈判首席谈判代表、原国家外经贸部副部长　龙永图

2023.2.28

目　录

校长理念

课程成果

全情教师：德智体美劳全面教育

优秀毕业生 、优秀教师风采

北京市二十一世纪国际学校
Beijing 21ST Century Intemation School

校
长
理
念

幸福是一门课

幸福是我们一生的追求，拥抱幸福是一种能力，可以说，这是一门人生的"必修课"。人们常说，分数、金钱、外貌、地位等因素都不足以成为开启幸福密码箱的那把钥匙。你是否也觉得，它是一门很深的学问？

对在校的孩子们来说，人生路漫漫，未来有无限可能，拥有一个阳光向上的心态和健康健全的人格才是人生路上能够汲取幸福的基础，这也是我们对学生成长的最大期盼。

在这里，幸福的种子是什么？

一、让良好的品德成为孩子一生的"护身符"

良好的品德与正确的价值观是人生的指路灯塔，能够点亮孩子们前进的方向，指引他们做出正确的行为选择。可以说，它们是孩子一生的护身符。为此，我们开发的十二年一贯制系列课程将"立德树人"贯通在学生成长的每一个阶段，让孩子们在丰富的课程中不断接受熏陶，进阶式受益，以爱国、进取、自信、善良、正直、勇敢、宽容、谦虚等品质指引未来道路。

我们始终把塑造"中国灵魂"放在培养目标的首位，由此开发了十二年一贯制"中华传统文化"课程，增强学生的民族自豪感和爱国情怀，提高人文素养和文化品位，培育高尚道德情操和良好审美情趣。

研学旅行课程引领学生在社会大课堂中进行文化探究，寻根溯源，感受人类文化魅力，全面培养核心素养，形成正确的人生观、世界观和价值观。

电影课程让光影浸润心灵，让故事助力成长，让孩子们从电影中感受良好的行为习惯，逐渐形成健康的人生态度，树立崇高理想和信念，内化为成长的力量。

还有更多门丰富的一贯制课程，以"德"贯通孩子们的成长，引领他们成为品德高尚的"豪迈中国人"。

二、以爱的能量赋予孩子阳光个性

个性是一个人在成长中逐步形成的，是环境、教育等综合作用的结果。孩子是否有优良的个性决定着他们将来是否有所成就，个性阳光的人如同内心有一颗发光发热的"小太阳"，能够驱散人生的冰雪，焕发出生命的活力。

为塑造孩子们阳光的个性，我们根据不同年龄段学生的特点进行积极心理教育，以咨询和活动相结合，以课堂为主，并将课堂迁移到生活中，立足于学生的感受，激发学生的学习兴趣与热情，引导学生主动进行自我探索，培养他们积极乐观、健康向上的心理品质，促进身心和谐可持续发展，为健康成长和幸福生活奠定基础。

小学阶段，针对不同时期开展心理专题活动，例如组织开学季专题、高年级青春期专题活动，举办健康心理主题墙报……同时，与道法、绘画、音乐等课程融合，针对同学们的成长需要给予充分的支持帮助。

初中阶段，着重关注青春期的心理变化，在学生自我意识发展突变的关键时期予以足够的倾听和理解。"心理与生活"作为选课走班的一门课程，引导孩子们从多个维度掌握"幸福力"。

高中阶段，通过高中心理社团、AP 心理课程、专题讲座等方式，引导孩子们掌握学习、生活的节奏，以乐观态度面对压力，开发自己的心理潜能，做好生涯规划，明晰未来发展方向。

各个阶段，我们都提倡将心理教育阳光化，并为孩子们提供专业的心理辅导与咨询服务。对有心理困扰或心理问题的学生，我们的专业心理老师也会以爱拥抱他们的心灵，进行科学有效的心理辅导，及时给予必要的危机干预，提高他们的心理健康水平。

此外，我们还将阳光开放的个性教育渗透到各类课程当中。如十二年一贯制"世纪演说家"课程，横跨小、初、高学段，通过"故事家"课程、"主持人"课程、"演讲"课程、"辩论"课程等让孩子们学会表达自我，开阔看待事物的思维角度，培养良好的语言交际能力，拥有勇气和自信。

我喜欢讲话

我喜欢我的声音

我喜欢我自己

我热爱舞台

我的脚下就是一个舞台

只要有上台的机会我就立刻冲上舞台

只要有开口说话的机会我就开口说话

只要开口说话我就用肢体、眼神、面部表情表达

只要有微笑的机会，就练习微笑

只要有鼓励和赞扬的机会，就要鼓励和赞扬别人

我坚信我一定可以把口才练好

我天生就是演说家，舞台让我光芒万丈

这个世界将因我而精彩

（摘自《世纪演说家》演讲课堂）

三、让孩子成为情绪的主人，为快乐保驾护航

孩子的情绪由于成长的特殊性，在不同的年龄段有不同特点，也许常常兴奋或是冲动，高兴时可能忘乎所以，遇到挫折可能瞬间垂头丧气，还可能隐藏自己的情绪出口，表现得孤僻、内敛……许多不良情绪还可能诱发抑郁症等问题，关上通往快乐与活力的大门。为了让学生学会与自身情绪和谐相处，我们在人文、艺术等课程当中注入相关的学习话题和活动内容，让学生在参与的过程中学会识别情绪、表达情绪、调控情绪，成为情绪的主人。

例如，戏剧课上，学生在学会区分情绪表达和情绪体验的前提下，通过对角色的观察和模仿，结合自身生活体验的积累，丰富自己情绪表达的能力。有研究表明，观察和模仿还有助于儿童学会如何处理紧张情绪，这种方法常用来帮助克服紧张心理。

十二年一贯制戏剧课程不仅能帮助孩子们调控情绪，通过集体排练、演出，孩子们还可以获得良好的欣赏习惯、参与意识、合作能力，在潜移默化中形成开放性人格，构建多元化潜能。

又如，在茶艺课的实践中，孩子们在老师的指引下结合茶文化的探究性学

习体验积极情绪，感受美好的存在……

关于情绪的教育陪伴着学生们寻找成长中的自己，发掘生活中的美，发现快乐，找寻幸福。

四、享受交往，搭建良好人际关系

在人际关系显得越来越重要的当今，孩子们的交往问题却日益复杂，尤其是成长于三口之家的孩子，缺乏兄弟姐妹的陪伴，同伴的互动对他们来说就格外重要。坏的同伴关系滋生校园霸凌、孤立等问题，埋下幸福的隐患；反之，好的同伴交往能给予心灵稳定感和归属感，同时让他们学会尊重他人，理解别人的不同观点，找到成长榜样，修正自己的不合理行为，更能在情感流动当中得到宽慰、同情和理解，成为日后进入社会搭建良好人际关系的伏笔。

作为一所"混龄"校园，二十一世纪学校从每个孩子入校起就营造了温暖友爱的同伴氛围，"大手拉小手"的活动中，高年级的"哥哥姐姐"们帮助"小豆包"们尽快适应寄宿生活，成为他们新的家人。一年又一年，爱心在孩子们中间传递。当昔日的"小豆包"们成长为大孩子，他们又将拉起一只只新的"小手"，承担起照顾、教导和保护弟弟妹妹们的责任。

2020年疫情期间，孩子们居家上网课。高中一群品学兼优的学生充分利用网络的优势，自发举办线上讲座，开启了MLC（学生学习成长共同体）。由高年级的优秀学长学姐作为"学生导师"牵头组队，并专门配备一名经验丰富的指导教师，辅导低年级的学生，旨在建设一个帮助学生规划学习、提高效率、传授经验、建立同龄人之间的成长交流平台。同学们根据自己的特长进行申报，有学习需求的学弟学妹报名抢课，教授范围涵盖托福、雅思、AP（大学预修课程）、国际竞赛等众多分支，此外运动类、文艺类、活动类也应有尽有。我们很多优秀毕业生，都曾是这里的金牌导师，例如精通物理和哲学，被牛津大学录取的陈哲远，他的课总是被"秒抢"。学长学姐在分享知识、能力的同时，锤炼了自己全方位的能力，形成了高中温暖的"互助"文化。在这里受益的不仅是学生，还有小导师们，他们从这里获得的能力毕业后仍在滋养着他们的大学学习和生活。

成长的过程中，孩子们在丰富多彩的社团活动中学会互相协作，在多元化的评价方式下学会良性竞争，在研学、社会实践等过程中找到志趣相投的朋友，享受交往过程，收获珍贵的友情……

好的教育不是要培养冷漠的考试机器，或是无法融入社会的一座座孤岛。我们希望通过漫长而温情的渗透，将幸福的种子播撒在孩子们"人生剧本"的开端，用一以贯之的积极心理教育让孩子的心中拥有不竭的源泉，让它滋润着生命中的每一个时刻，帮助他们找到独立而完整的自我，建立良好的社会关系，享受身处的环境并寻找到自身价值，指引他们追寻人生的幸福。

做豪迈的中国人

2021 年 2 月 25 日，党中央、国务院对脱贫攻坚进行了总结表彰，标志着我国历史性地消除了绝对贫困。在北京市二十一世纪国际学校，也有一群"扶贫小战士"。九年前，一位学姐偶然走进贵州丹寨，发现了美丽的苗族蜡染，也发现了留守儿童、传统手艺失传等问题。于是，她在老师鼓励下成立了"21世纪锦绣传说社团"，在校内外发起爱心筹款，帮助当地建立了五个"妈妈工坊"。社团帮助染娘邀请师傅提高技艺，寻找渠道销售手工艺品增加收入。经过几年发展，社团不断壮大，持续为贵州少数民族贫困地区提供帮助，让更多妇女增加经济收入。

新时代呼唤更多的爱国主义建设者和接班人。北京市二十一世纪国际学校以"做豪迈的中国人"为校训，以培养具有"中国灵魂、国际视野和跨文化交流能力的社会主义建设者和接班人"为目标，用国际化的教育模式培育了传承历史、面向未来的跨时代人才，家国情怀在这里悄然孕育，世纪学子从这里走上世界舞台。

一、传承传统文化，树立学生民族文化自信

中共中央、国务院 2019 年印发的《新时代爱国主义教育实施纲要》（以下简称《纲要》）指出："对祖国悠久历史、深厚文化的理解和接受，是爱国主义情感培育和发展的重要条件。"中华民族的历史长河中，积淀了丰富而璀璨的文学经典，学生从小浸润其中，无形之中便树立了文化自信。

1—6 年级重在"诵读"。2013 年，小学开设"经典诵读"课程，包括《三字经》《弟子规》《论语》《千字文》。晨读时，学生朗诵古诗词、国学经典

与现当代诗歌，在琅琅书声中开启一天的学习生活。

7—9年级重在"品读"。初中阶段，学生阅读量的积累和阅读能力大大提高。学校把语文教学分成了基础语文、基础阅读、名著阅读、古诗词阅读、文言阅读等模块，安排每天20分钟的经典诵读，半小时的名著阅读。在课外活动时间学生还可以自由选择班级书柜、漂流书屋、学校图书馆进行阅读。

10—12年级重在"研读"。高中学生对于文化经典的理解和吸收的程度变强，开始从辩证的角度研读经典名著。高一、高二以文学比较阅读为主。教师设计阅读的任务，学生利用周末完成，一个月要有一次文学名著阅读交流课。课程之外，高中开设常规读书会，充实文学书籍，为学生提供触手可得的阅读机会。

二、溯源华夏文明，培养学生家国情怀

研学旅行，培养学生民族文化认同。《纲要》指出，要"寓爱国主义教育于游览观光之中，通过宣传展示、体验感受等多种方式，引导人们领略壮美河山，投身美丽中国建设"。学校开设了一贯制研学课程。1—5年级为"京内主题研学"，每年六个主题，每月一次，学生5年内走遍京内的博物馆、科技馆、历史古迹等。6—9年级为"国内文化研学"，每学期1次，包括荆楚文化——武汉线、儒家文化——齐鲁线、汉唐文化——西安线、海派文化——上海线……学生走进祖国名山大川、文化景点，溯源华夏文明。10—12年级为"世界文明研学"。学生走出国门，了解世界各地文明，以更加开阔的视野对比中外文化，民族自豪感与爱国之情油然而生。

为了让学生走进中国近现代史，直面中华民族浴血奋战的奋斗历程，研学线路设置了红色爱国教育基地，如中国人民抗日战争纪念馆、"九·一八"历史博物馆、侵华日军南京大屠杀遇难同胞纪念馆、台儿庄大战纪念馆……同学们在历史资料面前经受心灵洗礼，看到先辈为了民族独立做出的艰苦卓绝斗争，悲愤之情、奋发之意喷薄而出。

红色课堂，为学生敲响历史警钟。二十一世纪国际学校广泛开展党史、国史、改革开放史等历史教育，除常规的政史地等学科课程以外，每年9月18日前夕，高中学生都会上一堂爱国主义的综合大课堂。历史、语文、政治三位老师从不同的角度，为同学们解读中华儿女浴血奋战，抗击日寇的民族奋斗

史，激励将来要走出国门的二十一世纪学子，牢记历史，留学报国，做豪迈的中国人。这堂课，在警钟长鸣中开始，在思考未来中延续。

电影课堂，塑造学生正确的价值观。优秀影片能够陶冶人的心灵，对学生世界观、人生观、价值观的形成起到潜移默化的影响。学校 2015 年成立电影项目组，2016 年开始电影课程，为 1—12 年级的学生筛选 100 部优秀影片，每个年级每月观看一部，包含《集结号》《战狼》《湄公河行动》等大量主旋律电影，营造了浓厚的爱国主义氛围，培养了学生的家国情怀。

三、贯通科学课程，培养学生面向未来的素养

学校只有扎扎实实为祖国培养了面向未来的高科技、高素养人才，才是真正将爱国教育落到了实处。二十一世纪国际学校修建专业科技教室，聘请专业科学教师，并围绕科学课程开展了丰富多彩的活动。

小学每年一届的"科技节"活动，孩子们研究科学原理，动手做实验，进行作品拍卖、小组 PK、与各界科学家面对面，种下了热爱科学的种子。初中"科技节"活动的实验巡礼、知识竞赛囊括了物理、化学、生物等各学科知识，同学们更加理解了科学的实用价值。高中开展 STEAM 项目（集科学、技术、工程、艺术、数学多学科融合的综合教育），同学们通过化学知识侦破离奇案件，综合运用科学、技术、工程和数学等知识进行"过山车设计与模型制作"，他们安装软件、进行电脑编程……在实验中了解世界前沿科技。

学生参加外界各类科技比赛，在全国"神箭神舟杯"航天知识大赛荣获一等奖，在"全国青少年模拟飞行精英赛""空间搭载青少年科学实验方案"活动、全国青少年未来工程师博览与竞赛，以及国际物理、化学等学科竞赛中斩获了多项荣誉。

四、追寻党的足迹，拓展爱国教育校外实践领域

北京市二十一世纪国际学校始终把中国灵魂的培养放在首位。党组织在学校的发展中起到了核心引领作用，开创了党建引领带动的三大教育模式，营造了充满正能量的校园文化。

党建带动队建，创设"榜样教育"模式。学校少先队在小学创设了"周

恩来班""雷锋班""少年孔子班""钱学森班""宋庆龄班",开展读名人书籍、访名人故居、听名人讲座、学名人精神等活动。学校邀请周秉德女士、罗援将军等举办讲座,追忆周总理生平故事;前往天津邓颖超纪念馆、南开中学、江苏淮安,追寻总理足迹。邀请陶克将军讲述雷锋的故事,邀请孔子学院老师讲述孔子生平,组织学生观看《钱学森》影片,走进宋庆龄故居,让学生了解伟人故事。

党建带动团建,创设"基地教育"模式。党委积极影响着学校共青团的发展,开展革命教育主题活动。组织全体学生前往"抗日战争纪念馆",举行退队建团仪式,在庄严隆重的祭奠英烈活动中,让学生们牢记历史;组织学生前往天安门参加升旗仪式,增强爱国情怀;组织学生前往国家博物馆,参观"伟大的变革"大型展览,了解国家发展历程;组织学生参加少年先锋岗活动,向人民英雄致敬。共青团不断挖掘革命教育基地资源,培养中学生对党和国家的深情热爱。

党建带动学生会工作,创设"实践教育"模式。学校学生会在党组织的带领下,创设了独具特色的"实践教育"模式。其中,组织学生走进社区服务中心、银行机构、律师事务所、各大院校研究院以及国内知名企业单位生产线,通过了解国家品牌,实地考察,亲身参与,帮助学生了解我国蓬勃发展的社会现状,对未来生涯进行规划。

五、世纪学子用行动诠释爱国主义

建校前,学校的创办者张杰庭先生走访马来西亚一家华人开的杂货店,老板得知他是中国人时激动地嘱托:"年轻人好好干!祖国强大了,我们这些华人在国外才有地位!"于是,他创办了这所学校,并以"做豪迈的中国人"为校训。

可喜的是,在近30年的发展中,学生在外界以各种形式诠释了自己的爱国主义情怀,绽放了别样的精彩。学生在两届海淀区中学生辩论赛,"中国少年说"中学生辩论赛北京赛区、全国总决赛,首届"中关村杯"国际中学生华语辩论赛中取得了五连冠。辩论赛围绕"勤学修德明辨笃实——践行社会主义核心价值观""新时代新青年新海淀"等主题展开,同学们在备赛、参赛过程中,学会了辩证地分析问题,树立了正确的人生观、价值观。在国外留学期间，遇到不利于祖国的"声音"，总有人勇敢地站出来，有理有据地进行斗争……

高中学生独立组织公益活动，以自己的聪明才智弘扬正能量，成为一股清流。爱心支教社连续多年在暑假期间前往河南进行支教，陪伴留守儿童，捐献文具书籍，北京电视台进行了专题报道；很多学生的公益活动涉及环保、医疗、教育等方方面面，他们在上学期间就开始融入社会，强化了公民意识与责任担当。

拥抱未来的教育转型

作为教育工作者，我们的一切都是为了孩子的明天。邓小平同志说，教育要面向现代化、面向世界、面向未来。未来已来，每一所学校都要站在为学生终身发展的角度思考，积极应对教育的发展变化，实现教育新的转型。北京市二十一世纪国际学校从四个方面着手进行了教育转型：教育理念转型、课程设置转型、学习方式转型以及评价导向转型。

一是教育理念转型。主要包括三个方面：全球利益理念、文化价值理念以及知识创新理念。在2015年联合国教科文组织发布的重量级报告《反思教育：向"全球共同利益"的理念转变？》中提到，"可以这样认为，维护和增强个人在其他人和自然面前的尊严、能力和福祉，应是二十一世纪教育的根本宗旨"，并且指出"这种愿望可以称为人文主义"。时代在变，教育必须变革，我们应该有更加开阔的育人观，要为人类可持续发展的未来努力，培养符合时代发展所需的人才。培养符合时代发展所需的人才，离不开文化价值理念的传承。孩子的未来属于整个世界，我们为世界培养人才，将"做豪迈的中国人"作为校训，强调留住传统文化的"根"，打开国际视野的"窗"，孕育中西合璧的"人"。此外，二十一世纪国际学校也关注知识创新理念的转型。我们赋予知识新的定义：信息、认识、技能、价值观和态度，甚至包括逻辑、思维、方法、观念、情感、审美等都是知识的组成部分。同时，教育也有了新定位：学生不再仅是知识的学习者，更是生产者，学校应是培养创新型人才的孵化器。

二是课程设置转型。主要包括以下三个方面：融合式课程、贯通式课程以及开放式课程。全人课程及STEAM课程是融合式课程的特色。学校在小学进行了基于全课程理念下的课程重构，进行了五个维度的改变：包班制、重构教师、创新活动、绘本研发以及主题教学。低年级在国家课程开足开齐的情况下打破学科界限，依据学生认知和发展水平开展主题教学。与完全美式的包班制不同，考虑到英语是学生的第二语言，学校安排了中教、外教及助教三个人进行包班。以三（6）班为例，其中教是毕业于英国谢菲尔德大学的文学硕士，外教是美国艺术硕士，助教是毕业于北京师范大学的理学硕士，三位教师的专业互补，为实现全方位培养人才奠定了坚实的基础。学校引入了大量中文主题绘本，同时也自编了英语绘本，这激发了学生的阅读兴趣，让学生更加系统地认识世界，提升了其语言及文字表达能力，同时，有助于提升学生对美好事物的欣赏能力。中学开设了 STEAM 课，是集科学、技术、工程、艺术、数学于一体的综合教育，包括了如香水设计与品牌营销、高阶数学与电子工程等许多有趣的内容，并将不同的教学内容编写成双语手册。学生学习后积极撰写论文，定期举办 STEAM 成果报告会，为今后大学的学习做好充分准备。

除了融合式课程，为落实学校培养目标，我校还开展了十二年贯通课程，涵盖了电影课程、世纪演说家课程、礼仪课程、戏剧课程、健康课程、艺术审美课程和英语直通车等不同领域。以十二年一贯制"电影课程"为例，根据不同阶段学生的特点定制了侧重点不同的电影课，也制定了不同等级的能力要求，选择了百部经典电影，为学生提供了文化盛宴。电影课堂有完整的环节：课前导入、课中观影及课后反馈，学生们不仅仅将电影视为娱乐，而是积极地从中汲取养分，将美好的感受内化于心，外化于行；老师们还编写了系列电影课程资源，更好地为电影课的开展提供抓手。再如，十二年一贯制"世纪演说家课程"，包括 1—3 年级故事家课程、4—6 年级主持人课程、7—9 年级演讲课程、10—12 年级辩论课程；老师们也编写了不同阶段的校本资源，分阶段科学地提升学生的表达能力。演说家课程开展的成果是喜人的，学生在中外演讲、辩论的舞台上收获了众多荣誉。

开放式课程的研发也是我校课程设置转型的重要组成部分。打破学校的围墙，世界就是教材，我校积极开展研学旅行课程。1—5 年级学生进行京内主题研学；6—9 年级进行国内文化研学，研学包括武汉线、齐鲁线、山西线等12 条线路；10—12 年级进行世界文明研学，学生走出国门，去了解世界。比如，全课程主题研学，不一样的主题有不一样的研学旅行，用五年的时间研学，走进博物馆、公园、纪念馆等不同的地方，增加阅历，提升素养。6—9 年级研学遵循以下步骤：研学课程选课前预习宣讲、研学导读手册是课堂价值观引领的主线、在行走的课堂中感受中华文化魅力，树立民族和文化自信，激发社会责任担当，进行研学课程汇报、研学课程评价。其中研学汇报包括"五个一"：探一座城、读一本书、诵一首诗、唱一支曲、传承一种文化。10—12年级世界文明研学以"走进美国"研学课程为例，由教学经验丰富的当地老师教授纯正的英语。此外，还包括丰富多彩的课外活动或集体游戏，如游泳、跳绳、篝火晚会、室内观光游览、徒步旅行等，激发学生的自主创新能力，锻炼学生的表达能力。

三是学习方式转型。包括OTO式学习、个性化学习及体验式学习三个方面。在全面覆盖的Wi—Fi及Pad教学常态化背景之下，2016年，《学校OTO转型行动研究》项目成为中国教育学会"十三五"教育科研规划课题，学校制定了详细的发展规划，让移动学习全面进入课堂，学生的学习方式、老师的教学方式都产生了极大转变。个性化学习，要求教师关注每一个学生，学校主要从以下四个方面开展个性化学习。第一，分析量表，进行各学段、各学科学生个体学习的研发、实施及反馈。第二，判断学习类型，进行对每一个学生认知风格、学习风格以及思维品质的判断及相关理论的研究。第三，根据各类型学生进行不同学习策略的指导。第四，积累典型案例，筹建学生个别学习电子档案。体验式学习是通过实践来认识周围事物，在人工智能、AR、3D打印等先进技术的支持下进行体验式学习，能有效提升学习者的兴趣。而基于社区的实践项目、学徒项目、职业体验、模拟工作坊等能够建立知识和应用间的桥梁。

四是评价导向转型。主要包括"学习测量技术"的全面推广以及指向"深度学习"的评价模式两个方面内容。在《可见的学习》这本书中作者约翰·哈蒂提到，"学习测量技术"全面推广，学习过程将变得可见，将会产生一批先进的课堂评价工具或仪器，以供教育者用来评估、测量和记录学业准备、学习进度、技能获得和学业成就。通过数字档案袋和真实评价评估学生学习状况。学校坚持实行过程性评价与诊断式评价相结合，全方位地为学生提供有指导意义的评价，为其未来发展助力。指向"深度学习"的评价模式侧重于学生批判性思维及自主学习能力的培养，"深度学习"的形式包括基于问题、基于项目、基于挑战、基于探究的学习研究等。

培养想象力、好奇心是孩子们未来生存必需的条件。如果孩子们丧失了好奇心和创造力、创新力，那人类就一定会输给机器。人类一定要明白，什么事情是人类做的，机器做不到。想明白这些东西，面向未来才有可能。

让我们一起拥抱未来，拥抱未来的孩子，拥抱未来的教育，拥抱未来的世界。

做虔诚的"牧羊人"

《麦田里的守望者》有一段话被广为传诵:"有那么一群小孩子在一大块麦田里做游戏。几千几万个小孩子,附近没有一个人——没有一个大人,我是说——除了我。我呢,就站在那悬崖边。我的职务是在那儿守望,要是有哪个孩子往悬崖边奔来,我就把他捉住……我只想当个麦田里的守望者。"

试想,这是多美的一幅画面。白云朵朵,碧草连天,一群小孩在无拘无束地奔跑、游戏。只有在悬崖边,有一位长者,在危险时刻将孩子一把抱住。做麦田里的守望者,做经验丰富的"牧羊人",理应是我们老师追求的一种美好的境界。什么是"牧羊"式教学呢? 它与传统教学有何区别?

一、正确认识"牧羊"理论

"牧羊"≠"放羊","放羊"多多少少带有一些贬义,用来形容一种自由散漫、无序茫然的家庭教育或者学校教育方式。

"牧羊"则不同,是一种看似自由的有序,看似远离的呵护。"牧羊"式的老师,熟悉羊群所喜爱的草类,掌握课程的核心理念,以学生为本,倡导自由、合作、探究的学习方式,带领羊群去草肥味美的广阔草原,让他们选择自己喜爱的学习内容和学习方法,充分调动其学习的积极性、主动性。老师真正放手,既让学生在一定范围内发挥主动性、能动性,又能在学生走偏的情况下将其及时拉回来。学生既能呼吸到自由的空气,又能感受到老师的关注与陪伴。所以,在这样的课堂中,师生更放松,是真的在享受学习过程。

"放羊"的另一个极端则是"填鸭式"教学。近几年,北京市二十一世纪国际学校在改革进程中,着眼于学生未来的发展,在小班化教学探索方面做出了一定成绩，也确实将学生置于主体地位。与传统大班教学相比，课堂气氛更加民主、轻松，师生关系更加和谐，每个学生都有发言权。然而，表面上课堂活动中学生非常活跃，我们的老师确实起到了引领作用。但是，老师背后的引领还是太"强势"了，学生是被牵着走，我们的课堂只是"看上去很美"。也就是说，现在我们虽然开始了"牧羊"模式教学，把学生放出来了，但手里永远有根"绳"牵着，不敢真正放手。学生基本按照老师的要求在做，这样的教学不是真正的原生态教学。以"锡华杯"教学大赛为例，师生配合默契，气氛热烈，环环相套，精准无误，给人感觉太完美了，以至于不够真实。我们心中总感觉缺点什么：或许是给学生犯错的机会？或许是给学生遐想的天地？或许是一片充满无数可能的、自由的空间？如果课堂出点小意外，可能会激发学生更精彩的创意，可能会平淡收场，也可能会将学生思路带偏。但，那又能怎样？学生起码拥有了自己的想法！而不是被老师牵着鼻子走！关键时刻，不是还有老师在守望吗？

"牧羊"是一种更富有诗意的教育境界。迎着初升的太阳，驱赶着一大片"羊群"，任其在草原上撒欢，选择自己爱吃的、爱看的，以自己喜欢的方式度过每一天。"牧羊人"则在一旁观望，在有调皮的"小羊"走远或者遇有危险的时候，及时将其拉回来。

二、如何成为一名合格的"牧羊人"

（一）相信学生，回归生本

老师放手的前提之一，是相信学生。相信他们的潜能，相信他们的聪慧，相信他们能超出我们的想象。这又回到原点，老师要对学生有足够的爱，要对教育有深厚的情怀。正如朱自清先生所说："教育者须对于教育有信仰心，如宗教徒对于他的上帝一样；教育者须有健全的人格，尤须有深广的爱；教育者须能牺牲自己，任劳任怨。"学生并非白纸一张，他们已经有了自己人生轨迹所打下的底色。他们和老师一样，有自己的思维、情感、意志，有自己的价值判断。他们是独立的、具有无限发展可能性的人。只有相信这些，我们才敢放手。德国著名教育家第斯多惠说："我们认为教学的艺术不在于传授本领，而在于激励、唤醒和鼓舞。"老师所要做的，就是回归"生本"。我们要培养独具个性的人，为其装上自主发展的发动机，而不是生产流水线上的标准件。我们的教学要有更多形态，不再是老师一言堂，而是学生唱主角。

高中的"中华传统文化欣赏"课在学校备受学生喜爱，就是因为它转变了师生角色，把学生推上讲台，让他们依据自身的喜好、经历去选择主题，自行组成合作小组，搜集资料，准备汇报，老师则负责点评、升华。中国文学、中国绘画、中国音乐、服饰、民族、茶文化、饮食文化、泥人、雕刻、风筝、剪纸、建筑、佛教、道教……全是学生喜爱的课题，他们接触到了广泛而深厚的华夏文明，也在此过程中锻炼了集体协作、动手操作、语言表达的能力。

（二）丰富课程，分层教学，挖掘学生潜能

老师放手的前提之二，是我们为学生准备了足够丰富的教学内容，和适合每个学生水平的教学层次。就像小羊一样，如果我们把它们放到一片贫瘠、荒芜之地，它们照样会挨饿，只有找到芳草鲜美、水源充足、环境优美之地，才会使其得到充足的营养。而且，每只羊的体质不同，需要找的植物种类与多少也不同，所以，我们的教学内容不仅要足够丰富，尽可能涵盖学生全部兴趣点，还要划分出合理的层次，并根据学生情况的变化随时更新教学内容，以满足其成长需求。导师制、扁平化管理、校园云平台等，一样都不能少。唯有如此，学生才会在广阔的天空自由翱翔，挖掘出自身无限的潜能。

（三）提高学生合作、探究、动手能力

"牧羊人"看似轻松，不用对"小羊"进行"喂食"，但"羊群"也是一个小小的社会，存在竞争、矛盾，也存在合作、互助等。"牧羊人"要统观全局，熟悉每一只"羊"的特性，让他们在合适的草地，自己找到喜欢的植物。老师也要熟悉每个学生的特点，科学划分学习小组，让每个学生在小组内都能发挥自己的优势，同时可以更直接地借鉴其他同学的优点，形成小组合力，提高学习效率。

现在，我越来越认可这样的观点，教师的使命不是去传授书本上的固定知识，而是要教会学生正确的学习方法，并使其终身受用。只有这样，学生才能在漫长的人生中不断汲取新鲜的知识，丰富自己的未来。所以，我们要培养学生的质疑意识，让他们敢于挑战权威；要培养其探究能力，使其敢于开拓创新；要提高其动手能力，使其在运用与操作中真正将知识学以致用。所以，这样的课堂再也没有标准答案，会更具广度与深度，书本将变成开启一个未知世界的小小按钮，相信孩子们会创造无数的惊喜。而师生关系将更加平等、民主，老师不再是知识的占有者，而是成长道路上的指路明灯。师生互相交流、

互相启发、互相补充,在碰撞中产生智慧的火花,实现教学相长、共同成长,教学的乐趣、学习的乐趣由此而来。

(四)做好应试教育与素质教育的"跷跷板"

学校不仅面临着学生小升初、中考、申请国外大学的压力,还肩负着家长对学校素质教育的期待。如何平衡应试教育与素质教育,如何巧妙地处理两者的关系是一大难题。老师只有具备更高的教学水平和教育艺术,才能做好这个"跷跷板",也才能更加从容地放手。那么老师需要如何修炼自己呢?

1.要尽量满足学生与家长的诉求

在小学、初中阶段,孩子们未来是出国留学还是就读国内大学存在变数,因此,我们要做两手准备,既要按照国家大纲规定完成规定动作,又要根据学生学情不断创新,开发校本资源,让学生用喜爱的方式汲取知识。同时,要转变教学方法,提高英语教学效率,真正提高学生的英语运用能力。素质教育方面,我们也要开发新颖高效的实践活动课程,开阔学生视野,提高其动手能力和综合涵养。学生的应试技巧与实践能力我们都要格外关注,不能有所偏废。唯有如此,学生才会在成长的道路上"留有余地",在升学途中多一种选择。

2.要有更丰富的教学经验、技巧

"牧羊"是一种很理想的教学方式,但同时又充满着无数未知。我们要会"放",也要会"收",还要会"导",同时也要会"创"。老师很小的一个提问,可能就会引发学生天马行空的思考,但学生思绪飞得太远,就有可能偏离主题一无所获。因此,"放"与"收"的时机和方式很巧妙,需要我们去琢磨。老师起着引导的作用,有目的、有计划地给学生空间,在学习目标和思维方式、练习方法上为学生加强指导。但同时,还要大胆创新。课堂就像一场命题的即兴演出,老师要随时根据学生的情况和"剧情"做出调整,突破原有思路。只有这样,学生才会尽兴,也才会有意想不到的教学效果。

3.要有足够丰富的知识储备

俗话说,要想给学生一杯水,老师就要有一桶水,甚至整片海洋。每个学生成长的背景、爱好都不同,在"牧羊式"课堂中,老师的一句话可能会激发学生的"十万个为什么",所以我们更加需要涉猎广泛的知识,根据学生年龄与认知水平做出深入浅出的解答,最好能够引起学生对某些学科深入学习的兴趣。

4. 要与时俱进，紧跟互联网时代节奏

"互联网+"时代已经来临，正在改变着传统的教育教学模式。如果将互联网技术与"牧羊式"教学相结合，会取得意想不到的效果，因为在相对放松与民主的环境中，课堂教学更加高效、课堂容量更大，教学将变得更加灵活、生动，学生的自主学习能力会快速提高。然而，学生作为这个时代的原住民，随时都能从网上获取自己想要得到的知识，那我们老师能做些什么？除掌握先进的教学技术和工具外，我们还要改变观念，发挥更好的引导作用，从传授知识到传递文化，帮其养成良好的学习习惯，使其获得终身学习的能力，做学生成长的陪伴者和引领者。

（五）培养学生的规则意识

在新的模式下，我们是不是可以直接拆掉围栏，将羊放出去呢？把羊放出去以后，我们是不是就可以优哉游哉地晒太阳了呢？当然不是。在对学生放手之前，要让其养成成熟的规则意识，并让规则成为他们的习惯。在教学过程中，还要不断地强化学生的规则意识。无规矩不成方圆，规则之下的自由才是真正的自由；否则，我们的课堂会被"放羊"。

印象中的美国人崇尚自由，也听说他们的老师经常讲着课就坐到桌子上跟学生聊天、做游戏。以前，我感觉他们的课堂可能跟自由市场一样，吵吵嚷嚷，乱糟糟的。然而在真正深入他们的教学之后才发现，他们的课堂秩序井然，即使在分组学习的时候，也没有大声嚷嚷的。他们的课间只有5分钟，或者更短，学生却能在最短的时间内安静下来，投入学习的状态。某一位学生发言时，其他学生都在认真聆听，不论是小学低年级，还是高中高年级。可见，学生的规则意识从小便养成了。这样不仅保证了教学效率，也营造了互相尊重的氛围。

我们做出了各种尝试来维持秩序：小学生积分卡奖励制度、单元诊断书，初中愿望兑换清单，以及涵盖全校的过程性评价制度等，不唯成绩是论，更加关注学生的学习过程、习惯养成、思想道德等，也取得了一定的成效。我们成立规则意识管理领导小组，研究各国先进的管理办法，让学生参与规则的制定，培养其契约精神。

生命之花的绽放是绚丽的，生命之果的采摘是幸福的。但是，种子成长的每一天都是寂寞的，需要我们用忠诚、用信念、用爱去承受和担当。

老师不仅要爱学生，还要会爱学生。教育需要"顺性而为"，在于引导而非强制；教育成功的智慧在于找到教育的支点，去撬起学生能力的发展和生命的成长。回归"生本"，面向全体学生，促进学生全面而有个性的发展，提高学生的社会责任感、勇于探索的创新精神和善于解决问题的实际能力，是我们教育改革的重要目标。我们老师要勇于丢掉手中的教鞭，从容坐在悬崖边，让每个孩子吃饱、玩好，成长为阳光、健康、富有朝气与活力的新一代。

全人教育，奠基未来

来到北京市二十一世纪国际学校后，我看到了学校教育的"长度"。这是一所十二年一贯制学校，有的孩子从1年级一直上到12年级，经过童年、少年、青年三段时期，将整个人生的主要教育过程全部交给了这所学校。假如这个孩子一直在这里学习到高中毕业，我们能保证将他们送到最理想的大学吗？如果不能，那我们该如何给这个孩子、这个家庭一个满意的交代？作为校长，我肩负重担：让家长们在1年级起就放心地把孩子交给我们，让他们在这里看到孩子的未来。于是，我开始反复追问自己：我们到底要做什么样的教育？到底要办什么样的学校？

学校从建校起就以"做豪迈的中国人"为校训，我认为这是一笔财富。这个口号响亮明确，符合时代需要，符合党的办学宗旨。尤其是一所国际学校，如果能够科学回答在国际背景下，如何培养党和国家的合格建设者和接班人的问题，绝对有非比寻常的价值。经过大家共同探讨，我们把校训细化成了学校培养目标：培养具有中国灵魂、国际视野和跨文化交流能力的社会主义建设者和接班人。我们把中国灵魂放在了首位，就是想让那些出国的孩子们"把根留住"，学成回家报效祖国。为了塑造学生的中国灵魂，学校开设了十二年一贯制中华传统文化课程。

这个培养目标明确地指出了我们要培养什么样的人，这是一个美好的愿景，但并没有告诉我们该用什么样的方式和手段实现这样的目标。这将是我们一直要思考和解决的问题。

小学1年级新生满载家人的期望走进学校。我脑海里浮现出第一年的两个画面：一是9月1日开学时，父母甚至全家人把6岁的孩子依依不舍地交到我们老师手中，那种期待的眼神；二是7月1日毕业典礼时，孩子从我手中接过毕业证书时，父母满眼的期许和泪水。

我在想，假如这是同一个孩子，今年父母把孩子送到我们学校，十二年以后我会还给他一个怎样的孩子呢？再往下想象，刚刚从我这里接过毕业证的学生，去国外留学乃至参加工作后的他们会怎样？我们现在的教育能为他们的未来做好一切准备吗？也许有人会想，十二年后你还不一定是这所学校的校长呢？教育还能管孩子一辈子？没错，我正是这样想。不管我做这所学校几年的校长，我都得为他们的未来负责，为他们的终生负责。做教育的人不能功利，不能只管学生眼前的利益，不想其他。"十年树木，百年树人"，一个人的成就要看一辈子，而教育就是要为孩子服务一辈子。因此，学校教育的终极使命就是"奠基未来"。

孩子的未来有太多的不确定性。一个刚入学的小娃娃，还哭喊着叫"妈妈"，这个时候如果给他未来一个定位，那太草率了吧。即使到了高中毕业，孩子的目标很明确了，要出国留学深造，你给他未来一个定位，让他一定做某个职业，那也说不好吧？我们不能确定孩子未来到底需要什么，但可以给孩子未来发展准备一切力量和后劲儿，让他们未来有足够的发展能量。这个能量在我眼中，就是"全人教育"。"全人教育"不是要把孩子培养成完美无缺的人，而是充分发挥每个孩子的优势，激发每个孩子的潜能，以促使其成为完整的个体和最好的自己。

当然，实现"全人教育"必须有优秀的"全能教师"为其保驾护航，必须有优质的"全面课程"为其承载实施，必须有优异的"全息教学"理念为其贯彻落实，最终形成二十一世纪人特有的"全人教育文化"。

完善"全面课程"

围绕"全人教育"目标，我们构建了立体的课程体系。根据学生的年龄特点和发展需要，我们在小学低年级实行包班制，采用主题绘本教学，建设"全息教室"，给孩子们家的温暖。孩子们在这样的教室里，把学习融入生活，形成一个完整的小世界；在小学中高年级，采用大学科领域下的主题教学，孩子们分语言与交际、数学与科技、艺术与审美、体育与健康四大模块进行学习，感受事情的联系与区别；从 6 年级开始，孩子们的身体快速发育，进入青春期，他们对事物有了个性化的选择，学校把他们送进属于自己的"驾驶座"，给他们装上自主的"发动机";尤其是进入高中阶段后,我们已经明确所有的孩子都要出国学习,国际化课程就全面进入每个孩子的菜单。我们不仅要满足孩子自身的需求,还需要落实我们的培养目标,这样才能保证我们的"全人教育"得到很好的落实,于是我们打破年级界限,开设十二年贯通课程。从"中华传统文化""英语直通车",到"世纪演说家""电影课程"等,给孩子们修筑了一条条通向未来成长的"高速公路"。孩子们在这些"课程立交桥"上自由驰骋,通向未来。

实施"全息教学"

围绕"全人教育"目标,我们形成了良好的教学生态。学生在校热爱学习,每个人脸上都洋溢着灿烂的笑容。小班化教学,每个孩子都得到了足够的关注和培养,PAD进课堂,每个学生都感受到了游戏般的乐趣,在行走的课堂绽放出最美的花朵,动起来的音符让学生沉浸在想象的王国,抛弃"冰冷的分",成就"完整的人"。理想的教育愿景出现在二十一世纪学校:孩子们彬彬有礼,落落大方,阳光自信,成绩同样优秀;孩子们懂得感恩,也会"追星",更愿意遵守规则,让学习从"吃药片"变成"吃苹果"。老师们的点滴付出终换来孩子们的成长。毕业典礼上,孩子们含泪向老师表达感激之情。

打造"全情教师"

围绕"全人教育"目标,我们努力孕育"全情教师",培育"四度"教师。作为国际学校,我们打造了师资的"三驾马车"——中教、外教、海归教师,他们并驾齐驱、优势互补。创造平台和条件培养教师的风度、深度、温度、气度。老师在这里,愿意为学生服务,愿意为教育奉献,潜心研究,甘于寂寞,与学生为友,与学校共进退。学校的一切都是为了教师的未来,教师就自然会把这种理念传导给学生。

孩子们脸上阳光、自信、大方的笑容成为学校的一张靓丽的名片,这种积极向上的精神面貌就是学校的显性文化。

沉淀"世纪文化"

指向"全人教育"的各种改革有很多很多，沉淀下来的就是我们二十一世纪人独特的"世纪文化"。这种文化是支撑我们前进的不竭动力，一所学校的短期发展可能看课程，也可能看制度，但长期发展一定要看文化。孩子们在自觉自主、健康向上的文化下才能茁壮成长。

教育有着共同的目标，我们每位教育者都有着共同的责任和使命，那就是为孩子们的未来负责。既然这样，我们二十一世纪人也愿意做教育的探路者，去探究孩子们成长的道路，这条道路我认为应该是"全人教育"之路。

构建"顶天立地"的一体化育人模式

经过攻坚克难,"双减"工作已然进入常态化落实阶段。政策影响、媒体舆论以及公众监督等外部因素的驱动力逐渐见顶,迫切需要激发学校组织治理、课程创生、教学改革等内部因素的驱动力,构建落实"双减"的长效机制。对于校长而言,当下最紧迫的问题莫过于,当教育回归学校主阵地,我们该如何发挥学校主体作用,创设什么样的优质课程体系来满足学生高品质、多样化的成长需求,达成立德树人的根本任务,实现培养德智体美劳全面发展的建设者和接班人的根本目标。

课程是学校育人的主要载体,也是高质量教育体系建设的重要组成部分。课程领导力是一所学校校长不可或缺的核心素养,如何根据教改精神、课改理念和学校实际情况规划打造特色鲜明、优质多样的学校课程体系,并且推动全校师生积极落实、主动创设,已成为新时代校长办高质量教育的重大考验。

课程创设动因:从真实问题和需求出发

课程概念最早由英国哲学家、社会学家、教育家斯宾塞在《什么知识最有价值》一文中提出,他引申拉丁语的"跑道"一词创设了课程的概念,寓意课程是学习的进程。由于每个孩子的情况都不完全一样,如果从这个比喻义去理解学校课程供给,优质课程必然是个性化、多样化的,要符合孩子们的实际情况和真实需求。

自 2010 年到北京市二十一世纪国际学校以来,我带着全校教师着眼于每个孩子的成长需求,按照新课改精神,遵循"全人教育"理念,构建了十二年一贯制课程体系,在国家课程标准基础上,创生了中华传统文化课程、电影课程、世纪演说家课程、研学课程、健康课程等特色课程，构建了一套"顶天立地"的小初高一体化育人模式。所谓"顶天"指的是严格遵循国家课程标准，紧跟中央立德树人的各项部署和要求，而"立地"则是指从学生需求出发，构建符合学生的成长需要和实际情况的学科体系。

这些优质特色课程的创设并非一蹴而就，也不是凭空而来，而是根据国家教育改革的方向趋势，从学生的真实需求出发逐步创设起来。令我印象尤其深刻的是学校体育课程的升级，在我到任二十一世纪国际学校的第一个开学典礼上，早上七点半开始，短短半小时后，就不断有学生因身体不适退出，学生体质之差令人震惊。为此，我下定决心抓体育课程，把学生身心健康放在第一位，着手打造"健康型、运动型"校园，要求小初高学生全部参加早操，在"每天锻炼一小时"基础上再增加体育课时，引入网球、跆拳道、健美操、英式橄榄球等特色课程，增强趣味性、丰富选择性，让孩子们爱上体育锻炼。经过多年打造，学校基本形成了"一生一课表"的定制化体育课程，体育锻炼形成风尚，学生体质明显增强，学校也连续多年被评为学生体质健康标准测试十佳学校。

要发现学生的真实问题和需求，就必须长时间跟孩子们待在一起，观察学生的精神状态，倾听他们的心声。这些年，我基本上做到了以校为家，从早晨6点半跟学生们一起跑操，到白天的教育教学管理，参加教研活动和学生活动，直到深夜下班，做到全时段全过程陪伴，因此能实时动态掌握学生需求。有一次参加初二年级社团活动，发现无论是主持人还是上台发言的学生，整体表现战战兢兢、细言细语，缺乏足够的自信和控场能力，这不符合新时代中学生的精神面貌。为了解决这个问题，学校组建了专门小组，整合校内外资源研发设计演说家课程，着力提升学生口语表达能力和舞台驾驭能力。如今，演说家课程渗透到小学、初中和高中每个学段，成为最受孩子们欢迎的课程，不仅帮助他们提升自我表达能力，还培养了很多能言善辩的小演说家、辩论家，他们在各级各类演讲辩论比赛中取得优异的成绩。

学校是学习真实发生的场域，也是孩子们学会解决各种真实问题的演练场。只有从学生的真实问题和需求出发创设学校课程，才能符合他们的成长规律，才能给他们解决真实问题提供具体场景和资源支持。正是从真实问题出发，北京市二十一世纪国际学校在研学课程、劳动教育课程、电影课程的创设方面，始终以学生为中心，严格落实中央精神，在开拓创新中不断实现新的飞跃。

课程孵化动力：充分调动教师积极性

学校课程体系建构并不是凭校长一己之力就能完成的，甚至在很多时候，校长只是学校课程建设的倡导者、引领者。当校长提出课程创设理念、营造出课程创生文化后，学校课程体系的具体建构，则有赖于全体教师的参与和执行。

教师不仅是学校课程实施的主体，而且是课程研发创生的主体。一提到课程研发，很多教师都会感到有压力、没信心，认为自己的水平还无法胜任创造或研发课程的重任。事实上这与学校的治理结构、课程文化有很大的关联。十多年过去，老师们不仅创设了多门具有前瞻性、实用性、系统化的优质课程，而且学校还形成了课程创生的良好文化。当学生真实的需求出现时，老师们都会主动地探寻课程的改造和变革，或者将传统课程进行优化升级，或者再造新的课程。

小初高的研学课程，让孩子们读万卷书、行万里路，以更加开阔的视野滋养民族自豪感与爱国之情。受新冠肺炎疫情影响，国内国际研学受到冲击，老师们就主动求变，将研学课程与语文、数学、英语等主干课程学习打通，围绕主干课程的教学内容设置校内探宝等研学课程，既解决了客观原因导致的空间制约，又增强了课程的融合性、主题性与趣味性，提高了同学们的参与程度。

如今，学校以课程中心为枢纽，形成了校领导带头示范、以课题研究为抓手的课程孵化优化机制。每门十二年一贯制课程都有一个课题组，由学校中层以上教学管理干部担任组长；以课题研究形式推动课程的具体开发和实施。各课程项目组在全校范围内招募教师，要求成员比例合理，必须包括各学段的优秀教师。各项目组参考泰勒的课程开发基本原理，从课程目标、课程内容、课程实施、课程评价四个方面开展研究。为保证课程研发进度，学校规定每周三晚为各项目组的集体讨论时间，每学期至少进行一次全校范围内的阶段性汇报。

为了调动教师参与课程创建的积极性，学校采取了精神激励、物质奖励的双重办法。研发《学术积分奖励办法》，根据教师参与项目研究、课题研究、标准化经验、学术论著、成果奖励等情况，赋予相应积分，转换为奖金，并且在每年的教师节、年会等重要时节，举行表彰活动，形成赶超先进的课程创建文化。

课程执行动效：转变学生学习方式和评价方式

学校课程体系建设，是一个从学生出发，由校长和教师主导，最后仍须落到学生身上的闭环。学校课程体系建设得好不好，有没有发挥育人作用，最终的检验标准，并不取决于学生的考试和升学成绩，而是体现在学生的成长变化上，尤其是综合素质和社会行动的变化上。在"双减"的时代背景下推进学校课程体系建设，我们必须转变学生学习方式和评价方式，改变以分量人的单维度，探索增量评价、过程评价、诊断评价、综合评价等多元评价方式，让基于新课改理念的新课程体系，真正惠及学生的个性化成长成才。

令学校教师们感到由衷高兴的是，这些年大家精心研发设计的课程，滋养到学生身上和心里，为学生的成长带来了显著的、实实在在的变化。比如，在演说家课程体系的培养下，学生获得了全方位成长。在海淀区中学生辩论赛、"中国少年说"中学生辩论赛、"中关村杯"国际中学生华语辩论赛等赛事中，学校取得了五连冠。同学们在备赛、参赛过程中树立了正确的人生观、价值观。中华优秀传统文化课程也不只是停留在背诵、展示的表面，而是指引着黄可同学从内向害羞的小姑娘成长为中华优秀传统文化的国际传播者，登上国外大学讲台开讲《周易》《孙子兵法》等民族经典。诸如此类的成长变化，比起考试分数，更能彰显我们创新课程的育人初心。

在新课程理念下，学校优质的课程体系，需要构建与传统灌输式和注重考试成绩的教学完全不同的学习和评价方式。北京市二十一世纪国际学校通过学习方式和评价方式的变革，真正将促进学生全面发展的课程理念落到实处。在评价方式上，所有课程实行过程性评价与诊断式评价相结合，全方位为学生提供有指导意义的评价，为其未来发展助力。在学习方式上，学校构建了"一生一策"的个性化课程方案，要求教师关注每个学生的成长需求，并且借助各种评价工具和量表对每个学生的学习科目、学习类型进行研判、分析和反馈，制定不同的学习策略和课程方案，帮助其找到最适合自己的成长路径和课程选择，真正地做到因材施教、适性扬才。

记得十多年前刚到学校时，有一天在校园巡查，遇到几个小学生走上前来对我说:"校长,我在这里过得不是很开心。"我便追问:"为什么呢?"孩子童言无忌地回答:"因为老师太凶,作业太多。"十多年过去了,通过课程的创生和变革,全校结束了一考定终身,设计过程性评价跟踪学生学习与成长过程,小学低年级也早就用游戏闯关代替考试的制度,孩子们的笑容灿烂了,校园里的笑声多了,锻炼的身影多了。这也许就是学校十多年孜孜以求、打造创设优质课程体系的价值所在。

教育中的管理心智

我接任北京市二十一世纪国际学校执行校长职务时，学校发展方向不明、师资力量不强，发展生态不乐观。经过十多年的努力，昔日的"烫手山芋"如今成为京城国际学校的标杆之一。这中间究竟发生了什么？作为校长，我最大的感受是思路决定出路，而正确的思路来自治校者的教育管理心智。

心智是一个人认识事物的方法和能力。我提出的教育管理心智理念，包含"心"和"智"两个方面，即教育管理初心和教育管理智慧。治校者有了正确的"心智"，才能做正确的事情，实现有效管理。

一、我的教育管理初心："服务心"

在我看来，教育人的初心应该首先有一颗"服务心"。校长是首席服务官，老师是服务者，教育首先应俯下身子与学生平等对话。我认为，只有在平等尊重的环境中教育出来的学生，将来才会以"服务心"发挥才能，回馈社会。秉持着这样一颗"服务心"，我总是从学生的视角看问题、想问题、解决问题，总是将能否服务于学生全面发展作为管理的首要标准。

（一）课程设置服务于学生的未来发展

教育部、中宣部发布《关于加强中小学影视教育的指导意见》时，我校的电影课程已经开展了三年；教育部联合十一部委出台《关于推进中小学生研学旅行》政策时，我校的研学课程体系已经非常成熟。能够走在国家政策的前面，是因为我无时无刻不在思考：我们的课程应该如何设置，才能培养出符合时代发展要求的优秀人才？"世纪演说家"课程开设的初衷，是因为我曾亲眼看到，我们的学生在演讲比赛中手拿讲稿，不敢抬头，讲话磕磕巴巴，这让我深感不安。口才是人才的第一张名片，没有好的沟通交际能力，如何能在国际人才竞争中脱颖而出？课程设置的背后，是服务学生，使其适应未来发展的初心。

（二）师资建设服务于学生的习惯养成

我校打造了一支高水平的教师队伍。研究生学历是我校招聘教师的起点要求，有人说这是"杀鸡用牛刀"，我说"杀鸡就要用牛刀"。我认为，理想的师资分配，就是要把最优质的教师放在小学，让最优质教师的良好思维习惯和学习习惯尽早传递给学生。学生越早形成良好习惯，越有腾飞的可能性。师资配备的背后，是服务学生，使其拥有良好习惯的初心。

（三）高中教学服务于学生的留学需求

我校的高中学生不参加国内高考，直奔出国留学的目标。我校高中部拥有靠自己的师资打造主体成绩的能力，所有在 AP、SAT、托福考试中取得高分的学生，没有一个去过校外培训机构，都是学校自己培养的；我校成立了留学服务中心，95% 升入世界顶级名校的申请，都是留学服务中心老师们无偿服务的成果。能做到这些，是因为我曾了解到，有高中生在校外补习，也有高中生通过留学中介准备申请材料，这种现象让我深感心痛。家长交了学费，学校就要把学生的方方面面管好，让家长放心。高中教学的背后，是服务学生和家长的现实需求，让优秀者具备未来更优秀的初心。

（四）环境改造服务于学生的身心健康

2016 年，我校开始大规模环境改造。我请师傅把厨艺教室的调味台改成升降式，方便不同身高的学生操作；我让老师亲自布置初中选课走班的特色课教室，满足"学生喜欢、学科特点、独创性"的标准；我让后勤人员把教学楼里的卫生用具从教室移出，放置在走廊固定区域，创造干净整洁的教室环境；我和教职工一起设计校服，一遍遍修改，完全不依赖设计公司。我们如此倾心投入，是因为我们懂学生，爱学生。环境改造的背后，是一切以学生身心健康为中心的初心。

（五）班级设置服务于学生个性需求

多年来，我校坚持小班化教学。小班化教学，老师能更好地关注到每一位学生，针对学生不同的学习风格、学习能力倾向给予不同的引导，充分开发学生的内在潜能，为学生个性化发展提供机会。作为地处北京四环内的私立学校，坚持小班化教学实属不易，但我们一直坚持了下来。小班化教学的背后，是我希望每一个家庭都能得到最好的教育服务、每一位学生都能得到最大关注的初心。

（六）创新之举服务于学生综合素质

2016年，我去美国考察学习，回国后立刻推行三项措施。一是推广阅读，读书是培养学生思辨能力的大工程；二是建立班级公约，强化规则意识，提高学生的自律能力；三是加强教师形象管理，培养"四度教师"，让教师"有气度、有深度、有风度、有温度"，让学生"亲其师，重其道"。创新之举的背后，是服务学生综合素质、增强学生做豪迈中国人的初心。

日本著名实业家稻盛和夫说："要实现高目标，前提就是持续地怀抱能渗透到潜意识的强烈愿望。"对我而言，"如何服务好学生，让他们通过学校教育获取最好的发展"，已经成为我潜意识的强烈愿望，让我时刻保持着一颗"服务心"，这就是我的教育管理初心。

一所学校犹如一艘航船，在航行中会面临各种问题，而许多问题往往只反映表面现象。管理大师德鲁克在《卓有成效的管理者》中举了个例子：每个月，工厂生产车间都会碰到输送蒸汽的管子接头坏掉的问题，生产部门的工程师因为"身在此山中"，所以"不识庐山真面目"，管子坏了就换管子。直到经过较长时间的分析后，才发现问题背后的原因可能是设备温度或压力过高，接头需要重新设计。但是，在得到这一结论前，部门已经花了不少修理管子的财力物力。

扬汤止沸，不如釜底抽薪。一个有智慧的管理者，应该学会思考问题背后的问题，而不止于表面现象，只有这样，才能实现有效管理。学校管理千头万绪，从课堂秩序到学生健康，从学校定位到招生制度，无不遵循"思考问题背后的问题"的管理逻辑。

二、我的教育管理智慧："思考问题背后的问题"

（一）发展困境背后的问题：办学方向对吗？

我接任执行校长时要解决的第一个问题，就是学校如何在海淀这片教育高地中生存下去。高考成绩不佳就狠抓教学吗？招生困难就狠抓招生吗？在当时的社会环境下，民办学校即使抓教学和招生，在高考和生源上也是拼不过公办学校的。基于这种认识，我认为根本问题是办学方向，必须从方向上找出路，走差异化办学之路：一是走国际化路线、出国留学方向；二是坚持寄宿制，加强宿舍管理；三是坚持小班化教学。现在，我校教学成果显著，整体蓬勃发展，社会影响力显著提升，都得益于当年"差异化办学"的方向选择。

（二）招生制度背后的问题：什么是最好的招生？

当年办学方向不明确，学校招生也面临挑战，教师背上了招生任务指标，完不成还被扣工资，压力大，无法安心教学。学校招生不力，是不是全体教职工都要去跑招生？教师到底要不要背上招生指标？我认为，招生不力的背后，是我们没有过硬的教学质量。基于这种思考，我提出一个观点：教师上好每一堂课，就是最好的招生。随后，学校取消了教师招生制度，让教师安心上好课。实践证明，优质的课堂，让"我找学生"变成了"学生找我"。

现在，学校社会知名度越来越高，许多家长、学生慕名前来，成为学校的"铁杆粉丝"，甚至出现一个家族很多孩子来我校就读的情况。经过分析，我们发现80%的学生都是在校生家长推荐来的。金杯银杯不如老百姓的口碑，大家用"脚"投票，选出了心目中的理想学校，显然我们的教育品牌得到了大家的认可。

（三）教师队伍背后的问题：教师的幸福感从何而来？

一位教师曾向我抱怨，因为忘带餐票没吃上晚餐；也有教师抱怨，教职工子女上学执行不同的学费标准。学校是不是要防着教师？是不是人为分出不同标准？我提出，要给教师体面的生活，只有教师体面了，学生才能有更好的发展，学校才能有更好的发展。现在，学校食堂向全体教师开放三餐，无须饭票，来了就吃。我们每天给老师送牛奶水果，给老师定制工服，教师子女上学，学费优惠标准全校统一……老师体面了，就能安心做教学。

除此之外，学校给教师提供教育年会、课赛等成长平台，中青年教师得到飞速成长。我校承担的中国教育学会"十三五"规划课题顺利结题；教师参加第八届"京研杯"教育教学研究成果评选竞赛，6人荣获一等奖；庞春泉老师获评2018年北京市中小学"紫禁杯"优秀班主任一等奖，吴蕾老师获评北京市中小学新任教师"启航杯"教学风采展示一等奖……

教师是学校里最重要的队伍，教师的良好发展给学校提供了可持续发展的实力和空间。

（四）组织建构调整背后的问题：好模式从哪里来？

随着学校的发展，应该如何调整组织建构，提高管理的有效性呢？是不是要复制他校的成功模式？是不是要完全遵循固有的架构？我认为，组织建构的目的是提高管理效能，减少冲突和内耗，要适合自己。"借来的火，点不亮自己的心灵"，我们不照搬硬套他人模式，不囿于条条框框，而是根据学校自身发展，在实践中摸索出一种符合自身发展的组织构建模式。我们取消了在学校层面同时设置教务处和德育处的通常做法，将教务处改成课程中心，服务学校课程研究和课题申报；设置了对外交流中心，接待越来越多的参访学习者；成立了新闻中心，专门做对外宣传和品牌文化建设……一切组织建构的调整，都是顺势而为、水到渠成的结果。

收获多年学校改革成果，回顾重构学校文化之路，我觉得见地决定思路，思路决定出路。大到选择办学方向，小到发现学生上课睡觉、出操乏力背后的原因，都是教育管理心智的体现。正确的管理心智能孕育出积极向上、健康活泼的学校文化。许多同仁来我校参访后，由衷地感叹："给我留下最深印象的，是学校老师全情投入、学生积极向上的状态。"这是学校文化成果的外显，是学校管理团队卓越教育管理心智的体现。

只要教育管理者坚守"服务心"的教育初心，积累并不断提升"思考问题背后问题"的管理智慧，终将不断拓创卓越的教育管理心智，在实践中走出更加符合学生身心发展、符合教育规律的教育改革之路。

我们怎样为学生织张关系更牢靠的"关系网"

"双减"政策推行之后，社会的焦点一下子对准了校内教育，随之而来的一个问题需要每一位教育者好好思考：减轻了课后作业负担、校外培训负担，如何提升课堂效率和学生学习效率？

在这样的背景下，更加凸显出师生关系、生生关系、家校关系这"三大关系"在学校教育中的独特价值。

如果把三大关系"视觉化"，我们看到的不是一个三角形，而是一张可以无限延展的网络。现在我们经常看到一些新闻，讲孩子空心、厌学、抑郁、自弃，如果深入去剖析，便会发现往往是由于这个关系网上的某个节点抑或多个节点出了问题。

可以想象，一张千疮百孔的破网，怎么能支撑起孩子的幸福？怎么能协助他们顺利高效地完成学业呢？我们提出要让孩子健康快乐发展，就必须要关注孩子成长所需要的内在和外在支撑，而由师生、生生、家校等构成的关系网，就成为托举孩子未来最强有力的支撑。

一、如何为"亦师亦友"的师生关系铺路？

从教多年，"亦师亦友"一直是我心中最美好的师生关系。做了多年教学和管理工作后，我觉得师生关系的关键在于老师自身要不断提升学术素养、教学能力和人格魅力。提升学术素养是提高教学能力的前提，提高教学水平就是要上好每一堂课，而人格魅力最重要的就是从内心关爱学生，对他们的成长切实负责。

来到北京市二十一世纪国际学校担任校长后，我和管理团队就一直在摸索如何为"亦师亦友"的师生关系搭建平台、做好设计。十多年来，我们收获了一些适合自己的可贵经验。

（一）让每个学生都得到充分关注和重视

学校目前的师生比是 1:4.5—1:5 之间，一般的学校是 1:12—1:13 左右，这意味着我们要"不计成本"。我们坚持的小班化教学顶着巨大压力，但这么做是有考虑的。

研究显示，班额太大时，精力有限的老师只能较多地关注很好和较差的学生，中间的学生往往一带而过。为了让每个学生都受到充分的关注，我们坚守小班制，座位也可排列成马蹄形、圆形、V 形、T 形等，大大拉近了师生之间的距离，更易于师生交流。只有真正服务于每一位学生的发展，"良好的师生关系"才有经得起相琢相磨的基础。

（二）实行导师制，针对每个孩子的特点因材施教

一位导师肩负三重工作，一是及时掌握学生的学习状态、知识点的掌握和学习成果，通过过程性评价分析和总结，记录并反馈给家长、学生、任课老师；二是提供个性辅导，有针对性地解惑补弱；三是关注学生的学业进步及个性特长发展。

从 6 年级到 12 年级，每个学生都会有自己的导师，而且可以自主选择年级里最喜欢的老师作为导师，只有亲其师，才能信其道。

另外，我们也希望通过这种"双向选择"让孩子感受到被尊重，感受到自己是学校的主人，这对培养良好的师生关系非常重要。

（三）坚持"校长有约"，营造平等的对话氛围

"校长有约"是个促进师生关系的平台，赴约的不仅是我，还有副校长和年级主任。

除了"校长有约"，小学部还通过大队部征集学生们的意见建议。我们给学生发提案登记表，由他们填写建议缘由、建议解决办法，学校少工委、党委回馈意见，针对合理的建议，学校会积极改进。

在这样的氛围里，孩子会感受到这是属于他们的校园，在这里他们可以自信、民主、真诚地与老师交流，这是培养良好师生关系的前提条件。

二、如何为团结互助的生生关系搭台？

我们希望让孩子们感到校园就是第二个家。在这个"家"里，同伴关系是非常重要的。

（一）"大手拉小手"，拉出互帮互助的校园文化

"大手拉小手"是小学部做了十几年的活动。6 年级的哥哥姐姐在每年的小学迎新仪式中扮演着重要角色，曾经的"小手"长大了，拉起现在的小手，将学弟学妹们领进校园，用一个月的时间帮助他们去适应寄宿生活。在"大手拉小手"活动中，同伴关系很自然地建立起来了，一种互帮互助的文化渐渐形成了。大家都懂得，在这个校园里，要互相帮衬，乐于分享。

（二）提供学生自管院，放手让孩子们做事情

初中的学生进入青春期，有了更明显的自我意识和主张。这个时候，我们提供一个"学生自管院"的平台，"放手"让孩子们去做事情，在具体的事情中学会与自己相处，与他人沟通。因为放手，孩子们可以形成自己的"组织"，有了更多与不同人共事相处的机会。我们相信，多提供一些这样的平台，让孩子们自悟与他人的相处之道，远远胜过生硬无力的说教。

（三）打造学习成长共同体，在良性竞争中相互促进

高中有个"学习成长共同体"的组织，在这里，品学兼优的高年级学长根据自己的学业特长，为同学开设辅导课程，他们将精心设计的方案公布在学校平台上，很多课程被"秒抢"。

其实，师生关系和同伴关系是你中有我、我中有你的。学校的老师没有专门的办公室，就在教室里备课办公，全天陪伴学生。老师间的同伴关系如何，会潜移默化影响学生。当孩子们看到老师们能互相协助、分享教学成果，孩子们也自然能效仿，处理好同伴关系。同样，老师们如果遇到师生关系问题，找几个同伴一起讨论商量解决，往往比一个人处理更加稳妥顺畅。

三、家校关系的核心："做最好的自己"

师生关系的前提是老师自身的德艺双馨，好的家校关系，核心也在于学校自身的实力。如果能通过学校的教育教学，让孩子们的成长以"惊人的速

度""肉眼可见"地呈现在家长面前，家校关系一定不会差。所以多年来，我们一直战战兢兢地做教育，一直把学生的收获和成长放在心上，不断打磨我们的教学，很多方面走在了教育改革的前沿。

除了教学实力，沟通质量也是我们做好自己的重要方面。在家校沟通上，老师们已经形成了一种默契：遇事先找自己的原因，然后做出改进的方法。用这样的心态工作，老师的脸上总有笑容，心里总有阳光，心态积极了，沟通就有一个好的开始。

我们非常注重"沟通的智慧"，组织教师团队定期就"沟通"这个课题举行研讨和演讲。在真实的教育实践中，老师们从细微处着手，处处都在用心。

我曾听老师们总结过几种情形。例如某班孩子在校出现了同学之间的矛盾，家长单方面只相信孩子的"一面之词"，强硬责怪对方同学和老师，这时候老师们会保持"空杯"心态和家长沟通，微笑倾听，让家长宣泄，然后才是不带任何偏见地耐心解释、还原事实。

我们为建立、维护家校关系做了很多细致的工作，例如成立各级家委会，定期举办家长开放日，请家长走进校园、体验课堂；举办"家长讲堂"，学校给每一位老师发放通信补贴，鼓励老师们多与家长沟通等。我觉得，学校自身的发展和教育教学实力是关键，做到在家长找我们说问题之前就把自身调理好了，这才是家校关系的核心。

四、如何托举师生关系、同伴关系、家校关系这张"关系网"？

如果校园中出现有老师不敬业，甚至违纪违规，把这位老师批评一通就行了吗？如果出现校园霸凌，把惹事的孩子找出来教育一番就可以了吗？三大关系中哪一项出了问题，我们都要顺着那条线，找到问题背后的问题。

我在前面说，提到三大关系，希望大家看到的不是一个三角形，而是一张可以无限延展的巨大关系网，网上的每一根线都可能是"敏感的神经"。如何把这张网织好盘活呢？二流的学校靠制度，一流的学校靠文化，要用积极向上的校园文化，托举这张"关系网"。

所以十几年前，我们提出"重构学校文化"目标：重构办学思路，重构教学生态，重构师资队伍，发挥党建在把关定向、选才育人、文化建设中的引领作用。

我们提出在校园里不能有巨大的"差别"，要让老师们过上体面的生活，要发挥榜样的作用，让每一座灯箱都成为"一面旗帜"，让校园文化成为无声的教科书……我们的"世纪文化"逐渐形成。

当一个学校建立起积极向上的文化，你会发现学生和老师们"不用扬鞭自奋蹄"。我们的"世纪文化"为校园中的各项工作、各种关系搭建起了一座立体多元的"立交桥"，学校管理者就能从全局的视野去做问题诊断，举重若轻。

其实教育是个挺有意思的平台，充满了各种机会，怀着一颗敬畏之心来做教育，敬畏学生的成长，敬畏我们为此承担的责任——为每个孩子负责到底，为社会培养出最优秀的人才，从这样的角度来看问题，我们就能看得更长远一点，做得更到位一些。

"双减"与"百年树人"工程

"双减"政策落地后，相关成效开始显现。我认为，为家庭、学生减轻教育负担，着眼于孩子的终身发展、可持续发展，"双减"政策的深远影响才刚刚显露。从短期来说，它将纠正教育功利化、内卷化的生态；从长远来看，"双减"是真正的"百年树人"工程，在此基础上所重构的教育生态，将有力地托举"强国一代"的未来，成为中华民族伟大复兴的有力支撑点。

最近，我又细细阅读了中共中央办公厅、国务院办公厅印发的《关于进一步减轻义务教育阶段学生作业负担和校外培训负担的意见》，我深刻感受到，"双减"政策并不是"头痛医头、脚痛医脚"的局部调整，而是一项富有系统性的综合改革，需要我们从立德树人的根本任务出发，做好顶层设计，做好课程的整体规划和重新构造，做好相关制度的配套和保障，切实提高学校教育质量，让每个学生在校内能够学得会、学得足、学得好。

整体规划课程体系，避免课内、课后"两张皮"

"双减"实施后，学生在校时间变长，原来家长送孩子上课外辅导班的时间，被纳入学校教育教学安排，给学校管理、资源供给、教师工作都增加了不少压力。由于时间紧迫，很多学校来不及重构课程，采取的是"增量改革"的方法，将课内课外简单相加，即原有的课程框架不变，只是对增加的课后服务进行安排，暂时顺应政策变革带来的影响，从而达到教育部门的要求。

简单相加的"增量改革"，容易造成课内、课后"两张皮"的状况，既不符合学生的学习成长规律，也给老师们造成了很多负担。无论是学习中央政策文件的精神，还是从教育规律出发，理想的状况应该是从学校的育人理念和办学特色出发，加强整体规划，将"课内加课后"的模式，统筹成为"课内融合课后"的模式。学生进入学校后，时时处处都处于教育场景之中，严格区分"课内""课后"，割裂了学校教育的整体性、系统性，还降低了校长、教师、学生以及家长对课后服务的期望和要求，认为这部分时间属于课后，并不是校内教育的一部分。事实上，这部分所谓"课外"的时间和课程，对于推动素质教育、促进学生德智体美劳全面发展、实现立德树人的根本任务，其重要程度丝毫不逊于所谓的"课内"时间。

因此，我们将"双减"视为促进学校整体变革、综合改革的重要契机，推动学校从顶层设计上对育人理念、课程规划和构架作出整体性、系统性改变，从学生的身心健康成长要求出发，根据教育教学的规律，将课后服务融入整体课程设计之中，系统规划学生在校的教育教学安排。学校在落实"双减"政策中，老师们普遍反映，没有感到有什么不适，因为学校早就是这么做的。作为一所寄宿制学校，从学生踏入校门的那一刻起，学校为孩子们每天的24小时做出了精心安排。

在北京市二十一世纪国际学校，课内与课后服务并没有严格区分，社团活动、兴趣班、实践课程与文化课教学都紧密结合在一起。一天之中，孩子们面对的是涵盖德智体美劳等各个领域的课程，就像是不同口味和营养的餐点，着眼于满足孩子们的不同兴趣和需求。例如提高身体素质，早上有晨跑这样的"早餐"，还有体育课、大课间这样的"正餐"，还有下午各种体育社团等"加餐"；又例如培养科学思维和数理逻辑，学生"吃够"了课堂学习的"主餐"，还有机器人、编程、航模等"下午茶"时间的花式营养餐，"馋坏"了可爱的孩子们。初中的学生更加幸福，自2014年起便开始实行选课走班，学生根据自己各科目的学业水平选择不同的学科班级，每人都有专属于自己的一张课表，消除了课内、课外之分，让自己充分汲取学校教育的营养。

聚焦"双减"根本目标，系统打造育人生态

表面上，"双减"针对的是过去一段时间愈演愈烈的"校外补习风""在线补习风"和"内卷化"，但实质上是对教育育人属性和公益属性的强调和回归。减轻过重作业负担和校外培训负担只是手段，而根本目标还在于提高教育教学

质量，重构课程体系和教育生态，促进学生全面发展、健康成长。

近年来，教育部围绕学生的睡眠管理、用眼健康、作业管理等下发了一系列政策文件。教育部有关司局负责人也在强调要有"减"有"增"的结构性变化，一方面减轻不必要的负担，另一方面则要增加那些能够突出教育内涵，例如体育锻炼、劳动教育等方面课程，增强那些提高教育质量的管理举措。这也反映了"双减"的实质，不在于"减"，而在于"增"，尤其是办学质量的提升。

因此，在办学方法论层面，推动"双减"落实，绝不能只是单纯从问题出发，为了解决诸如作业过多、睡眠太少、体育课时间少等问题而各个突破，这样容易顾此失彼，而是要形成系统思维，站在学校办学理念、办学思路和办学特色等层面，把握学校立德树人的主动权、主导权，对课后服务、作业设计、睡眠管理、体育锻炼、劳动教育等不同政策文件涉及的议题进行整体设计，为了让学生长远发展得更好，创设更科学、更合理的教育环境，形成良性循环的育人生态。

以作业管理为例，我们不仅按照中央"双减"和教育部作业管理政策文件的精神，加强对作业的设计，减轻中小学生的作业负担，而且还进一步突出作业的育人功能，将课堂作业的设计、完成延展，融入社团活动、研学课程、劳动实践之中，让学生充分利用这些时间重温和巩固课内所学，回应课堂教学主题，真正打通了课堂教学与社会实践的距离。最近，小学部学生在校内开展探索活动，老师们将课堂里的知识点融入各项探究项目，形成了作业任务。孩子们一边完成作业，一边进行探究，不仅兴趣盎然，还能举一反三，获得新的知识和体验，效果非常明显。

学校是一个育人生态，各个环节和部分都不是分裂的，只有将它们联系、统筹起来，才能实现育人效果的最大化。在二十一世纪学校小班化教学、选课走班、个性化作业设计，尊重学生个体差异，让每个学生得到最理想的发展；科学规律的作息时间，每天中午独立的午休床位，让学生拥有充足的睡眠；多年前就已开始的运动型、健康型校园建设，在系统化体育课程、规范的专业队训练、早操、课间操、户外活动、奥运冠军主题讲座等内容中，既打造了学生强健的体魄，又锤炼了孩子们坚忍的毅力。

做好配套保障服务，营造全程育人的校园文化

"双减"政策在落实中，肯定会遇到一些细节上的问题，例如教师负担加重、职业倦怠感增加，家长不信任和不理解，或者课程质量不到位，难以满足学生及家长需要。对于这些细节问题，学校所能做的就是在自己能力范围之内，做好课程重构的配套和保障，把服务尽量做细、做精。我经常对学校中层干部和全体教师说，教育内含着精细化的服务，在学校里面，从校长到老师再到教工，所有人都在为孩子的成长提供无微不至的服务和照顾。

作为校长，我就是学校的首席服务官。老师们要给学生做好服务，校长就要给老师们做好服务。"双减"政策实施以来，针对老师们负担加重的问题，很多学校采取了弹性上下班、增加补贴，引进校外人员进行辅助等措施，而我们则想方设法调动教师的热情和主动，创造全情参与、全程育人的教师文化，鼓励教师自己做主，做到课内、课后都是育人主阵地，全程育人不脱节。担当兴趣班和社团活动的老师们没有抱怨，都是毛遂自荐，根据自己的特长开发了风格迥异的兴趣课程。学校、家长和学生经过评估和筛选，在不断的实践中沉淀了一整套百花齐放的课表。有些比较特殊的课，比如击剑、魔术、京剧、管乐团、高尔夫等，我们与外界专业机构合作，通过招标和一轮轮淘汰，留下了学生、家长最满意的课程，而且每个外请教师的课，都会有本校教师担任助教，随时处理各种问题。

为了增强学生的选择性和自主性，学校特别开发了涵盖选课、评课等功能的信息化平台，学生的选课、教师对学生的过程性评价等都在上面操作。小学下午的兴趣班、初中的"选课走班"，每学期孩子们要经历一次"选课大战"，家长和学生定好闹钟，守在电脑前抢课，像机器人、厨艺课、航模、围棋、跆拳道等课都是"秒光"。"双减"之后，初中积极响应教委号召，进一步细化课后服务内容，老师们开发了"服务菜单"，学生可以自由选择，社团活动、答疑辅导、小语种兴趣班、劳动实践、家长讲座等，每人都有一张自己的课表。

家长们的需求也是多样化的，就孩子放学接送的时间，每个家庭的情况都不一样。五点半统一放学，有些家庭希望早点接，有些家庭希望晚点接。我们学校很早就看到了家庭的个性化需求，走读班实行错峰放学。生活老师、班主任、科任老师全部参与，分批次放学，不同时间段出现在校门口，手把手把孩

子送给家长，满足家庭个性化需求，明显提高了家长的满意度。有的家庭担心孩子在学校参加了兴趣班等课后服务，无法满足学习要求，导致学业落后。针对这一部分需求，我们要求老师在教室办公，随时给学生提供帮助，更进一步的，结合家长需求，灵活安排时间为学生展开一对一个性化帮助，培优补弱。由于老师们一直陪伴学生左右，十分清楚学生的学业情况，提供的帮助也是比较精准到位的。

任何事物的发展与变革，最初都会带来一些阵痛，"双减"政策也不例外。但是在阵痛中，我们要看到变革的目标，认清楚发展的方向，并且掌握和采取科学的方法。唯有如此，我们的变革才能击中问题的核心，"双减"之后的教育教学才能符合学生成长的规律，为学生、家庭创设更合理优质的教育生态，社会一系列与教育相关的矛盾和沉疴也将得到根本上的解决。

价值引领从学习偶像开始

网上有则消息：一位家长担心孩子从小就学习刘胡兰的英雄事迹，心灵会受到伤害，就给老师写信以后拒绝学习这类故事。老师从民族大义出发，写了一封正气凛然的回信，信上提道："让孩子远离民族英雄是可耻的。"我为老师拍手称快，同时也为当今在社会上流传的一些放弃学习英雄，甚至诋毁、污化英雄的思想和行为感到痛心。

当前，一些学生家长存在功利主义、精致的利己主义等问题。希望刘胡兰离他的孩子远一点的家长，我们可以理解他爱护自己孩子的心情，但我们不能认同这种远离我们民族的英雄、放弃学习和传承英雄身上宝贵精神的做法！这不仅关乎孩子们能否树立正确的价值观，他们在未来能走多远，更关乎国家、民族的未来！

百年大计，教育为本。教育是民族振兴、社会进步的基石，教育兴则国兴，教育强则国强。我们应该明白，没有国，哪来家。我们的教育绝不可把孩子培养成自私的人，而是要把孩子培养成对国家和民族有担当，对社会有责任感的人！

当今一些青少年崇拜的偶像是娱乐明星，对历史英雄、伟人的了解十分缺乏。每个人有不同的喜好本无可厚非，但青少年正处于追逐偶像的阶段，这时候是思想意识和价值观形成的关键时期。如果他的人生榜样都是娱乐明星，而无英雄伟人；如果他的世界里只有童话，而无对历史真相、对社会现实的正确认知；如果他接受的是精致的利己主义、享乐主义教育，那他在未来会遇到很多问题，他在将来就有可能一事无成，甚至可能走向犯罪道路，何谈成为祖国未来的接班人？

如何指引孩子们形成正确的价值观，帮助他们"成人"？这是学校教育、家庭教育、社会教育都必须认真思考的问题。

在一次学校德育会议上，我再次把这个问题抛了出来。我提到，对我们的一生产生重要影响的往往是一些关键的人。就像我小时候喜欢看《智取威虎山》，以剿匪英雄杨子荣为偶像，想要成为一个正义勇敢、对国家和社会有用的人。这对我的成长产生了很重要的影响。那我们的孩子们的偶像里应该有谁？必须要有英雄、伟人来引领他们！价值引领要从孩子的价值观形成的初级阶段抓起，经过在干部会议上商议，我们通过了在小学部创建"周恩来班"的提议，并得到了周总理的侄女周秉德女士的支持，成功创办了"周恩来班"。这成了我校的第一个世纪名人班。

我们围绕周恩来精神开展了一系列的教育学习。学校邀请周总理卫士高振普将军、周总理侄女周秉德女士以及罗援将军举办讲座，追忆周总理当年立志报国的雄心和生平故事；"周恩来班"通过绘画比赛、书法比赛、主题班会等形式，纪念周恩来诞辰；前往天津周恩来邓颖超纪念馆和南开中学缅怀周总理，赴周总理故乡江苏淮安，追寻伟人足迹。

随着"周恩来班"对学生的影响日渐显著，我们又先后创办"雷锋班"，学习平凡人的伟大精神；创办"少年孔子班"，研习国学，传承中华传统美德；创办"钱学森班"，学习钱学森的爱国主义精神和科学精神；创办"宋庆龄班"，弘扬爱国情怀，传承红色基因。

当代的名人经历对学生来说更有可接近性和指导意义。于是，我们还不定期邀请各个领域的名人，对学生进行系列励志讲座，与学生分享成长故事，面对面交流，给学生的成长提供丰富宝贵的精神营养。

我们取校名"百年树人"之意，把名人班项目和邀请当代名家进校园活动称为"世纪名人"工程。这项工程帮助孩子们从学习偶像开始，逐步建立自己的人生观、价值观，给他们的人生之路点亮明灯。

2022年毕业季，21位高中毕业生写给心中的偶像和未来的自己的一封信，引起了很多网友的共鸣。周恩来、詹天佑、钱学森、邓稼先、袁隆平、钟南山、黄大年、张桂梅、鲁迅、宋庆龄、冰心等赫然在列，一段段铿锵的誓言掷地有声、令人振奋：

> "敬爱的周总理，我想像您一样把中国的友谊用力撒向世界，像您一样扎根人民，为了人民，像您一样胸怀理想，为了祖国的强大而奋斗不已。您一定听到了！"

　　"敬爱的钟老，我希望自己求学有成，像您一样专业精湛，像您一样智慧仁厚，像您一样勇敢刚毅，尽己之力，为国为民。"

　　"生命的泉，即使拌合着血和泪，也要在自己的国土上流淌。"

　　"我憧憬着那样一个场面：学有成就后，我踏上归国的飞机，在落地的那一刻，在心里对祖国说：母亲，我回来了！"

　　……

　　毕业生们说："这是一份满载荣誉感和使命感的作业，一份不需老师批改、必须满分的作业，一份要奋斗终生才能完成的作业！"

　　人民日报客户端文章写道："这是十七八岁青年的肺腑之言，其昂扬之志于新时代国人心有戚戚焉，让人感觉到这个时代确有一种真切的希望在萌动，一种火一样的热情在燃烧，他们打开的不只是信，更是一个青春的中国！一个激情的年代！就像一位学子在信中写的：'这是您对我跨越时空的呼喊，也是我对您庄重激昂的誓言！'"

立体课程满足学生多种发展需要

判断一所学校的发展趋势，短期内看课程，长远则要看文化。

近几年，北京市二十一世纪国际学校一步步走过"规范年""质量年""内涵发展年""课程建设和高效课堂年""特色建设年""世纪文化建设年"等，在开足开齐国家课程的基础上发力于校本特色，科学设计出十二年一贯制纵向课程和小、初、高三个学部的横向课程，两条脉络纵横交错，相辅相成，为学生打造出全面发展、个性化成长的课程立交桥。

在大刀阔斧的改革中，持续创新的理念在每位教师内心被激活，百年树人的世纪教育文化逐渐萌发、壮大。

一、十二年贯通课程，打造学生成长完整教育链条

十二年一贯制具有极大的教育优势，突出表现在：更有利于教育资源的整合，课程布局更便于长远谋划，各学部的课程更加系统、衔接更加自然顺畅。

目前学校开设的一贯制课程主要包括《中华传统文化》《世纪演说家》《电影》《综合实践》《健康》《艺术》等，根据学生不同阶段的认知水平和成长需求，形成了包括目标、内容、实施方式、评价体系在内的完整教育链条，构建了小、初、高一体化育人模式。

（一）《中华传统文化》课程，塑造学生中国灵魂

学校将"中国灵魂"的塑造放在培养目标的首位，挖掘本土文化资源，开发了十二年一贯制《中华传统文化》课程，根据各学部学生情况从四方面进行了构建：传统经典课程，树立民族文化自信；文化寻根课程，培养民族文化认同；文化修养课程，积淀民族文化底蕴；名家启迪课程，浸染民族文化精

髓。循序渐进的文化浸润，为选择国际教育，未来走向世界的学生打上中国烙印，使其昂首挺胸、堂堂正正地走出去，时刻心系祖国，学成回馈家庭、报效国家。

（二）《世纪演说家》课程，提升学生表达能力

口才是人才的第一张名片，是学生将来参与社会竞争的重要软实力。学校开发了《世纪演说家》课程，根据学生心智发展和语言能力水平，划分为四个学段，并确定了每个学段的学习主题和学习目标。1—3年级为故事课程，4—6年级为主持人课程，7—9年级为演讲课程，10—12年级为辩论课程。同时学校还举办"世纪演说家"系列比赛，以赛促练，以练促学。学生参加国内外的演讲、辩论比赛取得了丰硕的成果。

（三）《电影》课程，百部经典影片启迪学生心灵成长

电影是一门综合艺术，包含了戏剧、摄影、绘画、音乐、舞蹈、文字、雕塑、建筑等多种技艺。电影课程是学校思想道德教育的一种途径，是学生认识社会生活的一个渠道。学校成立电影课程项目组，筛选出100部电影，分别让1—3年级、4—6年级、7—9年级、10—12年级四个学段的学生观看、学习，旨在培养学生的爱国爱党爱家情怀，促进学生形成正确的三观，拓宽视野，学会电影鉴赏，提高艺术修养。

（四）《综合实践》课程，提高学生实践能力

围绕培养"具有中国灵魂、国际视野和跨文化交流能力的社会主义建设者和接班人"的目标，学校开发了相应的实践活动，从理想、道德、素养方面进行培养。1—6年级，让学生热爱祖国、关心集体、感恩奉献；7—9年级，让学生明理养德；10—12年级，让学生崇尚科学，培养其健全人格。

1. 中国灵魂塑造方面，开展爱国教育、传统文化、世纪名人班、世纪讲堂、毕业季系列活动。特别是爱国教育在各学部有常规活动，如国旗下的讲话、爱国教育主题班会、退队建团、天安门少年先锋岗、红五月诗歌朗诵等。也有特殊活动，如国庆摄影展、瞻仰革命教育基地、国防教育主题讲座等。

2. 开阔学生国际视野方面，鼓励学生读万卷书行万里路。疫情之前，每年寒暑假组织小、初、高学生分别前往美国、英国、澳大利亚、加拿大等地，在学校的海外教育基地，开展"世界课堂"活动。学生感受纯正的国外教学模式，入住寄宿家庭融入当地文化，参观世界著名自然、人文景点和顶尖学府，扩大视野。每年暑假，高中学生前往美国合作校进行为期一个多月的交流学

习，为将来出国留学实现无缝对接。

3.提升学生跨文化交流能力方面，学校开展了形式多样的校内外实践活动，培养学生的动手、协作、沟通、策划等技能。学生在筹备、展示的过程中，搜集了大量关于异域文明的资料，提升了多元文化的理解力。同时，学生也掌握了活动的策划能力，增强了团队协作意识与集体荣誉感。

学校德育活动春风化雨般培养了学生的美德。系列志愿活动如爱心义卖、志愿者日主题活动、盲校志愿帮扶、温暖衣冬捐赠等，强化了学生的奉献和责任意识。感恩教育如主题班会、演讲等培养学生懂感恩、知回报的意识，不断提升个人素养。另外，通过开展礼仪教育，塑造学生的修养和内涵。

（五）《健康》课程，练就学生强健体魄

没有健康就没有未来。二十一世纪学校十分注重学生的身心健康，学校将所有体育教师、心理教师和医务室工作者组织在一起，以体质健康—心理健康—身体健康为线索，以创建"运动型、健康型"校园为契机，根据学生身心发展，将小、初、高学生进行一体化课程设计。体育基础课程将田径、体操、球类、武术划分为5个层级，小学旨在培养兴趣、奠定基础，初中重在掌握发展技能，高中达到主动锻炼运用技能的水平。体育选修课程在小学有兴趣班，初中选课走班模式下选修课呈现多元化，高中体育选修课体现出了学生极强的自主性。体育拓展课程分别有冬季体育节、春季体育节、秋季运动会及各类运动竞技赛。同时，每天早上三个学部严格执行的早操极大提高了学生体质。日常的中小学"世纪杯"足球联赛、网球联赛吸引各年龄段爱好者参与进来，带动了校园的运动氛围。"课程+活动"的方式实现了运动常态化。

心理健康方面，构建了心理纵向课程体系。小学课程重在培养学生的能力、兴趣、习惯，初中课程重在加强学生的自我探索、情绪、人际、时间管理，高中课程重在学生的自我同一性、忠诚的品质、生涯规划、人格培塑。同时，构建了心理横向课程体系，以心理健康课程为核心，配备了心理健康基础课程、心理专项课程、心理咨询课程，并开设心理课，设置心理学科教室，为学生提供专业指导。

另外，学校开设卫生体质健康宣传课程，培养学生良好的卫生习惯、作息规律等。

（六）《艺术》课程，厚植学生文化底蕴

学校根据艺术课程的特点和育人目标，明确了艺术课程研究的任务，划分

了戏剧、书法、美术、音乐、舞蹈等版块，小学阶段重在体验，初中阶段重在探究，高中阶段重在锤炼。五大版块教师集体备课，适时组织策划大型活动。在管理架构上，成立了全校性的健康艺术中心，组建学校乐队，建设世纪剧场，编写一贯制思维下的校本资源。

课程之外，开展丰富多彩的艺术类校内外活动，如每年的小学艺术节，集中展示学生歌舞才艺、书画特长，初中读书节贯穿着各种课本剧及才艺表演，高中的激情广场点燃青春理想。校外，学生舞蹈队多次在国家级比赛上获大奖，被邀请去往多国大使馆演出，学生参加中央电视台举办的"希望之星"风采大赛并斩获佳绩……学校营造的氛围，为学生发挥特长提供了广阔的空间。

二、三学部横向课程：研究各年龄段学生差异，因材施教

如果说第一条脉络旨在十二年一贯制，探寻教育相同的本质，打造学生成长完整的链条；那么第二条脉络就在于研究各年龄段学生差异，对症下药，因材施教，发现独具个性的"人"。

（一）小学"全人课程"

当前，小学教育亟待放慢脚步，重拾教育本质，给予学生足够安全、自由、丰富的"体验"，从而塑造学生的健全人格，促进"全人"培养。而这也是二十一世纪学校进行"全人课程"改革的努力方向。通过全人课程"六大重构"，学校建立了全新的教学模式，取得了良好的效果。

1. 重构教室

"全课程"教室的空间被完全科学合理地开发出来了。在这样的教室里，天空、地面、四周都是会说话的，张贴着各种彩色的学生作品，学习氛围无处不在。教室里有各种各样的储物柜，各类教学用具学生随时可以取用。学校为孩子们准备中英文各类图书，尤其是学生们特别喜爱的绘本故事。进入教室就好像来到了绘本图书馆。

2. 重构包班

低年级采取包班制，三位老师承包一个班级所有的课程。具体这样安排：一位中教和一个外教双班主任制，还有一名助教。这三位教师办公地点就在学生教室。当其中一位教师上课时，另两位教师就坐在教室后面办公，也可以帮助这位教师授课。这三位教师各自有不同的专业特长。如外教负责英语课程之

外，还可教美术、体育等。两位中教，一人偏文，一人偏理，可以做到恰好互补。这些教师都有重点大学硕士以上学历。

3. 重构模式

"全人课程"模式在保证上足上齐国家课程的前提下，将割裂的学科打通，把所有课程整合成综合课程，覆盖学校全部生活，以主题形式进行单元式双语教学。这个主题就像一个超级水果，包含了所有水果的各类不同营养。孩子只要吃这个超级水果，营养就全能满足。语文和美术一起学，学音乐的同时学习数学，旨在克服"分科"局限，促进孩子们综合发展。

4. 重构教学

全课程教学引入 Pad 技术，使得教学模式发生了变化：老师教书不再是"黑板＋教科书"的模式，而是利用平板电脑的超容量建立一个庞大的学习资源库，里面有大量教案、课件、习题、图片、音频、视频以及各种有趣的互动课程；学生可在不同难度级别的题库中选择适合自己的习题，系统自动批改并向老师反馈答题情况，从而实现分层教学和个性化指导。一堂课，同样的几十分钟，比原来的容量大了很多。

5. 重构活动

学生们不仅在课堂上进行相关主题知识学习，还要进行紧密结合的实践。疫情之前，组织每月一次社会考察、主题文化节，中高年级学生每年两次国内研学，六年下来，走遍北京所有的科技馆、博物馆、展览馆、名人故居等。

6. 重构评价

低年级段的学生取消了期末考试，代之以综合素质评价游戏闯关。老师们设计闯关情景，变身游戏裁判员，坐镇各个卡口，通过五花八门的游戏考核了学生一学期的学习成果。表达能力、临场应变能力、实践能力、逻辑思维能力、表演能力、规划能力等全部一览无遗，而且考核内容更实用、更贴近生活，真正帮学生做到了"学以致用"。

同时，老师对学生的过程性表现采取综合素质诊断，定期做出报告单，及时改正学生的行为习惯。另外，实施积分卡奖励制度，奖励学生在学习、生活中的良好美德、习惯及行为，设立兑奖中心，以精神、物质方面的奖励督促学生提高自身素质。

（二）初中：在丰富多元的课程中培育独具个性的人

初中实行选课走班模式，旨在发现学生独特之处，培养独具个性的人。设置了丰富多元的课程，共设置了必修、选修、综合实践三大类共计 135 个教学模块。学生入校后，不再按传统做法分班，而是"选课走班"，可以根据自己兴趣爱好，选择不同的类型。选课前，一个班级一张课表，选课后，一人一张课表。同时，学部还为每位同学安排了专业导师，为其生涯规划、心理疏导和学业指导等提供一对一的指导和帮助，充分满足了每一位学生个性化的成长需求。

为了让选课走班制更好地得以实施，初中部全新打造了日常教学类、特色艺术类、创意技术类、健身体育类四大类别课程，近五十个专用学科教室。星球地理、动漫教室、影视编导及摄影、艺术与生活、机器人、航模、车模、服装设计、厨艺等教室营造了浓郁的学科氛围。

初中部信息化管理实现了新的"云学校"网络平台，搭建了学校、教师、学生、家长新型交流互动平台，家长可以每天及时了解孩子的学习状态。学部实行先进的扁平化管理模式，分学年建立项目组，设有顾问管理、导师管理、常规管理、过程性评价管理、自习管理、生活服务管理、自主管理学院等管理机制，选课走班的教学组织形式，使行政权力高度集中的班主任不复存在，每名教师都是与学生平等交流的导师和咨询师，真正实现个性化教育。

（三）高中国际课程本土化

国际高中与美国费尔蒙特学校举办"中美双文凭"合作项目，引进对方课程、教材与管理模式，根据学生学情合理调整，实现了国际课程本土化。

培养方案走向私人订制。小班化教学和导师制，将学生置于中心地位。他们的成长经历、兴趣特长、性格特征等都得到了老师们的关注。上至学校、学部，下至年级、班级，都会根据学生情况量身打造培养计划，并突破限制，为他们大胆发挥才干创设条件。

高中部根据中国学生的特点，结合获取世界名校录取所需的学术条件，为学生科学配备相应课程：美国 AP 课程、英国 A-Level 课程、GAC 课程、长线英语强化课程、托福、雅思、SAT、ACT 等备考课程、留学指导课程、STEAM 课程等。

此外，以学生社团为载体，大力开展课外活动与社会实践，提升学生综合素质与能力。锦绣传说社、街舞社、机器人、模拟联合国、小记者、服装设计等 60 余个社团，助学生们开阔了视野，锻炼了能力，大幅提升了申请世界名校的个人优势。

过程性评价，剥去冰冷的分数，看完整的人。学生的期中、期末考试只占总成绩的35%，课堂表现、作业、回答问题、小组合作、PPT主题演讲及参加活动情况占65%。如在校内外大赛获奖将有额外加分数。老师会把学生的成绩及表现制成评价表归入学生档案，为他们将来申请大学积累"财富"。这项机制极大地提高了学生学习和参加活动的积极性，推动了学生综合素质的提高。

中西课程合璧，为学生发展需要而设计。学校确立了"弘扬中华文化精髓，中西课程优势互补，适合学生未来发展"的课程定位，形成了自主性、多样性、全面性、选择性的课程特点。为了培养学生的中国灵魂，高中在后会考时代开设《中国传统文化欣赏》课程。老师们多角度、全方位统筹课程，构成多元知识网络，涵盖了语文、政治、历史、地理、美术等学科内容，让学生感受中华文化的博大精深，让他们带着中国的文化自信地走出国门。此外，学校开设了厨艺课和太极课，邀请国家级名厨、太极拳传人授课，让学生出国后既能传播中国的美食文化、武术文化，又能修养身心，提高自我服务能力。

"三驾马车"合力，驱动学生成长。引入导师制，每个学生一入学便可以选择自己喜欢的老师作为导师，每名导师有5—8名"导学生"，帮助其解决学习、生活、情感等方面的困惑。从学生情况出发，形成了外教、海归和中方教师"三驾马车"共同驱动的局面，而且三者的配比非常契合学生的需求，真正为学生走向世界舞台保驾护航。外教国际化的教学方式为学生适应将来的留学生活打下基础。海归教师中英文流利，熟悉国内外的教育体制，可谓学生的"先行者"，能为学生提供各种指导。中教基本功扎实，敬业奉献，为学生带来传统文化的熏陶。

三、创新型世纪文化，引领学校走向卓越

二十一世纪学校取校之名，寓"百年树人"之意，形成了系列"世纪文化"，引领学校走向卓越。

（一）世纪讲堂

"身教大于言传"，综合素质的提高，应从"学习"和"模仿"开始。为帮助学生、教师、家长实现成长，学校开设《世纪讲堂》系列版块，分为学生励志版、教师成长版、家庭教育版，邀请名家大师走进校园举办讲座，与师生家长面对面交流。名家大师来自各行各业，如学术界肖川、李振村、史建筑，

文化界张绍刚、朱迅、卢勤、司马南，军界罗援、陶克、胡国桥，体育界李宁、杨凌、李金羽、王丽萍、陈中，娱乐界六小龄童、周炜、龚琳娜、索妮、靳东，商界慈铭体检中心总裁韩小红、大盛国际传媒总裁安晓芬等。他们以切身经历带给了师生、家长关于做事的能力、责任的培养、职业的选择、优秀的品质、专业的知识等多方面的洗礼。

（二）世纪名人班

对祖国作出杰出贡献的伟人身上蕴含着宝贵的精神财富，对学生的价值观引领作用是不可估量的。因此，学校成立了"周恩来班""雷锋班""少年孔子班""钱学森班""宋庆龄班"等一系列世纪名人班。通过大量的实践活动，让学生深入了解伟人事迹，学习伟人精神，使传承千年的民族品格深入骨髓地浸染学生灵魂。

（三）世纪学子

优秀学生是一道标杆，激励着更多学生向模范靠近。学校围绕学业、行为习惯、实践活动等开展各种评选活动，选出明星学生，在校报、校刊、海报、宣传栏、灯箱、校园电视台等平台进行展示，成了学校一道亮丽的风景。此外，往届优秀毕业生及在校外参加各项大赛并获奖的同学也出现在各个角落，闪耀着"世纪文化"的光芒。

（四）世纪名师工程

为优化教师队伍结构，促进教师的师德修养和专业成长，发挥骨干教师的示范、辐射和引领作用，学校制定并实施了《"目标驱动、自助进阶"式世纪名师成长方案》，分骨干教师、明星教师、世纪名师、首席教师四阶，按学生成绩、学术积分、综合考评、公开课展示成果、学术论文等情况对老师作出科学、合理、公正的评定，并根据等级予以相应奖励。这项方案的实施极大调动了教师创新教研、钻研学术的积极性。

（五）世纪自媒体

为塑造学校形象，打造优质教育品牌，学校构建了完善的自媒体系统，包括"一网一微一报一刊一台"，其中的《世纪家园报》、《世纪教育》刊和世纪公众号，以不同形式沉淀了学校的文化底蕴。《世纪家园》紧跟学校发展步伐，报道当月教育教学活动，展现学生、教师风采，传播办学理念，营造了师生的精神家园。《世纪教育》全面展示学校办学特色，老师分享教育教研经验，师生感悟多彩活动，展示优秀学生及其文艺作品，师生共谱真挚情谊。世纪公众号展示学校最新动态，师生活动等，以图文形式，在最快时间向外传播，展示学校形象。

（六）世纪好声音

为丰富教职工、学生文娱生活，学校开展了教师版、学生版《世纪好声音》活动，为喜爱音乐的师生提供了展示特长的舞台。活动借鉴《中国好声音》模式，设立严格的筛选规则，安排专业音乐教师为导师，从申报、海选、复赛到十强 PK，最后参加学校新年晚会，规格逐层提高，调动了大家的参与积极性，丰富了校园文化。

（七）世纪咖啡屋

高中部在学校的支持下，建设了"世纪咖啡屋"，运营操作全部由学生主宰。在环境设计、原料采购、饮料制作、销售推广、利润统筹、管理协作等流程中，学校完全放手，充分发挥了学生的不同特长。学生也在真实的经济模式中掌握了营销技巧，提高了团队协作能力。所得利润除维持咖啡屋运转所需费用外，捐赠基金会，用于帮扶偏远地区学校，对学生也是一次深刻的爱心教育。

结 语

特色课程奠基，世纪文化引领，北京市二十一世纪国际学校的教育教学成果全面开花，在海淀区这块教育高地创设了独特的办学模式。

打一场文化升级的校园大战

文化，是学校发展的发动机。这台发动机，如何设计？如何养护？如何将动力引向学校高品质发展的方向？

教育界有句名言："三流的学校靠校长，二流的学校靠制度，一流的学校靠文化。"我很认同。文化是立校之本，学校只要有了文化的支撑，就会走得更高、更远。

来到二十一世纪学校后，我从理念、团队、课程、环境、活动等方面升级了学校的文化基因。

升级理念，养护好学校文化建设的"发动机"

一所学校的校训反映了该校办学的指导思想和培养目标，是一所学校人文精神的集中体现。因此，在理念文化层面，我们继承校训"做豪迈的中国人"，并结合新时代进行了进一步解读，确定了培养目标，即我们培养的人才要具有"中国灵魂、国际视野和跨文化交流能力"。

现在，我们的教师、学生在各种舞台上光芒四射、全面开花。这是因为教师找到了以课程开发和研究为代表的职业发展道路，是因为学生得到了丰富多彩的课程支撑，他们自身有了成长、发展的"发动机"。其实，这个"发动机"就是学校的"隐性文化"。

学校的办学思想对学生提出了"要成为一个什么样的人"的要求，同时也对教师提出了"要培养什么样的人""如何培养人"的要求。因此，我们要求教师要做有风度、温度、深度、气度的"四度"教师。"气度"指外在；"深度"指内在；"风度"内外兼修，是前二者的综合；"温度"体现了一个人的师德师品。在教师昂扬的引领下，学生精神面貌焕然一新。疫情之前，学校每年接待百余家国内外访问团，客人对我们学生的彬彬有礼、阳光自信、落落大方赞不绝口，也对我们教师的尽职尽责、充满活力感佩不已。这是学校隐性文化的显性表达，也是评价一所学校是否优秀的关键。

重构团队，让教师跟上学校发展步伐

我刚到学校上任时，这里的教学生态并不乐观。那时我十分着急，也感受到了身为校长的巨大责任和压力。问题到底出在哪里？经过调研分析，结果显示干部队伍、教师队伍有很大责任！于是，我着手重构团队。

一方面，在现有基础上调整教师岗位，发挥教师特长；另一方面，不断吸纳优秀人才加入。现在，我们的师资队伍达到了很高水平。高学历的师资队伍，特别是大量的海归硕士和博士为学校的发展做出了巨大的贡献。

建立了这支具有强烈文化向心力的优秀队伍后，学校要对他们进行培养，帮助他们成长。在制度方面，我们建立了教师成长机制，制定了《学校科研奖励制度》《学校教育科研管理章程》《学术积分指标体系及奖励办法》及"世纪名师工程"等一系列制度章程。学校还搭建了"锡华杯教学大赛""世纪讲堂教师版""世纪好声音教师版"等展示平台，疫情前不定期外派教师到各学校观摩学习，每年寒暑假分批选派教师前往美英等国培训，开阔视野、提升技能，让教师成长的同时收获满满的职业幸福感、成就感和归属感。我们建立了考评机制，定期对教师队伍、干部队伍进行考评。干部、教师融入这个家庭，就要跟上学校的发展步伐，要符合学校的文化品位。

最终，我们不仅把人才留住了，还把教师培养成了优秀教师、卓越教师。

优化课程，打造纵横交错的立交桥

课程建设是办学质量的关键，我们搭建了十二年一贯制纵向课程、小初高横向课程纵横交错的立交桥。我们从创设适合每个学生未来发展的教育出发，根据学生成长阶段的不同特点、不同需求，整合所有教育资源，衔接基础教育全过程，扣住校名"世纪"开发了系列高品质、规范化、系统化的十二年一贯制《世纪课程》，形成了包括目标、内容、实施方式、评价体系在内的教育链条，构建了小、初、高一体化育人模式，在提高学生学业水平的同时，着重提高他们的综合素质。

如果说第一条脉络旨在发挥十二年一贯制的优势，打造学生成长优质而完整的链条；第二条脉络就在于研究各年龄段学生差异，因材施教，发现独具个性的"人"。

小学全人课程围绕主题进行单元式双语教学，实现了放慢脚步育全人。初中实行选课走班制度，学生根据自己的兴趣选择不同的课程，发展自身的特长。高中开设美国 AP 课程、英国 A-level 课程和中华传统文化课程等，实现了国际课程本土化。

改造校园，发挥环境对人潜移默化的影响力

中国有"孟母三迁"的典故，著名教育家苏霍姆林斯基也曾说过："孩子在他周围——在学校走廊的墙壁上、在教室里、在活动室里——经常看到的一切，对于其精神面貌的形成具有重大的意义。这里的任何东西都不应当是随便安排的，周围的环境应当对孩子有所诱导，有所启示。"可见，环境对人的成长有着十分重要、深远的影响。

二十一世纪学校地处"国家自主创新示范区核心区"，与中央电视塔毗邻，地理位置优越，交通极为便利。校园环境幽雅，古树满园，绿树常青，是学生理想的学习与生活场所。

除了这些客观的地理优势，学校还斥重资营造更符合国际教育水准的校园环境。翻新教学楼，重构学科教室，配置先进的教学设备，实现 WiFi 校园全覆盖，建设高端的国际综合楼、科学教室、实验室、世纪剧场、多媒体教室、学生自主经营的咖啡屋，为每个班级构建图书角……优美高雅的校园环境影响着学生，他们自觉约束行为举止，规范有礼；教师们的职业幸福感也倍增，爱校如家。

创新活动，用看得见的行为方式强化看不见的教育目的

在参与活动的过程中，学生更容易获得知识、积累经验和丰富情感。学校开展了系列"世纪"活动，如世纪讲堂、世纪名人班、世纪好声音、世纪演说

家等，用看得见的行为方式强化一种看不见的教育目的。

创新世纪好声音比赛。除了借鉴《中国好声音》模式，通过校内海选、导师指导等形式外，学生版世纪好声音不断创新，推出"器乐专场""声乐专场""舞蹈专场"等节目，为更多有才艺的孩子搭建舞台。他们在舞台上闪闪发光，每个人都是那么自信光彩。

拓宽研学的范围。疫情发生之后，我们校外研学的脚步被迫暂停，但孩子的成长是等不起的，老师们发挥聪明才智，开展"翻转研学"，组织孩子们在校内"探宝"。孩子们围绕不同的主题，通过"牵着蜗牛去旅行"、体验初高中的特色课程、化身小记者采访校内教职员工等活动，感受着微观世界的奇妙，初涉高年级高深的学科知识，了解身边师长的职业体会，同样收获很大。

为传统文化教育赋予新的生机。在课堂之外，我们举行系列活动，向学子渗透博大精深的传统文化。例如每年举行"清明诗会"，师生同台吟诵、演绎经典诗词，并借助敬德书院的力量，邀请教师举办访谈，以微课的形式在网上分享教育经验。举办上巳节笔会，邀请书法大家为同学们传授这项古老的艺术。举办"中秋音乐朗诵会"，以"飞花令"等形式共享诗歌盛宴。师生在鲜活的活动中感受着传统文化的魅力。

"问渠哪得清如许，为有源头活水来。"在不断的文化升级创新中，学校保持着勃勃的生机。从这里走出去的学子，带着一种特别的气质，自信、昂扬、充满活力，对师长、母校、祖国充满感恩。

课堂教学欠学生"一笔账"

中国的课堂教学改革进行了很多年，各类课堂模式也曾风靡全国，但每一种模式被疯狂追逐之后，往往很快又销声匿迹。究其根本，这些课堂教学改革违背了一个基本事实：每个人都是不一样的个体，用一把钥匙去开所有的锁，结果只能是失败。

我经常到各地的学校观摩教学，仔细比较，我国的课堂教学改革近几年确实有了质的飞跃，但离学生真正喜欢的课堂还是有差距。学校教育尤其是课堂教学欠学生"一笔账"，这笔账分析起来因素众多——

课堂目标单一

我们早已提出四维教学目标了，可是，我们的课堂还是以某个学科知识点为主，以某个考试要点为主。因为知识和技能目标很好进行量化评价，自然容易很多。而情感、态度等其他的目标难以找到评价工具，于是继续被忽略。同时各类测评，几乎都是以本学科领域为主，任课教师基本不愿意跨越到其他学科，更别说全科教育了。我们的语文课太像语文课，数学课太像数学课，学科痕迹太重，始终难以摆脱"以学科为中心"的教学。而在制定教学目标上，学生基本上没有参与，都是"以教师为中心"。教师提供了什么，学生就学习什么，学生不清楚学习目标，而作为学习主体的学生自然就失去真正的主体地位。要解决这个问题，必须对教学评价进行彻底的改革，重视学生的学习过程，重视学科的全面融合，重视学生的综合能力。

课堂阅读太少

我们课堂基本上一上课都是直奔主题，唯恐浪费一分钟，总是牵着学生走，怕跑偏了，学生的主动性和能动性很欠缺。学习的前提应该是自主，我们要把学习的时间都还给学生。能不能在课堂上给出大量的时间让学生自主阅读，甚至给出一半的时间让学生读书学习。当学生产生兴趣，会主动阅读的时侯，学习的一切问题其实都迎刃而解了。我提倡语言、社会、科学等类别的课堂，学生身边应该有大量的图书，这些课堂时间应该是一小时甚至是一个半小时左右，前面半小时就是给学生自主读书。在阅读的基础上进行交流讨论才有真正的意义。

班级人数太多

中国的学校一般班级人数都在四五十人，甚至有的地区在 80 人左右，这决定了中国的学生在课堂上得到的机会非常少。研究表明，当一个班级的学生超过一定人数时，老师就会从关注学生转为班级控制。这么多学生在一起学习，老师会"只见森林，不见树木"，课堂上要想营造交流、表达、讨论的教学氛围，是一件非常困难的事情，更不用说实现自由、民主的课堂教学目标了。只有严格控制班级人数，课堂教学改革的基本条件才可能成熟，才可能实现教育的个性化。

学生缺乏选择

国家有统一的课程标准，但不同地区、不同家庭的教育需求却有着本质的差异，教材资源如何选择？比如，小学语文教材里有一篇文章《我的家》，文章里说家的前面有池塘，家的旁边有小树。但是对于生活在大都市里的孩子们来说，这样的文章脱离了生活实际。全国统一，整齐划一，学生的学习任务基本一样，使得教学内容与生活严重脱节。在北京，很多家庭父母都是高学历，甚至有长期的国外生活背景，他们的孩子对课程和资源的需求完全不一样。而对于外来务工子女的孩子，升学才是他们改变命运的机会。当这两类孩子分在同一个班级里，学生没有办法选择适合他们未来发展的课程。作为课堂上的老师，课堂改革的难度可想而知。当然，对于这个问题，一些优秀的学校和优秀的教师已有了初步的办法，任务分类、学生分层、功能分区的主题教室应运而生。

批判思维不够

在许多学校的课堂上，提出的问题几乎都是不需要做太多思考的知识性问题，问题小而碎，没有思维含量，导致在课堂上学生只需要记忆就可以回答老师提出的一切问题。长此以往，学生们都是靠背来解决问题，从而失去了思考与思辨的能力。对于大家提出的想法，尤其是老师的观点和书本上的知识，学生们也习惯不去质疑，不去批判。我们看不到课堂上大家为某一个问题而去辩论、去批判，总觉得找到一个答案就可以了，干吗那么较劲。很多留学的学生回来说，中国学生的批判性思维得分往往都非常低，这与中国当前的课堂不无关系。

合作学习肤浅化

虽然各个学校都在提倡合作学习，但就大多数合作学习而言，其实合作表面化了，是伪合作。同学们都坐在一起，七嘴八舌，不过是把已经知道的答案提前说出来而已。课堂活动化，表面看起来很热闹，但却是没有真正意义的合作。真正的合作必须是彼此之间相互需要、相互分工，为一个共同的目标进行有组织的学习活动。要摒弃那些肤浅的合作学习，要在课堂上设计一些具有挑战性的学习任务，而这些学习任务是需要大家共同努力才能完成的。

当然，课堂改革的问题一定是带有地域特点和学校特点的，要想取得关键突破，其核心是改革学生评价体系。教育的终极目标是为国家培养合格的建设者和接班人，围绕这样的目标，全面改造以"成绩和分数"为第一的人才选拔机制，从学生的学习出口进行改革，终会带动课堂的深层变革，冲出"应试教育"那片海。那么，多年来我们欠课堂的账才会得到化解。

学校工作的焦点在课堂

著名豫剧表演艺术家常香玉九岁学艺，十几岁登台，直到古稀之年仍活跃在戏曲表演舞台上，为大众留下了许多光彩照人的艺术形象。常香玉终生献身豫剧事业，勤学苦练，兼收并蓄，推陈出新，形成了独树一帜的"常派"艺术。她认为自己的天职就是把最好的艺术奉献给人民，通过一台台精彩的演出，她赢得了人民的喜爱。她经常说的一句话就是"戏比天大"，这句话也诠释了她成为"人民艺术家"的秘密。

对老师来说，课堂就是自己的主阵地。对学校来说，尽管工作千头万绪，但焦点仍然在课堂。"课比天大"，课堂的教学质量是任何一个学校立身的根本。

几年来，二十一世纪学校为提升课堂教学质量，通过多种途径淬炼教师业务能力，提升教师课堂教学水平。

途径一：新手教师展示课

新手教师展示课由各学部教师培训中心组织，旨在培养和提高青年教师的业务素质和教学水平，规范新手教师的教学行为。对新手教师来说，要想做好"基本动作"，首先要达成四方面的目标：

1. 课堂气氛轻松活泼，师生互动，能够通过合适的方式来调动学生的积极性。

2. 教学目标明确，思路清晰，教学过程中各部分时间把握得当。

3. 教学环节完整，各环节之间存在内在联系。

4. 语言精练，语速适当，表达清楚，板书规范整洁等。

对新手教师的展示课，学校首先采取包容主义。只要老师能把课上得像模像样，学校就给予积极肯定。同时，也会对他们的不足之处给予指导，让他们尽快"上道"。

途径二：骨干教师示范课

骨干教师示范课由各学部课程中心组织，旨在通过展示优秀课堂，发挥骨干教师示范效应，带动同学科组老师及其他学科组老师交流切磋，取长补短，共同进步。在课堂活动设计、学生学习效率、教学语言、师生互动、预期教学效果等方面，学校对骨干教师展示课的要求都要比新手教师高。

途径三：七大学科基本模式研究

为了让老师们快速掌握本学科的基本教学方法，迅速提高课堂教学质量，做到"教学有法"，学校组织教师集中探讨语文、数学、英语、体育、科学、艺术、社会七大学科领域的课堂教学模式——带领老师们重新审视课堂，重新反思教学，重新设计课堂流程，专心研究课堂。

对新手教师来说，模式课的价值和意义是助其"得法"，帮助其尽快"入模"，熟悉、掌握基本的课堂流程、教学方法、教学组织形式，实现向成熟教师的过渡；对成熟教师来说，则鼓励、支持其不断打破常规和固有程式，从"入模"到"出模"，真正做到"随地赋形"，"行于所当行，止于所当止"。

途径四："锡华杯"课堂教学竞赛

"锡华杯"课堂教学竞赛是学校一年一度的教学大赛，课赛是教师成长过程中的关键事件：它既是教师个人能力的展示，也是学科组教学水平的一次检验。通过大赛，各学科组通力协作，共同磨课，参赛选手迅速成长，同时学科组成员在切磋、琢磨的过程中互相提高。

途径五："常态课"展示

如果说"锡华杯"课堂教学竞赛是学校的一场教育盛宴的话,常态课展示就是养人的"家常饭"。如果说"锡华杯"课堂教学竞赛是"仰望星空""手摘星辰",常态课展示就是"脚踏实地""耕地耘草"。即使教师能在"锡华杯"课赛中大放异彩,也不意味着他的每一节课都是高质量的。教师的优秀主要体现在课堂教学上,从课堂里才能走出教育家。学校从 2017 年开始进一步加大对常态课堂的关注力度,举行"世纪杯"常态课堂竞赛,鼓励全校所有一线教师把工作的重心放在课堂上,认认真真上好每一节课。

途径六:参与全国"一人一优课,一课一名师"晒课活动

学校组织老师们参加全国"一人一优课,一课一名师"晒课活动,其中詹小妹等三位老师获得了部级优质课荣誉。此活动利用信息技术创新教学方法,有效解决了教育教学的重难点问题。老师们在国家级、市级、区级竞赛中获得众多奖项。

途径七:参加北京市、海淀区各种比赛

从 2012 年起学校每年组织教师进行多媒体课件比赛,推荐的教师作品,在参加的每一届北京市、海淀区中小学师生电脑作品比赛及第十七届全国教育教学信息化大奖赛中,均取得优异成绩。

途径八:项目研究提升教师研究能力

课堂教学的深化发展需要借力项目研究,老师们通过梳理课堂教学中遇到的难题,将问题形成项目,通过项目研究找到解决问题的方法、途径。按照"学校有主题、组组有专题、人人有项目"大方针的指引,一线老师的项目研究有一半左右是研究课堂教学的。随着项目研究由广向精、由粗向细推进,课堂教学不断出现高质量的研究成果,为提高课堂教学质量提供了不竭动力。

通过提升课堂教学质量的"天龙八部"，老师们对课堂教学的规律、方法、途径有了更加深刻的认识，一大批新手教师迅速成长为骨干教师，一大批骨干教师正稳步向研究型教师、专家型教师迈进。

学会向"空中"学校"取经"

教育是一场且行且思的深耕。

2020年，新冠疫情犹如一张极高难度的考卷突然交到了大家面前。值得骄傲的是，在全校教职员工、同学、家长们的共同努力下，我们度过了最艰难的时期，在抗击疫情和教育教学方面都交出了令人满意的答卷。然而，如何把疫情挑战转化为学校发展的机遇，是我们应当继续思考的问题。没有白白走过的路。重返校园后的我们要从线上阶段"取经"，一切在"空中"学校积累的宝贵经验、凝结的深厚情感，于我们来讲都是一种宝贵的财富。

一、拥抱互联网时代，加速教育信息化变革

我一直认为信息技术能够促进教学质量的提升，优化教师的教和学生的学。如果说教育信息化变革是我们面向未来一直在探索钻研的道路，那么疫情这只"黑天鹅"则将未来的情景提前了，倒逼着我们加速这场变革。

所幸在"空中"学校阶段，我们打的并非是一场无准备之仗。早在几年前，学校就启动了OTO教育模式（online to offline）探索，带领老师们进行学校向OTO转型的行动研究，以课题研究为契机，改变课堂学习方式，建设智慧校园，实现向OTO学校转型。2016年9月，此课题成为中国教育学会"十三五"教育科研规划课题。三个学部都倡导老师将传统的课堂教学（线下）与现代网络技术（线上）深度融合，并为此铺设了各种软硬件设施，实现校园Wi-Fi网络全覆盖，并给所有老师配备了PAD和笔记本，所有学生均可在课堂接受PAD教学，教室安装了多媒体播放器、触摸屏一体机等设备，同时致力于"云校"建设，配置教学系统、备课软件，搭建Moodle平台。

当然之前这些探索都是在学校里做，而这次疫情来袭是老师、学生都在家里或者老师在学校、学生在家里，形式固然有所改变，但我们的几年探索已顺利结题，经过长期摸索和实践，所有老师都能够较为熟练地掌握线上教学的基本方法和路径。

同时，老师们也在探索的过程中积累了属于自己的独特经验，在这次"空中"学校的实践当中很好地得以应用，面对问题老师们能够发挥所长，"各显神通"。可以看到，教学质量是我们此次线上实践的亮点之一。我们的线上教学充分地发挥了优势。

互联网时代对教师提出了许多的新要求。我认为想要保证线上课堂的质量，老师最应该具备的素质主要有如下几方面：第一，要具备能够熟练运用线上各种平台和设备的能力，比如熟练使用钉钉、QQ等，这是技术方面的要求。第二，老师要了解学生的实际情况，并且根据每一个学生的情况，通过视频等线上模式进行一对一地具有针对性地辅导，尤其作为私立学校的老师，更应该要有这种观念。第三，老师要有积累各种APP的意识，无论是从网上下载使用的APP，还是我们自己在教学过程中创造出来的应用，只要善于总结，就都有利于老师提高课堂教学效率，增加课堂的思维容量。

此外，在关注个体的育人理念下，信息化手段也有许多值得借鉴之处。首先体现在过程性评价方面。二十一世纪学校从早期开始就基本引入了过程性评价，不仅仅靠终结性评价来关注学生的发展。"过评"在小、初、高每天的课上都会有，而现如今通过信息化的方式，比如电脑自动记录来了解孩子们的情况，观察孩子们的一举一动，并能通过储存实现回放，让整个过程更加真实、全面、客观、公正，效果更好。其次，在未来或现在的寒暑假等阶段，我们也能通过线上方式与孩子们加强沟通，及时地给予关注和鼓励。有时，一次短短的视频就能够起到很好的沟通作用，激励孩子们的意志，调动学习欲望，达到更好的学习效果。

二、打破空间藩篱，在"互联"中拉近关系

居家期间"空中"学校的模式不仅仅给技术和网络以充分的展示机会，更引起我们对师生关系、生生关系、家校关系的思考。

首先是线上模式对师生关系的改变引人深思。隔着屏幕，学生们更真实的

样子在屏幕前呈现，给了我们更多的教育契机。原先在线下学校的生活中，老师可能和孩子们面对面地更亲近一些，但与此同时需要做更多的团队工作。与之相比，"空中"学校的模式就有所变化了。我们比平日更加强调和要求每位老师每天对每个孩子都要有单独的交流，这样一来，"一对一"的交流机会变得更多，每个孩子都得到了更多的关注。我们的老师为此付出了很多辛苦，但在这个过程中，也看到了孩子们的变化：享受到老师更多的个性化关爱，同学们的自信心提高了，专注力也有所提升，在激励中不断进步着。我能够感觉到，虽然隔着屏幕，空间距离很长，但真正的师生关系却拉近了很多。只要是有责任心的老师，按照我们学校的要求每天都和孩子进行视频等方式的交流，取得的效果在某些方面甚至还会超过线下。

同时，通过了解我们也发现，许多学生在引导下成立团队、小组，参与感被调动，自我管理的优势也凸显了出来。"云合作"的模式也让我们看到了很重要的一点——小组合作，不一定必须在一个空间中进行，其实孩子们在各自的家里都能够突破空间的限制进行合作和探究，这正是印证了在不同空间中合作的可能。未来，当同学们踏入各自的领域进行工作、学习时，很可能与来自五湖四海不同国家的人共事，地理上的阻隔不会影响他们有共同的兴趣爱好，也不会影响一切学习交流。这难道不正是互联网时代的一大特点吗？我们的线上活动不仅仅在于学习本身，更在于为同学们在未来各个国家、交叉领域的共同探究做铺垫。

"空中"模式下的家校联系也是一个带给我们许多思考的话题。疫情期间，家校之间的联系与往常相比变得更加密切和顺畅了，从之前的每周几次提高到了每日都有往来，互动频繁，家校沟通的话题也更加深入、丰富，彼此的了解更多了。记得有小学的家长表示，经过大半年的居家学习，更感觉到老师工作中的不易和辛苦——家中只有一个"神兽"还时时令人"崩溃"，更别提在班里是一二十个，于是对老师更加体谅和尊重。从老师的角度来说，在每日与家长的沟通交流中产生了更多的互相信任，这都对我们的家校联系起到了促进作用。

"家校共育"一直是我们所倡导的理念，在我心中，也一直有一幅理想的家校关系图：家长和学校能够为了一个共同的目标，有一个共同的育人理念。我们所做的一切都是为了孩子的成长与发展，我们对未来的追求和畅想也是一致的。在二十一世纪学校，这个共同的理念就是"全人教育"，不仅仅让孩子成绩好，更重要的是能让学生的德智体美劳全面发展，让学生自信、阳光、放得开。在融洽的家校关系中，学校能够更加专注育人，竭尽全力为孩子们提供最优质的教学服务；家长能理解我们的办学理念和思路，向着同一个方向为孩子制定培养目标和措施，家校合力，奔向最好的明天。当然，这里必须强调的是，在理想的家校关系中，我们学校也还是应当承担更大的责任，虽然是"共育"，但不代表着要把过多的责任推到家长身上。家长虽然是孩子的第一任老师，但寄宿制学校中，学生一周有五天都在校园，即使回到家中，通过微信、QQ等平台的聊天、语音或视频，我们也能够和学生及家长建立密切的联系，所以学校要更多担当，更多地为孩子负责。

三、化危为机，抓住未来

一场疫情，一段"空中"学校的经历，让我们在危机与挑战中不断发现自身的潜能与未来可能的机遇。疫情期间，"空中"学校代替实体学校呈现在我们眼前，承担起了教育的功能。我们发现，孩子们在线上课堂老师的引导下，也一样能有所收获，有所成长。这样一所"空中"学校，究竟是凭借什么在运行，最核心的部分到底是什么？

在我看来，它的核心主要在于两个方面。

第一，从老师的角度来看，曾经传统的课堂教授方式要有所改变。以往的面对面教学也许更加有现场感，更好调控，老师们在这种环境与方式下与学生互动，多年来已经充分积累了相关经验，并依据这样的经验来对课堂及教学进行调控；而现在来看，作为老师，最重要的就是在教学过程中，如何通过各种有效的手段将孩子的注意力吸引过来，能够让孩子的专注力都在自己的课堂上。为了调动孩子们的积极性，满足孩子们的需求，老师们必须施展各种技能，对课堂的探索和准备要比在教室里更加到位，课堂素材中调动孩子们学习欲望的因素更多。

第二，从学生的角度来看，这也涉及一个核心问题——专注力的培养。多年的观察让我们意识到，学生对学习的专注力是带动一个人发展的非常关键的因素，而这种能力往往体现在没人监控的学习状态下。比如，在老师、家长观察不到的学习场景中，如果一个孩子依旧能够有坚定的自制力和极强的自律意识来完成学习任务，那么他的未来就是不可限量的，因为"要我学好"和

"我要学好"一个是被动,一个是主动,有着根本的区别。借着"空中"学校的契机,我们也欣喜地看到许多同学能够自律自控、持之以恒,坚持认真完成作业、坚持体育锻炼打卡、坚持充分利用时间培养自己的兴趣爱好……这段特殊的经历让他们成长得更快了,更能意识到自我管理、主动学习的重要性。学校在信息时代的今天也不仅仅只有实体的教室,可能在未来也不仅仅有网络课堂,还会有更多新的模式。但我们看到"学校"这个概念中,最重要的其实是优质的教师团队,是先进的教育理念,是优良的学校文化,是孩子们的学习力被最大化激发、获取未来动力的一种环境。

机遇与挑战向来是并存的。在疫情的挑战中,我们看到的机遇还不止于此。其实在"互联网+"时代,线上加线下的教学已经成为一种必不可少的模式。人们原先常说线上教学替代不了线下教学,但如今看来,这两种模式结合起来要更好。线上教学的一些优势,我们原先可能发挥了一部分,经过半年的实践和摸索又重返校园,我认为我们一线的老师就更有经验和实力,在线下教学的课堂当中把我们积累的经验充分利用和发挥,比如更完善细致地对学生进行评价,比如利用技术手段将学生的学习内容及时上传等。我们下一步要关注的,就是要让老师们通过线上教学和线下教学最优的组合方式,达到几十分钟课堂教学效率的最大化。

经历了疫情居家阶段,师生家长们同舟共济,化危为机;未来的路很长,我们还要携手继续向着同一个目标坚定走下去。无论遇到什么样的情况,经历何种困难,只要我们学校的教育服务者能够充满信心地对我们共同的事业负责,对孩子们的未来负责,我们就一定能够取得最佳的效益,为每个家庭创造一个美好未来;同时,在学习和成长的道路上,只要同学们能够对自己的终身发展负责,对自己的未来充满信心并为之不懈努力,经过困难的磨砺,孩子们终将会见到一个更好的自己!

争做"四度"教师

抗战时的西南联大是中国教育史的一个奇迹,在炮火连天、衣食紧缺,甚至随时都会有生命危险的动乱年代,不少师者淡泊明志,踏实做事,潜心学问研究,为国家培养出大批光耀历史星空的杰出人物。西南联大最触动我的是这些大师的气度、深度、风度和温度。作为一名国际学校的校长,带领着一个几百人的教师团队,我想,我们的教师也该具备这"四度"。

一、正气、大气、锐气、和气——好老师要有气度

有一剂"养心八珍汤"的材料是这样的:慈爱心一片,好肚肠二寸,正气三分,宽容四钱,孝顺常想,奉献不拘,老实适量,回报不求。以上八味药,共置宽心锅内炒,不焦不燥;再放公平钵内研,越细越好,三思为末,淡泊为引;菩提子大小,和气汤送下,清风明月,早晚分服。这段话,讲出了修身养性的秘诀。我认为,作为一名老师,也需要修身养性,要有气度。

我认为气度其实也可以细分为四种"气"——正气、大气、锐气、和气。

正气是一个人灵魂的底色,是一名教师应当具有的最基本的气质。一个有正气的老师,才能仰不愧于天,俯不怍于人,才能坚定自己的教育信仰,才会培养出有正气的学生,培养出"豪迈的中国人"。

一个教师的眼界、胸襟和气度,在某种程度上决定了教师在职业生涯中所能达到的高度。教师要秉承"为天地立心,为生民立命,为往圣继绝学,为万世开太平"的圣人之训,让自己的灵魂大气起来。因为教育担负着国家的大义、民族的未来和学生的幸福明天,只有大气才能担起大任。

教育是艰辛的事业,教师要有锐气,才能穿越荆棘,踏平坎坷,从平庸向

伟大迈进。教育也需要与时俱进、求变求新，只有有满腔的锐气，才能高举教学改革的大旗，冲向教育高地。

和气是一种人生的态度，是一种人生的修养，更是人生的一种大智慧。教师一定要保持平和的心态，只有保持平和，我们才能更好地解决问题，为学生创造好的学习氛围。

所以，在工作中，我们非常注重师德、师风建设，提升教师的人格素养。在管理干部会议上和全校职工大会上，我总会分享好的教育故事。同时学校每月、每季、每年评选"月度人物""季度人物""年度人物"，用来表彰师德、师风先进教师，在全校范围内营造出良好的文化环境。几年来，每一位参观我校的国内外领导、老师、学生家长都对学校老师的气度赞不绝口。

二、别让你的精神成长史一片空白——好老师要有深度

作家曹文轩曾说："人是需要修炼的，而修炼的重要方式，便是阅读。"我认为，教师应该把读书作为自己的第二职业。

我曾偶然看到学生围聚在一间教室的黑板前，走近一看，却见黑板上写着两副对联，其一是：张弛秦道，朔风骨寒，少小虽非投笔吏；朱殷左轮，旗画雪暗，论功还欲取长缨。其二是：不以凡智视梵智，须将千里期纤理。

品读两遍后，我恍然大悟，原来是嵌名联。学生告诉我，他们的语文老师把全班同学的名字都嵌在对联里，所以他们如此投入地"围观"。能把全班学生名字都做成对联，且自如地多处引用诗文、化用典故，这位老师一定拥有深厚的文学功底。而创编学生名字作为对联教学材料，学生自然也会兴致盎然、印象深刻，在学习中国古典文学的同时，也会深深喜欢上自己的老师。

所以，要想成为有深度的老师，读书是不可缺少的一项工作。2014年，学校为每一位老师拨图书购置费，用于购买图书。几年来，我只要看到好的图书介绍，便会转发给老师们，推荐老师们购买和阅读。

2017年，学校出台《北京市二十一世纪国际学校教师阅读工程实施方案（草案）》，主要内容包括：

1. 课程中心将把学校所有图书编成目录共享给老师，以方便老师借阅。

2. 老师发现了需要购买的优秀图书，可以列好书目，由学校统一购买。

3. 各学部开展教师图书漂流活动，让图书流转起来，实现学校购书的价值。

4. 教师凭购书单和阅读笔记，可以向学校申请报销。

5. 举办"同读一本书，共筑教育梦"主题征文活动。全体教师上交阅读体会，读后感、论文或案例，由课程中心制作专集。

6. 举办系列"世纪演说家"教师成长版读书演讲比赛。

7. 学校《世纪教育》杂志特别关注教师与学生阅读，通过学术积分激励老师踊跃投稿。

苏霍姆林斯基也说过："要天天看书，终生以书籍为友，这是一天也不断流的潺潺小溪，它充实着思想的江河。"教师要阅读经典、名著，用以指导我们的教育教学工作，更新我们的教育观念，提高我们的业务水平，工作起来才会更加得心应手。

三、形象管理也是教师必修课——好老师要有风度

学校每年对教师进行考评时，学生对老师的满意度是一个重要的考量标准。每个学生都会在网上为老师打分，选出自己最满意的老师。一次，我问一个学生："你为什么觉得她是你最满意的老师？"得到的回答让我有些意外："因为她最有风度，最让我喜欢。"后来，我发现这种情况在学生中普遍存在。原来，风度是学生非常看重的特质啊！

我出身军人家庭，以前认为仪表并不重要，干净、整洁即可。来到二十一世纪学校后，经常在询问学生和家长们对学校的观感时听到——"这里的老师很有风度""老师很和蔼、亲切、耐心"，再加上走访几十所美国优质学校时，教师们风度翩翩的样子给了我很大震撼，我才改变了自己的看法。

黑格尔说过："教师是孩子们心目中最完美的偶像。"教师作为学生的"偶像"，其风度仪表、言谈举止、音容笑貌、兴趣爱好，甚至一颦一笑，学生都会观察得细致入微，甚至会进行模仿。

因此，作为教师，我们应该关注自身的风度、仪表，慎重地把自己的仪表、风度调整到符合受教育者的欣赏水平上来，对他们施以美的熏陶、产生积极的影响，才不辜负学生心中的"偶像"美誉。

于是，我们首先从服装入手，联系知名服装厂家为老师们量身定做工装，并多次请来国家高级礼仪培训师为全体教师做形象管理和教师礼仪培训等活动。专家从教师的穿衣服饰、举止表情等几个方面做了培训，让老师们更加直

观、深刻地了解到教师应该如何更好地塑造自己的职业形象。

如今，老师们穿着端庄大方的制服走在校园里，男教师的儒雅、女教师的知性，连同他们和蔼、自信的笑容共同绘就了学校里一道道美丽的风景线。

四、教育是一门温暖的功课——好老师要有温度

有人曾经说过，教育是一门温暖的功课，温暖自己，温暖孩子。之所以这样说，是由教育的特殊工作对象决定的。教育的对象是人，是有情感的人。教育是一项爱的事业，而爱是有温度的。

好教师真正的魅力来自关爱。成为好教师的真谛就是一个"爱"字，也就是一个教师的"温度"。

我刚来到二十一世纪学校时，部分老师因为常年过重的工作负荷、如影随形的精神压力等，逐渐失去了温度，对教学心不在焉，对学生也漠不关心，厌倦、呆板、冷漠。随着学校的发展，教学环境的改进，教师队伍也在逐渐升级。如今，我们的教师对教育事业无不充满诚挚热爱，但不能否认的是，其中也有一部分教师，业务水平高超，工作尽职尽责，但对学生过于严厉，缺少体贴和温情，让学生望而生畏，甚至心生反感。

2015年夏天，一位家长向我抱怨，孩子的班主任过于严厉，所以孩子想转学。这让我越发认识到温度的重要性。在义务教育阶段，做一个有温度的老师比作一个学者型的老师更重要，因为缺失的知识随着年龄的增长仍有机会获得，而每一个孩子的情感世界的构建却是不可逆的。一旦教师对学生的刻板、严厉、冷淡伤害到孩子，就会在孩子心中烙下永久的伤害。于是，我找到那位班主任和他谈话，告诫他要学会转换思路和态度，以学生同伴和指导者的身份走到学生中间，与他们平等对话、交流互动，近距离观察学生状态，认真聆听学生心声。最后，问题得到圆满解决。

教师的温度，指的是教师对学生强烈的责任感和发自心底的爱。教师热爱学生是教育成功的秘诀。教师要把爱心献给学生，亲近学生，喜爱学生，关心和帮助学生，做一名有温度的教师，是当下教育的呼唤，是我们教育教学走向成功的基石。在今后的教育教学中，我们更应该要常常回过头去思考自己给学生带去了多少温暖。

我们的教室有"主权"

一位来自江西弋阳教体局的领导参观完我们的校园后，感慨道："你们的教室设计得非常合理漂亮，这里的老师和孩子们真是太幸福了！"

教室不仅是开展学科教学活动的主要场所，而且师生的学习活动空间也以教室为主。师生每天待在教室的时间将近占一天的三分之一，寄宿制学校的学生每天待在教室的时间还要高于这个数值。教室承载着师生的喜怒哀乐，其重要性不言而喻。而人作为感官动物，通常在一个良好的环境里更容易获得愉快的情绪。我们的教室在设计时就考虑到，要尽可能多地给师生更好的体验。于是，我们的教室建设多了份"尊重"和"关爱"。

一、我们的教室尊重学科学习规律，体现学科特色

无论是国家要求必须开设的课程，还是根据学生成长需要开设的选修课，我们都配备了相应的学科教室。专业的教学仪器，辅助的专业学习资料，以及在学科主导下开展的各类活动的道具、图像资料、学生作品，处处彰显学科特色，彰显专业精神，而这些资源不仅让教室看起来更丰富美观，也具有了可读性，它成了教育教学资源的一部分。

戏剧教室，同学们脱掉鞋子在大镜子前的地毯上模仿、练习表演，释放天性。

书法教室，雅致的青花瓷笔洗，古朴的笔架与镇尺，满墙悬挂的名家佳作与师生作品，交相辉映，墨香四溢，令人陶醉。

在星球地理教室，师生们头顶星空，可以更直观地认识太阳系里的星体。他们脚踩全国与世界地图电子屏，甚至可以趴在地上，用手触摸、放大、缩

小，获得有趣又实用的体验感，甚至还能观看火山喷发的全过程，直观地了解火山的形成、构建以及爆发的危害性……在这样的教室上地理课，还会觉得地理课枯燥吗？

有优秀的老师，专业的教室，学生得到的是更高质量的课堂，以及更多意想不到的创意与灵感。

二、我们的教室关注师生的需求

一方面，拆除了老师专门的办公室，把老师们的办公桌转移到了教室，给予学生更多陪伴和关爱。因此每个上学日，每间教室都有两至三名教师陪伴孩子们，辅助学生学习，及时发现他们的问题和苗头，及时纠正……让孩子们在需要老师的时候及时得到回应。课桌可以根据课堂需要进行组合，方便学生完成小组合作任务。教室左右两面墙设立了储物柜和衣柜等。

另一方面，在教室的设备配置上，从细节处体现人文关怀。我们安装了新风系统，净化空气，保障师生身体健康；在教室四周都安装了大小高矮不等的格子和柜子，分为师生专用衣柜、用于储藏课堂道具的储物柜、学习资料陈列柜或筐等，让师生们感受到温馨与便捷；有藏书丰富的图书角，书架上陈列了老师们精心挑选的书籍，培养师生的阅读习惯；课桌形状呈弧形，方便分组需要自由组合，提高课堂效率；在小学教室，你还能看到教室后面的区域铺了柔软的地毯，孩子们可以光着脚丫坐在地毯上学习、交流。更值得一提的是，教室以及走廊的墙壁上张贴或悬挂着我们学生的创意作品、活动留影及学生榜样的照片、学生个人资料以及荣誉……让孩子们感受到被重视，从身边寻找榜样，学习榜样，进而成长为榜样。

三、我们的教室尊重教师的想法

把教室的使用权完全交给老师们，老师们可以根据自己的想法设计自己的教室。每间教室门口贴有这间教室的责任老师的姓名，联系方式等信息，宣告"主权"。一次，我陪同客人来到小学低年级手工教室参观，教室十分漂亮整洁，充满艺术气息。负责这间教室的老师很自豪地告诉我们，教室的设计全是按照她自己的想法完成的，来访的客人很是吃惊。教室的装扮都由这间教室的主人——教师和学生共同完成，并随着教学主题的改变而调整装扮。

老师们的想法不仅得到了学校的尊重、认可，还在学校的帮助下实现了拥有一间属于自己的教室的愿望，这给老师们带来的鼓励和感动是巨大的。在自己亲手设计的教室上课，他们的精神状态更饱满了，心情更愉悦了。下班后，老师们也更愿意留在教室里备课、学习了。没有哪一位校长不希望老师们能"爱校如家"，但是，你拿什么让老师们心甘情愿去爱？

海淀区"新优质"学校项目专家组到我校调研，走进美术教室时，看到一名小学生正在老师的指导下绘画。原来这名学生已经参加完期末考试，因为热爱绘画，并且喜欢待在如此充满艺术感和温馨的教室，于是主动来到学校找老师学习。

基于尊重师生、关爱师生的考虑，我们的教室具有了丰富、鲜明的人格特征，而不是单调乏味的千篇一律的传统意义上的教室了。教室空间被师生们充分利用，二次开发，教室也成为了教学育人的资源。

在这样的教室教与学，师生们从内心产生了"这就是我的教室，我们的教室"的归属感、自豪感和幸福感。

管理是三分管、七分理

在网络上，总是能隔三岔五地看到各种热点新闻："中国式过马路、高铁霸座、逼停高铁、地铁吃小龙虾乱扔垃圾"，更严重的有"某市公交车乘客殴打司机并抢夺方向盘，致整车人坠入江里陪葬"等，这些新闻引起网民公愤！细细想来，每一个事件背后都是人们规则意识的缺失。写在条文里的规则叫法律，没写出来的规则叫"人心"。这些成年人如果从小接受了良好的规则教育，他们还会做出这样的事情吗？只有从小培养学生的规则意识，走入社会后他才会成为一名守法公民。所以，我们在全校范围内展开了"规则教育"，从领导到一线，从学生到职员，全部参与其中。

让学生"自"定规则，将管理变成一门"艺术"

规则如果是"自上而下"，校领导自拍脑门想出来的，难免会脱离实际，变得冷冰冰；如果是"自下而上"，让学生自己制定呢？我们发动全体学生，小学低年级的孩子在老师协助下制定，初高中学生通过头脑风暴进行汇总。这些学生自定的规则我们称之为"班级公约"。每年师生会在主题班会上根据公约的实行情况，将学生出现的问题进行排序，更新公约内容。这些公约十分接地气，如：有特殊情况向班委和老师请假，杜绝私自"潜逃"；回答问题前先举手示意，严禁插科打诨；教室插座上插了充电器但没有连接电器，你考虑过充电器的感受吗？……

让管理成为一门艺术，从七分"管"三分"理"，变成三分"管"七分"理"，需要智慧。我们的老师根据班级学生的情况，在实施"班级公约"方面，采取了很多别致的方法。我校对学生实行过程性评价制度，不唯分数是论，平时的表现占据了很大一块成绩。有的老师就设置了整体的德育分，如果全班同学某个月都遵守公约，就每人加一分，只要有一人违反某条内容，全班同学都不能加分，这样他们就形成了互相督促、提醒的氛围。有的班级实行"无师晚自习"，班长、班委记录纪律情况，我们还在全校开展"无人监考"考场，学生自愿参加。还有"常规小助手"们分散在各个年级，协助老师规范纪律，管理实现了学生化、扁平化。

孩子们自定规则，充分发挥了自主性，提升了在学校的主人翁意识。他们说到做到，诚实守信，严格遵守公约，这是一种重要的契约精神。在制定公约及实行的过程中，学生就已经将外部的规则内化为自我约束能力，形成了一种内在的品质，变"要我做好"为"我要做好"，变"要我学"为"我要学"，完成了从"他律"到"自律"的转变。

全天候、无死角，规则教育像空气一样无处不在

规则不是条条框框，它真实地存在于学生的一言一行中，我们教导学生在自定规则时，要务实、求细，要易于落实，这样的规则才是直观的、有效的。"选课走班换教室时动作要快""合理使用电脑，服务于自我提升和发展的需要""扔下的是废纸，捡起的是品质""楼梯非跑道，上下勿奔跑"……只有规则走入学生的日常生活，才能逐渐渗入他们的品行培塑之中。

除了每个班级的公约，学部也会从整体上制定规则，例如《初中学生常规条例》，就从使用资源、校园安全、两操、升旗与集会、思想品格、言行举止、自习违纪、课堂表现、课间休息、仪容仪表等几大方面做出了规定，老师会根据学生的表现随时记录分数。

规则教育其实从学生入学第一天就开始了，贯穿在日常学习、生活中的一点一滴。作为寄宿制学校，我们还承担了"家庭教育"的大部分职责。在教学区，科任老师、导师全部将办公桌搬进教室，全天候陪伴学生，随时发现学生的不良学习习惯、人际交往问题并给予指导。在宿舍区，生活老师规范学生作息规律，提高学生生活自理能力，并及时以表格的形式向班主任、导师反馈学生各项情况。两个区域的老师实现了无缝对接，为学生带来24小时的规则教育。

"糖衣炮弹",正面激励与严苛惩罚相比,多的不只是温暖

小学部成立了积分卡奖品兑换中心,学生通过自己的努力获得积分卡奖励,兑换物质奖品或精神奖励。

激励的作用是无穷的,我们拒绝刻板冰冷的指责,反其道而行之,用激励来引导学生规范行为习惯。小学的孩子是最好的案例,我们既要保留孩子的天性,又要让其遵规守纪,就不得不放出"糖衣炮弹",将严肃的规则裹在诱人的激励中,积分卡奖励制度应运而生。孩子们只要在各个方面表现好,都可以随时得到老师分值不同的积分卡,他们可以拿着积分卡去奖品兑换中心可领取精美的文具、玩具,或者得到特别的精神奖励。他们有很多将"辛辛苦苦"换来的奖品送给父母、朋友、老师,表达感恩之情,孩子们的道德品质随之提升。初中学生则可以根据自己的常规分数来兑换愿望清单,比如可以在老师陪同下外出观看电影,让喜欢的老师表演节目等。高中的学生,除了有日常的德育成绩作为激励,还有过程性评价成绩记入档案,这对他们申请国外大学来说,也是重要的砝码。每个年级的师生也会发挥聪明才智,制作各种流动小红旗、流动奖牌,这样的集体荣誉是非常特别的,它除了整体提高学生的规则意识,还帮助他们形成强烈的集体观念。

教职工规章制度,架起学校的"钢筋铁骨"

老师是学生的一面镜子,学校一直强调要求学生做到什么,领导、老师必须首先做到。纸面的规章制度自不必说,校园里张贴的"教师公约"也在时刻提醒老师。老师们围绕规则实施情况,定期展开经验分享会。在各项会议、活动、教研中,规则的渗透也无处不在。没有严明的纪律,就不会有积极向上的工作氛围,如果老师都松松垮垮,那整个学校就会掉链子,所以这一块我们抓得很严格。冬天跑早操十分辛苦,但老师们必须准时到达,我每天也都会陪伴他们。请假制度、课堂制度、活动制度、仪容仪表、采购制度、会务制度等,正是这些纪律,架起了学校的"钢筋铁骨",保证了教育教学的正常开展。

家校携手，学生反向督促家长，形成教育合力

学生一周在校五天，在家两天，如果家校不能达成一致，那在校五天的规则教育就会前功尽弃。家校携手，规则才能真正融入孩子的血脉。小学采用课堂评价表、阶段评价表、活动评价表、单元诊断书等过程性评价表与反馈表，对学生进行实时的综合素质考察，每周向家长推送诊断结论，并及时收集他们的反馈意见。初、高中的导师每学期至少约见每个孩子的家长两次，集中对学生学习、生活各方面的情况进行交流。各学部也定期举办家长开放日活动，邀请家长前来观摩孩子在校的状态。

但是这些还不能满足我们的交流需求，老师利用互联网与家长建立 QQ 群、微信群，开通 APP"班级优化大师"，有的班级开通了微信公众号，家长随时随地都可以看到孩子的缺点或进步。学校也设置了"云平台"，老师随时更新对学生的评价，家长也能根据老师的建议在家里进行督促指导。反过来，我们也会鼓励学生及时指出家长在规则方面的问题。例如，周五家长接孩子给校园周边的交通造成拥堵时，我们就会让孩子去劝说家长规范停车。让学生提醒家长不要长时间玩手机，陪他们一起进行阅读、运动"打卡"活动。学校的职责不仅是教育学生，还要去影响社会，哪怕只是在某一方面起到了一点点正面促进作用，我们也是欣慰的。

电影《烈日灼心》中的警察有一段关于"法律"的论述特别精辟，把其换为"规则"同样合理："我认为法律是人类发明过的最好的东西。人是神性和动物性的总和，有你想象不到的好，也有你想象不到的恶。所以说，法律特别可爱。它不管你能好到哪儿，但就是限制你不能恶到没边儿。法律更像人性的低保，是一种强制性修养。它不像宗教要求你眼高手低，就踏踏实实告诉你，至少应该是什么样儿。又讲人情，又残酷无情。"

规则、法律、道德，这些概念之间没有明确的界限，总有人游走在法律的边缘，以各种"精明""世故"来谋取眼前的利益，置规则、道德于不顾，我们厌弃却又无能为力。规则教育，是提高国民素质的基础。如果人人从小便接受了良好的规则教育，涵养了优良的道德品质，就为法制社会拉起了一道防护网，从源头上杜绝了违法犯罪的发生，也让这个社会变得更加和谐有序。学生"自"定规则，遵守公约，不仅是让校园生活更加规范，更重要的是让学生从小树立坚定的契约精神，为培育他们的公民素质打下扎实的基础。

劳动教育不仅是劳动

关于劳动教育，在二十一世纪校园内外，发生过很多让我记忆深刻的事情，分享其中两件。

第一件事情发生在 2019 年五一节后的第一次升旗仪式，由 35 位学生代表和校领导一起为在学校导育、保洁、保安、食堂、后勤岗位上做出突出贡献的43 位优秀工作人员颁发了"世纪劳动奖"。一位参与颁奖的学生感慨地说道："早上 6 点半起床，食堂的师傅们已经为我们做好营养可口的早餐，保洁阿姨已经打扫好卫生，我们能在窗明几净的教室里上课。他们让我想起照顾过我的人，没有他们，就没有今天的我。"安排孩子们颁奖是我和团队特别用心设计的环节，通过孩子的反馈，我觉得这份用心得到了回报：孩子们懂得了尊重劳动者，体会平凡的劳动中蕴含的不平凡价值。

第二件事情发生得更早一些。2014 年，厨艺课在我校分学段开设起来。这门课程不仅普及了中华传统美食文化，也是一种非常接地气、实用性很强的劳动教育。我校高三学子即将毕业出国深造，走出国门之前，他们已经掌握了基本的烹饪技巧，能够独立生活，还能通过做一道美味的中国菜拉近与国外同学的距离，传播中国博大精深的饮食文化。让我特别欣慰的是，厨艺课的劳动教育价值在疫情居家学习期间得到了充分体现，孩子们将厨艺带回了家庭，纷纷拿出绝活，为父母长辈烹制了一道道美味可口的饭菜，体现了他们的生活自理能力，更在特殊时期通过家庭劳动增进了亲子关系。

两件事情，虽然是劳动教育体系中两个具体的小点，已能折射出我校劳动教育的价值观。

2018 年，习近平总书记在全国教育大会上发表重要讲话，其中最引人注目的一点是"德智体美劳"代替了近年来一直提倡的"德智体美"，劳动教育被重新列入党和国家的教育方针。劳动教育的"高度"不言而喻，也在一定程度上反映了劳动教育的缺失，以及新时代对于人才培养的全面要求。

我校作为一所寄宿制国际学校，劳动教育是学校教育重要的组成部分。我们从小事做起，但劳动教育绝非教会孩子穿衣叠被、生活自理那么简单，劳动作为一项教育，提倡的是用学生的全部感官，全身心地去认知世界和自我，躬身入局，将所学知识用于创造真实的价值，用创造性的劳动为时代和社会的发展做出贡献。

那么，作为一所学校，我们如何落实以"培养适应未来社会发展的全人"为目标的劳动教育呢？总体来说，有四个方面：在课堂教学中融入劳动教育、在主题活动中融入劳动教育、在班级文化建设中融入劳动教育、在家庭教育中融入劳动教育。

一、在课堂教学中融入劳动教育

课堂是教学的主阵地，我校充分挖掘主阵地的优势，开设了劳动技术类的选修课，并在各种课堂中成功地融入了劳动教育。

（一）开设劳动技术选修课

除了厨艺课，劳动技术选修课还包括服装设计、航模设计等。我们专门聘请了厨艺、服装设计教师，斥资兴建厨艺教室和服装设计教室，购买相关教学用具，有效提升了孩子们的劳动生活技能。

（二）在小学主题式课程中融入劳动教育

我校小学1—5年级实施主题式课程，主题式课程是落实学校全人教育理念的重要抓手，更是承载劳动教育的重要载体。例如，在孩子们学习"蒜宝宝成长日记"主题时，亲自动手种植蒜苗，按时给蒜苗浇水、施肥，最后收获自己劳动的果实；在学习"北京传统小吃"时，孩子们和老师一起洗山楂、穿串，蘸冰糖汁，学做老北京冰糖葫芦；在学习《家》的主题时，孩子们给家人做爱心早餐……

（三）在"公民"课中融入劳动教育

我校将小学国家课程"思想品德"进行了校本化实施，编写了校本资源《公民》。老师结合主题"劳动光荣""我对家庭的贡献"等，引导孩子们在生活中去主动劳动，发现"劳动的美丽"，用心感受"劳动的伟大"。

（四）在科学、美术等多种课堂中融入劳动教育

在科学课中，老师们带领孩子们做饮料、香水、口红送给妈妈作为母亲节的礼物，鼓励孩子们自己种一株小植物、照顾小动物；在语文课、电影课中，老师引导学生分析人物形象时，常常会强调"爱劳动""勤劳"等可贵的品质，带领孩子们写一个劳动的故事，拍一段劳动的视频……

二、在主题活动中融入劳动教育

（一）在"研学旅行"中融入劳动教育

疫情之前，学校的研学旅行课程有条不紊地开展。1—5 年级京内主题研学提出了"每次外出都要学习一项技能"的口号，孩子们在烤鸭博物馆认真地和大师傅一起做鸭型小点心，一起动手将烤鸭拼成一幅幅"艺术画"……在6—9 年级国内文化研学中，老师们巧妙地将劳动教育与特色文化相结合。学生们在徽派文化安徽线中游览南坪村时，向南屏老篾匠学习，动手体验竹编，完成一件作品……

（二）在"名人班"活动中融入劳动教育

校园里一个 20 多平方米的小菜园边插着一个写着"航天育种"的小牌子。这里是学校"钱学森班"体验科学奇妙的乐园，更是开展劳动教育的乐土。孩子们在春天播下一粒粒神奇的种子，夏天施肥、浇水，秋天收获果实，再到厨艺教室里将这些变成美食，收获自己的成长。

（三）在"志愿者"活动中融入劳动教育

高一年级每年都会开展社会实践活动，志愿者、实习生遍布北京各大单位，初尝职业劳动的滋味，收获书本中学不到的社会知识。2019 年，北京电视台《北京您早》栏目对学校爱心公益支教社团进行了新闻报道，社团成员连续三年暑假在河南周口市淮阳县刘楼小学支教，为那里的留守儿童布置教室、陪伴晨练、展示才艺、安排考试、讲解试卷，用辛勤劳动换来孩子们的成长蜕变。

（四）在寄宿生活的各项活动中融入劳动教育

学校充分发挥寄宿制学校优势，开展"内务最棒宿舍""叠被小达人"等相关评选，教会学生们自己整理内务。其中，高年级学生帮助入学新生的"大手拉小手，新生入学教育先从劳动开始"是非常有特色的传统活动。

　　除了在课程和活动中融入劳动教育，学校在班级文化建设、家校共育方面，也不断培养着孩子们的劳动意识和动手能力。在布置教室环境时，提倡用孩子们的劳动作品，展示孩子们在家劳动、做志愿者的照片。班级里的小动物，小植物等，实施"认养制"，尽量让更多学生照顾它们，还有一些实施轮换制的劳动岗位，如班级图书角管理员等。老师会用积分卡奖励爱劳动的学生，以此带动、影响更多的孩子。班主任老师更会设计一些要求学生在家里完成的劳动活动。每逢节日，老师引导孩子自己来做礼物，做美食，用劳动的快乐增进亲情。

　　哈佛大学曾经做过一项调查研究，调查结果表明：爱做家务的孩子和不爱做家务的孩子相比，就业率比例为15:1，收入也比后者高了20%。其实，劳动教育和二十一世纪学校提倡的"全人教育"有着相同的育人目标，即让孩子能够德智体美劳全面发展，能够在未来社会中具有用劳动创造幸福生活的能力！

一体六面，让养成教育"立"起来

十二年一贯制学校是一方教育重地，这里承载着学生童年、少年、青少年的教育敏感期。十二年是学生拔节孕穗的关键期：心灵的"种子"开始萌芽，意志品格开始形成，学习习惯逐渐养成。我们如何做，才能让孩子们拥有"德智体美劳"全面素养，引导他们形成完善人格，树立良好志向，成为能够担当民族复兴大任的"豪迈中国人"？面对新时代的挑战，我们将为面向未来的养成教育交上怎样的答卷？

在全校师生的共同努力下，我们融会贯通十二年一贯制教育体系，打通学部衔接，逐渐形成了由课程育人、活动育人、研学育人、榜样育人、规则育人、协同育人六方面组成的一体化养成教育体系。

一、课程育人

课程是学校教育的重要载体，也是开展养成教育的重要途径。二十一世纪学校自主开发多门十二年一贯制课程，持续不断地帮助学生养成关键能力。除《传统文化课》《电影》课程外，学校很多课程都很有特色，例如《礼仪》课程。为了培养学生良好的行为习惯，学校开设了《十二年一贯制礼仪》课程，系统学习并践行中国传统礼仪、校园礼仪、家庭礼仪、社会公共礼仪、国际礼仪等。小学生学礼履礼；初中生正确认知人格伦理、礼义廉耻；高中生培养有责任担当、留学报国的理想信念。礼仪课程通过开设礼仪课堂、礼仪社团，组织礼仪实践，评选礼仪大使等，让学生将礼仪内化于心、外化于行。

除此之外，科学课堂培养学生的科学素养；厨艺课堂培养学生的劳动意识、自立意识；演讲课堂培养学生的表达力；戏剧课堂激发学生天性，培养孩子们的舞台表现力……以课程为载体，培养学生核心素养，引导他们形成完善人格，树立理想信念，学校里的课程研发还在继续。

二、活动育人

用活动教育、启迪每一个心灵，是开展养成教育的重要载体。学校开展主题月、节日活动、主题仪式及多种特色活动，充分发挥活动的立德树人作用。

主题月，每月一个主题，有效落实养成教育：9月"行为规范月"，10月"爱国教育月"，11月"安全教育月"，12月"感恩懂礼月"，1月"勤奋努力月"，3月"科技创新月"，4月"阳光运动月"，5月"书香浸润月"，6月"艺术展示月"……

开展的传统节日活动有"庆元宵节""清明诗会""粽子飘香"，教师节、中秋音乐朗诵会，"喜迎国庆"等。通过节日活动，让学生感受节日文化，弘扬中华美德。例如每年的"清明诗会"，我们培养学生对传统节气的审美感知，培养学生缅怀先贤、不忘先烈的历史情怀。

仪式也是一种重要的养成教育手段。从开学、小一入学仪式、少先队入队仪式到共青团仪式、成人仪式，再到毕业典礼以及每周的升旗仪式，起到了启迪学生心灵、引导学生价值追求的作用。学校还设立了"世纪劳动奖"，让学生代表和校领导一起，为在学校导育、保洁、保安、食堂、后勤岗位做出突出贡献的员工颁发"世纪劳动奖"。通过这种仪式，我们希望培养学生尊重劳动、热爱劳动的品质。

三、研学育人

研学育人旨在研学旅行中引导学生养成对祖国文化的认同，树立理想信念，养成良好品质。学校研学旅行实践围绕学校的育人目标和课程体系构建，促进学生全面发展，包括"1—5年级京内主题研学""6—9年级国内文化研学""10—12年级世界文明研学"三大课程模块及"世纪名人班"特色研学旅行课程。

我们联系学生自身生活和社会实际，引领学生在社会大课堂中进行文化探究，寻根溯源，感受人类文化魅力，全面培养核心素养，形成正确的世界观和人生观、价值观。通过研学旅行，让学生加强国家认识，增强国防意识；认同中华文化，感知悠久历史；学会相互共处，乐于团队合作；学习先进榜样，正确认识自我；积极调节情绪，勇于面对挫折；学会自我规划，学会自我保护；勤于研究实践，尝试创新思维；参与环境保护，学做合格公民。

四、榜样育人

"没有规矩，不成方圆"，学生从小树立规则意识，才能模范遵守法律和社会公德。为了培养学生的规则意识，每学期开学初，我校以落实《中小学生守则》《小学生日常行为规范》《中学生日常行为规范》为目标，培养学生生活卫生、学习求知、遵守规则等习惯。每个学段、每个年级，甚至每个班级都要从自身出发，遵从教育规律，从不同方面，分不同时期，制定契合学生实际的阶段目标，进行规则规范养成教育，形成各具特色的班级规则和年级规则，分阶段循序渐进地培养学生的规则意识。

教师在尊重学生的基础上，让学生充分参与班级的集体活动，在活动中让学生自主制定活动规则。不仅如此，学校还在"班级公约""规则明星"等评比活动中激励学生养成良好的行为习惯。

五、规则育人

学校充分发挥"榜样育人"的力量，用先进人物的行为促进全体学生各方面素养的养成。开设"世纪名人班"，举办"世纪讲堂"，评选"灯箱人物"……这些都是学校在"榜样育人"方面的有力举措。

孩子们既需要伟人榜样，还需要身边的榜样；既需要大人榜样，还需要同龄人榜样。于是，我们启动了"灯箱人物"工程，给孩子们寻找身边同龄人的榜样。这些"灯箱人物"从全校12个年级的全体学生中遴选，由各班班主任根据学生情况推荐人选，让身边的榜样发挥引领作用。

学生有向师性，老师的素养对学生养成教育影响巨大。为了充分发挥教师的"榜样力量"，开展多种形式的班主任培训活动，邀请专家、学校领导、优秀班主任，开展养成教育专题讲座，从理论学习到经验的分享，让每一位班主任在养成教育方面有所收获。同时在教职工中评选先进人物，树立"身正为范"的教职工榜样，激励每一位老师做学生行为习惯的表率。

六、协同育人

学校积极构建"家校协同"养成教育体系，让家长和老师成为孩子养成教育的"合伙人"。

一方面，成立学部家委会、年级家委会、班级家委会，每学期从不同层面对培养学生良好行为习惯展开讨论，让家长认识到良好行为习惯的重要性，也从中听取家委会的建议，形成家校合力。另一方面，定期举办校级、年级家长讲堂，指导家长在家庭中开展养成教育。

十年树木，百年树人，落实立德树人的教育根本任务，任重而道远。一体化养成教育的六个方面，直指学生的核心素养培育，这条路还可以更宽广、内容更丰富。

北京市二十一世纪国际学校

Beijing 21ST Century Intemation School

课
程
成
果

构建"世纪课程"，实现贯通培养 [①]

为了进一步落实"立德树人"根本任务、提升国家课程的育人效果，北京市二十一世纪国际学校以"使每个孩子获得理想的发展"为研究核心，确立"弘扬中华文化精髓，适合学生未来发展"的课程定位，构建了十二年一贯制课程体系，将其命名为"世纪课程"。

"世纪课程"在小初高各学段都包括基础课程、拓展课程、实践课程。

人的生命发展是连续的，按照学段设计课程时，有些课程会缺乏系统性和完整性，课程内容容易交叉。我校充分发挥一贯制学校优势，依据学生需求和学校培养目标，统一整合设计了九门十二年一贯制课程，包括：中华传统文化课程、英语直通车课程、健康课程、艺术审美课程、科学课程、世纪演说家课程、研学旅行课程、电影课程、劳动课程。一贯制课程能够很好地将学段课程进行有效系统化连接，最大化地实现了人的贯通培养。

一、问题的提出

（一）满足国家对人才的需求

从培养人才的角度看，人才必须具备一些关键素质，如爱国情怀、健康身

[①] 2017年，在四年一次的北京市基础教育教学成果评选中，我校课程成果报告《基于中国灵魂、国际视野下十二年一贯制课程体系的构建与实施》被北京市政府评为二等奖。2019年，我校被评为2018—2019年度北京市基础教育课程建设先进单位，当年海淀区仅有三所学校获此荣誉。介绍我校整体课程体系的报告《构建"世纪课程"，实现贯通培养》（1.9万字）被全文收录于北京市基础教育课程改革干部培训教材——《北京市基础教育课程建设优秀成果选辑（九）》，该教材由首都师范大学出版社公开出版。本文在以上两项获奖报告的基础上，结合当前学校课程的实际情况，整理形成。

心、良好沟通能力等。"十年树木，百年树人。"人才的培养需要一个长期、持续的过程，是一个系统工程。特别是对学生核心素养的培养，如培养学生的"中国心"，远比教会一些具体知识技能更复杂、要重要。因此，我们需要充分发挥十二年一贯制的优势，开发系列十二年一贯制课程，以课程为载体全面培养学生的核心素养，为国家培养有用的人才，满足国家对人才的需求。

（二）促进学生全面发展的需要

我校是一所十二年一贯制私立学校。我校学生家长大多为成功人士，视野开阔，思想前卫，不唯分数论，愿意接受先进的教育理念，期待孩子能有更好的学习体验。学生和家长愿意交学费选择我校，就是希望学生在我校得到全面发展，提升综合能力，为幸福人生奠基。因此，我校需要打造更先进的课程体系，采用更科学更合理的课程实施方式，满足学生发展需求，促进学生全面发展。

（三）落实学校育人目标的需要

我校以"做豪迈的中国人"为校训，以"培养具有中国灵魂、国际视野与跨文化交流能力的社会主义建设者和接班人"为育人目标。"中国灵魂"指了解、认同中华传统文化，自觉维护中国权益，以身为中国人而自豪。国际视野指掌握国际交往技能，并在观点、语言、文化、知识、能力等方面主动与国际接轨，以开放心态、批判精神学习世界各民族的优秀文化成果。有效落实学校育人目标，需要优化学校课程体系，充分发挥课程的育人作用。

二、解决问题的过程与方法

如何在保证国家课程开足开齐的基础上，优化课程体系，打造"世纪课程"？我校从 2013 年秋季开始构建"世纪课程"，在九年多的改革实践中，形成了以下经验。

（一）成立课程研究院，统领学校课程改革

为推进课程改革，校长组建了课程研究院，并担任院长。课程研究院统一指导学校的课程规划、教学研究和学生评价工作，统一调配学校课程资源，保证学校课程在规划与实施各环节的通畅、高效。

（二）明确课程建设原则

狭义的课程是指某一门学科。广义的课程是指学校为实现培养目标而选择的教育内容及其进程的总和，它包括学校老师所教授的各门学科和有目的、有

计划的教育活动。作为一所寄宿制学校，广义的课程更适合我校。语文、数学、英语等传统学科是课程，辩论课、电影课、研学旅行等新兴学习内容也是课程。

我校课程建设原则如下：

第一，基础性和整合性原则。重视国家基础课程，通过课程整合等多种课程实施方式的改革，提升国家基础课程的实施质量。

第二，丰富性和选择性原则。在国家课程开足开齐的基础上，我们为学生提供丰富的课程，满足学生多样化的发展需求，让学生在寄宿制学校的生活丰富多彩。我们尊重学生个体差异，在遵守国家政策和保证教学质量的前提下，给学生尽可能多的课程选择权，满足学生个性化的发展需求。

第三，贯通性原则。人的培养是长期、系统的工程。我校应充分发挥十二年一贯制学校的优势，让1—12年级的课程合理衔接、有效贯通，提升课程实施质量。

第四，实践性原则。学以致用，课程建设要注重实践，在学科实践的基础上，开展多种形式的主题实践课程，让学生在实践中发现问题，解决问题，培养学生实践动手能力。

（三）形成课程框架

好的课程既要符合学生的身心发展特点，又要立足学生的长远发展，培养未来社会需要的人才。我校既要充分发挥十二年一贯制的优势，开发系列十二年一贯制课程，全面培养学生的核心素养，有效落实我校的育人目标；又要在不同学段进行课程改革，优化课程实施方式，让小初高各学段的课程都能满足学生发展需求。

因此，"世纪课程"是一个立体的课程体系，包括两部分。一是在小、初、高均构建了三类课程，分别为：基础课程、拓展课程和实践课程。二是在小初高三类课程的基础上，进行课程整合，适当扩展，充分挖掘活动育人的价值，形成九门十二年一贯制课程。

基础课程，主要指传统的学科课程，一般通过必修课的形式开展，使学生完成基本的学习要求，掌握基本的知识内容和学习方法。拓展课程，满足学生多元选择与个性发展的需要，一般通过选修课的形式开展。实践课程，以综合实践活动为主，包括各类社团活动、电影课程等活动课程，有必修和选修两种形式。基础课程、拓展课程和实践课程体现了"分科来教、综合来用"的思想,三类课程相互作用,形成一个共同促进的闭合无限循环。学生在学习学科基础课程的基础上,选择性学习学科拓展课程,提升学科素养,加深对基础课程的理解。各类学科基础课程和学科拓展课程是开展主题实践课程的知识基础,主题实践课程又能促进两类课程的学习。

开设哪些十二年一贯制课程呢?我们通过文献研究、问卷调查等方法确定九门课程为现阶段开设的十二年一贯制课程。人才以德为先,把"中国灵魂"放在学校育人目标的首位,开设中华传统文化课程,同时在各学科中都融入爱国主义教育、传统文化教育,十二年持续不断地塑造学生的中国灵魂。人才要有健康的身心,健康课程应运而生。优秀的跨文化交流能力是学生扩展国际视野的必备能力,开设英语直通车课程和世纪演说家课程,全面提升学生的双语能力。开设艺术审美课程,从小培养学生的艺术素养和审美能力。开设电影课程,让电影成为学校思想道德教育的一种方式,学生认识社会生活的一种渠道。开设研学旅行课程,开阔学生视野,让学生在旅行中提升研究性学习能力,在行走中培养家国情怀。开设科学课程,从小开始培养学生的科学素养,助力国家实现科技强国战略。开设劳动课程,不仅培养学生的生产、生活技能,提高动手实践能力,更培养学生爱劳动的思想意识。这九门课程从满足学生发展需求的角度进行课程开发,课程规模、分类标准并不强行要求一致,如有些是课程群,有些内容相对单一。我们认为课程研究要重效果、轻形式,能有效促进学生发展的课程就是好课程。

(四)项目研究推动一贯制系列课程的开发和实施

每一门十二年一贯制课程都有一个项目组,由学校中层以上教学管理干部担任组长;从各学段挑选优秀教师加入项目组,要求各项目组成员比例合理。

学校通过项目研究推动一贯制系列课程的开发和实施。制定项目研究的系列保障制度和激励制度,例如制定《北京市二十一世纪国际学校十二年一贯制课程评价方案》,明确了对组长和成员的评价、奖励办法。

各项目组参考泰勒的课程开发基本原理,从课程的目标、内容、实施、评价四个方面开展研究。

每个项目组必须保证每学期至少进行一次阶段性汇报。在课程开发的不同阶段,汇报内容不同;从课程的整体设计、学生读本的编写计划到课程的实践情况、再到课程修订,直到形成比较完善的课程。为提升汇报效果,使用"问卷星"发放电子调查问卷,请与会老师对汇报进行评价、提出建议。项目汇报可以保证课程开发高质量、高效率进行；可以及时向全校教师介绍最新成果，促进全校教师的专业发展，同时在一定程度上实现集思广益。

（五）确立课程、培训联动机制，推进学段课程贯通

校长在小学、初中、高中分别成立了学部的课程中心和培训中心。课程中心侧重课程研究，保证学部的各门课程合理、规范。培训中心侧重课堂教学质量提升和教师培训。两个部门通力合作，建立课程、培训联动机制，有效推进学段课程改革。

校长将学校全部课程分为语、数、英、科学、社会、劳技、艺术、体育八大领域。每一领域由1—12年级教师组成一个学科组。通过学科组内的集中备课、统一教研来推进1—12年级课程贯通。

（六）长短课时搭配，课程多样化实施

课程实施要以促进学生的发展为根本目标。在保证课程实施有"实效性"的前提下，课程的实施方式、实施时间、实施场所都可以根据实际情况灵活调整。

比如每节课的时长，我校就实行差异化设置。如电影课程一月一次课，每次课时间为2—2.5小时；传统文化课程中的经典诵读利用晚自习时间，每节课20分钟；美术课等每次两节连上。小学将一节课的常规时间改为35分钟，这样在规定学习时间内就能为学生提供更多更丰富的课程。

课程的实施方式灵活多样，有年级必修课、选修课、讲座、社团活动、比赛、游学等多种形式。这样既能解决常规课时不足的问题，又能给学生耳目一新的感受，激发学习积极性。以十二年一贯制世纪演说家课程为例说明。该课程不仅以选修课（如演讲与口才）或兴趣班（如小主持人课）的方式开展，辅以辩论社等社团活动，而且在每个学段开展对应的主题比赛。比赛面向对应学段的全体学生开放，经过班内初赛、年级内复赛，最终到学段内决赛，历时将近半年多，给学生充足的时间去准备提升。以比赛为手段，在校园内营造提升口才的氛围，让参赛选手、观看比赛的学生及老师都能得到提高。

三、成果的主要内容

（一）形成九门十二年一贯制课程

十二年一贯制系列课程的开发是一个逐步深入、扩展的过程。一贯制课程着力于"贯",形成了包括目标、内容、实施方式、评价体系等在内的教育链条,构建了一体化育人模式。已开发的一贯制课程简要介绍如表1所示。

表1 十二年一贯制课程简介

课程	课程目标	课程模块	1—6 年级 课程内容	7—9 年级 课程内容	10—12 年级 课程内容
中华传统文化	充分挖掘优秀传统文化的内涵并发挥其育人功能,培养学生的中国灵魂	传统经典课程	快乐诵读	经典阅读	经典研读
		名家启迪课程	中华名人课程	中华文化名人课程	名家讲座课程
		文化修养课程	"语文主题学习"课程(选修)、书法、茶艺(选修)	文化主题课程(选修)、书法、茶艺(选修)	文化主题课程(选修)、书法、茶艺(选修)
英语直通车	提升学生的英语知识和技能,培养学生的跨文化交流能力	英语基础课程	小学国家英语课程	初中国家英语课程	高中国家英语课程
		英语选修课程	英语高端课、英语拓展训练课程	提升课程、补弱课程	英语能力拓展课程、标准化考试课程
		英语活动课程	英语配音课程、英语戏剧表演课程、英语节活动课程	英语配音课程、英语竞赛课程、英语阅读成果展示活动、英语词汇争霸赛、英语阅读达人秀	英语配音课程、英语戏剧课程、英语辩论及思辨课程、英语竞赛课程
健康	掌握体育、心理、生理方面的基本知识和基本技能;培养学生良好的心理品质;养成健康的生活习惯	体育	体质健康基础课程(必修)、体制健康专项课程(选修)、球类课程(篮、足、排、网)跆拳道、武术、太极拳		
		心理	心理基础课程、心理专项课程、心理咨询课程		
		生理	卫生宣传课程、诊疗指导课程		
艺术审美	全面培养学生艺术素养	戏剧	戏剧课程(必修)	戏剧鉴赏与表演(选修)	经典戏剧赏鉴课程(选修)、戏剧课程(选修)
		美术	美术(必修)、创意手工(选修)	美术作品欣赏(中国画)(选修)	美术鉴赏(选修)、色彩画(选修)、雕塑(选修)
		舞蹈	舞蹈基础课程	舞蹈拓展课程(选修)	国际舞蹈(选修)
艺术审美	全面培养学生艺术素养	音乐	音乐综合课程(必修)、声乐(选修)、器乐(选修)	声乐(选修)、器乐(选修)	声乐(选修)、器乐(选修)

课程	课程目标	课程模块	1—6年级 课程内容	7—9年级 课程内容	10—12年级 课程内容
科学	培养学生科学精神，激发学生科学兴趣	科学相关学科课程	小学科学课	物理、化学、生物	AP物理、AP化学、AP生物
		科学拓展课程	航模、小牛顿、化学DIY、6年级科技选修课	航空模型设计、汽车造型设计	STEAM系列课程
		科学活动课	科技节、科技比赛	科技节、科技比赛	学术竞赛课程
世纪演说家	培养学生的语言表达能力	讲故事、主持、演讲、辩论	小小故事家（1—3年级）（选修）、小小主持人（4—6年级）（选修）	演讲与口才（选修）	辩论课程（选修）
研学旅行	拓宽视野，提升研究性学习能力，培养学生家国情怀	研学旅行	京内主题研学	国内文化研学	世界文明研学
电影	寻找心灵方向，对学生进行情感、态度、价值观教育	国内外经典电影	电影观看与感知（1—3年级）（必修）、电影观赏与品知（4—6年级）（必修）	电影欣赏与品析（必修）	电影赏析与创作（必修）
劳动	培养学生生产、生活的劳动知识和技能，培养学生正确的劳动价值观	劳动技术课程	劳动技术1	劳动技术2	劳动技术3
		专项劳动课程	厨艺、手工布艺、计算机、航模、机器人、车模、	厨艺、服装设计、劳动种植、航模、智能劳动、艺术劳动、发酵技术、木工、机器人	厨艺、服装设计、职业体验、航模、通用技术

（二）形成提升课程教学质量的特色途径

1.使用OTO技术

在"互联网+"时代，我校充分利用OTO（线上线下）技术来提高课堂效率，促进"世纪课程"的顺利实施。目前已经实现了校园WiFi全覆盖，所有师生均配备移动学习终端，教室都安装了智慧大屏、实物投影、Apple TV等设备。学校致力于云校建设，开发学校云平台，搭建Moodle平台，建设数字资源库。这些软硬件设备为我校开展OTO教学提供了可行性。

学校对老师进行相关培训，并成立了OTO教学模式研究组、OTO教学软件研究组、OTO教师发展研究组。通过项目研究的方式，让OTO技术能更好地为教学服务。

其中，OTO教学模式研究组由个人总结到集体总结，由单科总结到全科总结，最后总结提炼出 OTO 教学模式：小学和初中的教学模式是"1+N+1"，高中的教学模式是"N+1+N"。"1+N+1"教学模式，前"1"主要是用 iPad 进行前测或者导入；"N"是线上与线下师生、生生的探索交流环节；后"1"是用 APP 软件对本节课知识进行后测，或是学生用 iPad 自制本节课知识的微课。"N+1+N"教学模式，前"N"指学习微课（翻转课堂）、在线诊断性检验、基于任务的网络学术搜索，主要是学生课前通过线上平台或工具完成自学；"1"指课堂中，师生在线下开展的小组讨论等活动，解决学生自学遇到的问题；后"N"是课后学生进行在线实践性检验，与课前的前测进行对比分析。

2. 打造多种课堂展示平台

课程的实施最终要看课堂。如何提升课堂质量，我校开展了"锡华杯示范课""模式研讨课""常态课""推门课"等多种形式的课堂展示活动。如表 2 所示。

表 2　课堂展示系列活动

名称	理念	实施说明	成果
锡华杯示范课	展示我校课堂教学的最高水平，参赛教师可以团队备课，让参赛教师、备课团队、听课教师都得到提升。	每年年底举行一次，各学部进行初赛，评选出 2—3 人进行全校决赛。决赛流程包括真实课堂展示、评委匿名打分、评课。获奖教师提交教学设计、教学反思。	已开展 25 届，近九年每年形成一本成果集《在课程上成长》。
模式研讨课	将全校课程分为数学、语文、英语、社会、科学、艺术、体育七大模块探讨课程教学模式。一是让老师们，特别是年轻老师快速掌握本学科的基本教学方法，迅速提高课堂教学质量。二是持续探究各学科的新型教学模式。	课程中心统一组织，2016 年首次开启。每学科小初高各学部各展示一节课，评委打分、各学部学科组长听课。获奖讲师提交教学设计、课堂实录（文字版）、教学反思、教学流程再造。	形成《学科教学基本模式》上下册，共 600 页，40 多万字的成果。
世纪杯常态课	常态课堂更能真实地体现教师的教学水平和学校的办学高度。进一步加大对常态课堂的关注力度，鼓励全校所有一线教师把工作的重心放在课堂上，改变课堂，收获课堂。	每学期开学，由校长通过电子抽签方式产生 60 多位老师，保证三个学部都有教师被抽到。课程中心从学校监控中随机下载对应老师的课堂教学视频，统一请校外专家评审打分，给出优缺点。根据专家反馈，开展学校、学部、学科三层级的总结反思活动。	一学期形成 80 份教学设计、课录像。教师在听、评课过程中获得成长。
推门课	了解最原始的最真实的课堂情景，督促教师提高每节课的课堂教学质量。	校长、课程中心主任、各学部主任或学科负责人随机推门进入课堂，完成听课记录，课后与授课教师交流意见。	了解老师的真实水平，课堂真实情况。

（三）形成课程评价体系

1. 对课程的评价

对于课程的评价，主要目的是为了发现存在的问题，进一步提高课程质量，完善课程体系。所以，我们建立了指向课程改进的评价体系；提倡评价主体多元化，成立了由校领导、课程专家、教学干部、教师、家长、学生组成的课程评价联盟；在不同阶段对课程进行评价。

在课程规划之初，课程项目组会进行课程需求调研，通过问卷调查、访谈来了解专家、教师、家长、学生对课程的看法，确定课程的基本框架。

在课程开发过程中，定期组织项目汇报，请学校领导、专家、教学干部、教师等进行指导，保证课程符合国家相关规定，符合教育规律。

在课程实施时，定期组织教师反思、对家长进行问卷调查，召开任课教师会议，引入"行动研究"的思想，在教学实践中发现问题、解决问题。

在课程实施到达一定阶段后，会对课程进行全方位的评价。比如，在每学期末，都会组织全校学生和家长通过问卷对所有课程进行评价，同时了解家长、学生希望学校新开设哪些课程。在每学年末，学校会根据两个学期的反馈情况，请学校领导、课程专家、教学干部、教师等开会讨论，决定哪些课程继续保持，哪些需要改进，哪些课程可以停止，哪些课程需要新开发。如：小学部的学科拓展课程学生满意度达不到80%或选择的人数达不到5人就会取消该课程。

2. 对学生的评价

《基础教育课程改革纲要》指出："评价不仅要关注学生的学业成绩，而且要发现和发展学生多方面的潜能，帮助学生认识自我，建立自信。发挥评价的教育功能，促进学生在原有水平上的发展。"所以，建立科学的、促进学生全面发展的评价体系尤为重要。

根据学生成长规律，我校全面实施过程性评价，建立"过程性评价制度"；采用信息技术等多种手段助力评价诊断；创新评价方式，小学建立了"四每一卡"（每日评价、每周评价、每月评价、每学期评价和积分卡）的评价体系，1—2年级用游戏闯关代替考试。初高中部分课程采用学习汇报、成果展示的方式进行结业评价；建立评价激励制度，如愿望券等。在评价过程中，我们不仅关注学生知识和技能的掌握，更看重学生综合素质的提升。

（1）建立完整的评价工作体系

学校建立完整的评价工作体系，具体流程如表3。采取过程性评价的方式记录学生的成长过程。根据评价反馈，及时帮助学生发现问题、解决问题。不同课程或学习内容的评价方案是不同的。我校以备课组为单位，根据各学科的特点设定评价指标模板，每学期设定一次。同时，根据课时设定每学段的最低评价次数。

表3 教师评价学生的工作体系

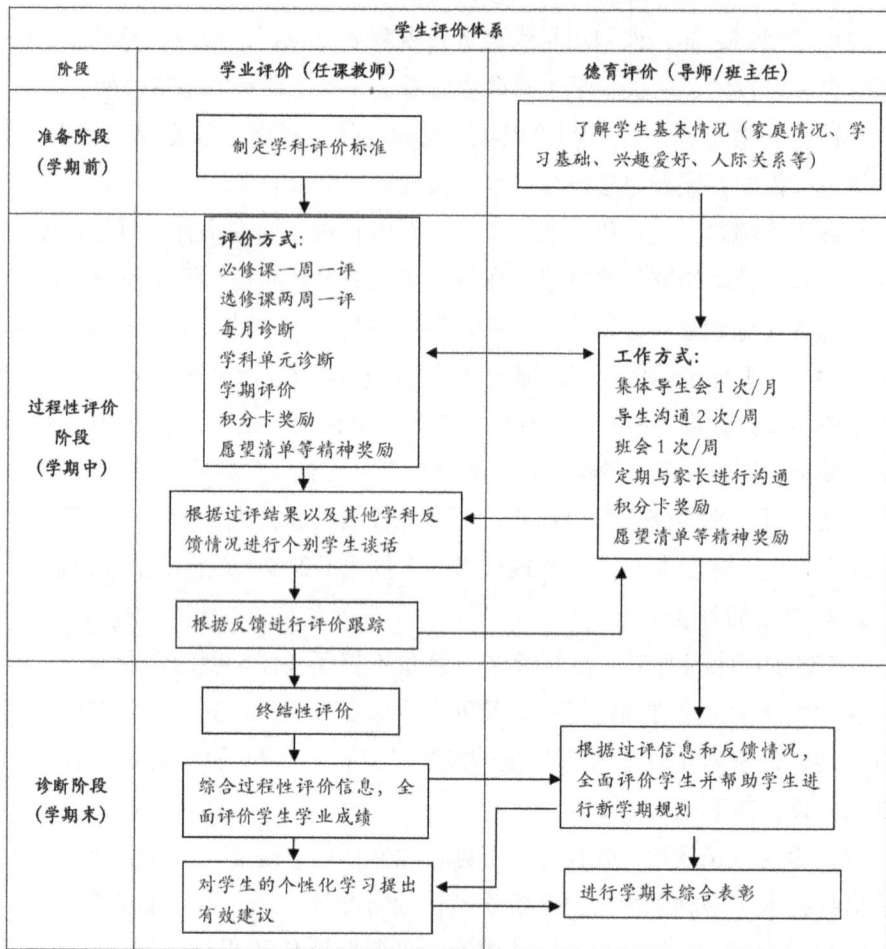

学生评价体系		
阶段	学业评价（任课教师）	德育评价（导师/班主任）
准备阶段（学期前）	制定学科评价标准	了解学生基本情况（家庭情况、学习基础、兴趣爱好、人际关系等）
过程性评价阶段（学期中）	评价方式： 必修课一周一评 选修课两周一评 每月诊断 学科单元诊断 学期评价 积分卡奖励 愿望清单等精神奖励 根据过评结果以及其他学科反馈情况进行个别学生谈话 根据反馈进行评价跟踪	工作方式： 集体导生会1次/月 导生沟通2次/周 班会1次/周 定期与家长进行沟通 积分卡奖励 愿望清单等精神奖励
诊断阶段（学期末）	终结性评价 综合过程性评价信息，全面评价学生学业成绩 对学生的个性化学习提出有效建议	根据过评信息和反馈情况，全面评价学生并帮助学生进行新学期规划 进行学期末综合表彰

（2）利用网络平台及时进行评价反馈

当过程性评价与每一门课程、每一堂课、每一位学生联系在一起的时候，将形成一个巨大的数据库。只有充分利用信息技术，才能真正实现过程性评价的有效实施和管理。因此，我校专门设有网络评价平台。每门课程确定评价方案后，过程性评价指标和学生对接，教师登录平台，随时记录学生的过程性表现。评价平台具有保存和多维度呈现的功能，方便老师和学生进行分析、比较。

通过过程性评价，充分发挥评价对我校学生学习的促进作用，激发学生学习自觉性，实现学生自我评价和同伴评价。通过雷达图、立方图、饼状图直观地反映学生成绩，保护学生隐私（一个学生一个账号密码），用正确的评价导向激励学生，用科学的"多把尺子"鼓励学生，从而激活评价过程，优化学生发展。

（3）创新评价激励工具——积分卡与愿望券

评价的目的是为了促进学生发展。所以我们充分发挥评价的激励效用，推出小学积分卡和初高中愿望券。

积分卡充分调动起学生在学习、生活各方面的积极性和主动性，收到了显著的成效。孩子们课堂上积极回答问题、遵守课堂纪律，课间不追跑打闹、大声喧哗，宿舍里安静有序、按时就寝，劳动中尽职尽责、团结协作，这些良好表现都能得到积分卡。一定数量的积分卡可以换取精神或物质奖励。

初高中的老师和同学们一起融合校园文化元素精心设计愿望清单。学生日常表现优秀，可以获得常规奖券。足够数量的常规奖券即可实现愿望清单。在愿望清单中，采取精神奖励和物质奖励相结合的方式，更加注重学生对精神层面的追求。

3. 对教师的评价

对教师的评价，主要有以下四方面。

（1）对教师的课堂进行评价。我校不仅制定了适用于全校各学科的《北京市二十一世纪国际学校课堂教学评价量表》，还组织学校语文、数学、英语、艺术等八大学科组教师制定了基于本学科教学特色的课堂教学评价量表。同时，学校定期组织"锡华杯示范课""模式研讨课""常态课""推门课"等多种形式的课堂展示活动，来评价教师的课堂教学。

（2）学校制定《学术积分奖励制度》，对教师在学术方面的成果进行奖励，激发教师研究积极性。

（3）制定《"目标驱动、自助进阶"式世纪名师成长方案》，分为骨干教师、明星教师、世纪名师、首席教师4级12等。

（4）在每学期末，学校会组织学生对教师进行匿名打分。同时，组织教学干部对教师进行打分评价，年级组长占60%、学科组长占20%、学部主任占20%。

四、效果与反思

（一）学生获得长效发展

在实施"世纪课程"后，我校小学毕业班统测、初中中考成绩稳居海淀区上游，我校高中毕业生成绩喜人。根据 U.S.NEWS、QS、TIMES 等世界权威机构 2022 年排名，我校高三毕业生获得世界前 50、美国前 50、英国前 10 顶级名校录取的学生人数占比连续五年（2018—2022 年）稳步攀升：2018 年 84.9%、2019 年 82.3%、2020 年 86.3%、2021 年 88.8%、2022 年 90.2%！

学生不仅学业成绩优秀，身体素质也得到提升。在 2016 年海淀区小学 5 年级学生体质健康监测中，我校排名第 19 位；在 2017 年上升到第五位，在 2018 年荣获海淀区第二名，被授予十佳学校称号。

学生在演讲、辩论、英文戏剧及各类艺术、体育比赛中取得优异成绩。我校辩论队连续 3 年在国家级、市区级辩论比赛中获得 5 个冠军、1 个亚军，如：在 2016 年获全球青年论坛演讲团体冠军、富杯亚洲辩论赛最佳辩手、海淀区中学生辩论赛冠军等成绩；在 2017 年首届"中关村杯"国际中学生华语辩论赛中夺得冠军。小学在 2018 年荣获"希望中国"双语文化艺术节暨"希望中国"教育戏剧全国年度展评特等奖（团体奖）。仅 2018 年一年，就有 14 名学生在北京市体育比赛中获奖。

除了分数和奖杯，课程改革对学生行为、思想的影响更为重要。从 2018 年爱国学生于涛抵制"藏独"宣讲活动，到 2021 年学生在电影观后感征文中写下的文字，再到家长反馈的学生变化，我们能清楚地感受到学生的家国情怀。我校学生利用暑假时间开展多种公益活动，如：鲜花义卖、爱心支教、支援社区疫苗接种工作、为游客讲解博物馆文物等。

可以说，学校的课程体系把"德育为先、五育并举"落到了实处，并在学生身上看到了实效。

（二）教师的课程理解力、执行力得到提升

教师在"世纪课程"构建和实施的过程中获得了三方面的发展。第一，跨越学段的界限，了解其他学段的教学方法、学生特点等，从而对学生的整体发展有更深入地认识。第二，在编写学生读本的过程中，广泛了解多本教材，系统梳理本学科知识，提高自己本学科的专业素养。第三，进一步了解相关学科

知识，开阔眼界，提升教师知识水平。

以小学 2018 年为例，有 80 人次在国家和北京市各类比赛中获奖。如，张晓明老师获"2018 年新媒体新技术教学应用研讨会暨第十一届全国中小学创新课堂教学实践观摩活动"教学课例评比及现场说课两个一等奖。

此外，教师的信息技术能力获得大幅度提升。如：在 2018 年海淀区中小学师生作品评选活动中，我校教师作品获一等奖 23 件，二等奖 38 件，三等奖 29 件，一等奖占全区一等奖总数的 44.23%。

（三）家长满意度显著提高

2011 年，我校 1800 个学位只招收到 1400 名学生，现在学校招生爆满。在海淀区 2016—2020 年义务教育阶段学校社会满意度调查中，小学部在海淀区 115 所小学中，三年位居第二，一年位居第一。初中部在海淀区 74 所初中校中，四年位居第一，一年位居第二。2021 年，高中部在海淀区 52 所高中校中位居第三。

（四）社会认可度和美誉度不断提升

1. 课程成果多次获奖

我校课程成果《基于中国灵魂、国际视野下十二年一贯制课程体系的构建与实施》在 2017 年北京市基础教育教学成果评选中，获二等奖；《知行合一，在行走的课堂里全面成长——九年一贯制研学旅行课程设计与实施》在 2021 年北京市基础教育教学成果评选中，获二等奖；《研学旅行"三段论"，最美课堂"育全人"——十二年一贯制研学旅行课程的设计与实施》在 2017—2018 学年北京市基础教育课程建设优秀成果评选中，获一等奖；《弘扬名人精神，凝聚价值共识——小学世纪名人课程设计与实施》在 2019—2020 学年北京市基础教育课程建设优秀成果评选中，获一等奖；《十二年一贯制"世纪课程"的构建与实施》在 2016—2017 学年北京市基础教育课程建设优秀成果评选中，获二等奖；《以立德树人为目标的十二年一贯制电影课程设计与实施》在 2020—2021 学年北京市基础教育课程建设优秀成果评选中，获二等奖。

我校被教育部授予"全国课程改革骨干教师研修基地"，被中国民办教育协会授予"特色建设先进学校""办学特色示范学校"，被北京市教委授予"北京市民办教育先进单位""北京市民办中小学优秀学校"。中国教师报授予我校"全国十大课改样本学校"，海淀区教委授予我校"教育科研先进学校""校园文化建设先进学校""2020 年度教育部'智慧教育示范区'海淀创建区域智慧教育示范创建学校"等多项荣誉称号。

2. 基于"世纪课程"的多篇论文发表

在开发"世纪课程"的过程中，生成了多篇论文。如：论文《立体课程满足学生多种发展需要》于 2016 年发表于《人民教育》（全国中文核心期刊）；《研学旅行的"一贯制"设计：让学生在行走中"豪迈"地成长》于 2018 年发表于《中小学管理》（全国中文核心期刊）。

在《九年一贯制办学模式创新》一书中收录我校论文《十二年一贯"世纪课程体系"》；在范胜武校长 2018 年出版的专著《重构学校文化》和 2019 年出版的著作《拥抱未来》中都有多篇文章介绍"世纪课程"的实施成果。

课程研究无尽头。今后，我校准备从以下三个方面继续完善"世纪课程"。

（1）目前已有的课程需要在实践中继续完善。

（2）学校需要根据国家政策的调整，进一步调整课程，如进一步完善劳动课程、增加体育课程的课时量等。

（3）要与时俱进，通过新出现的各类数字信息技术进一步提升课程实施效果。

光影课堂　启迪成长

——十二年一贯制电影课程设计与实施

一、问题的提出

（一）电影课程是落实立德树人根本任务的有效途径

爱因斯坦说，电影是人类精神幼年时期无与伦比的学习内容和方法。70多年前，鲁迅先生曾经表示："用活动影像来教学生，一定比教员的讲义好，将来恐怕要变成这样的。"优秀影片具有生动、形象、感染力强等显著特点，蕴含着丰富的思想、艺术和文化价值。利用优秀影片开展中小学生影视教育，是加强中小学生社会主义核心价值观教育的时代需要，是落实立德树人根本任务的有效途径，是丰富中小学育人手段的重要举措。

电影课程，通过人的感觉器官获得对世界的认知，通过人的审美体验获得对生命的感悟，通过人的情志反应获得对生活的理解。正如朱永新教授所说："一部优秀的影视，可以让人遇见三重世界：理想世界的影子、生活世界的镜子、心灵世界的自我。"观世界，而后有世界观。我们不能把学生带到全世界，但是可以通过电影把全世界带到学生面前。十二年一贯制电影课程充分挖掘电影的育人价值，从1年级到12年级系统且持续地以电影为载体，帮助学生树立正确的世界观、人生观和价值观。

（二）电影课程是发展学生核心素养的重要手段

2016年，教育部提出了《中国学生发展核心素养》框架。十二年一贯制电影课程以电影为教育信息通道，引导学生开阔眼界，突破自我狭隘的圈子，助力发展学生核心素养。比如，电影《宝莲灯》是中华传统文化中的经典神话故事：讲述孩子通过自己的努力，与上天作斗争，拯救母亲的故事，与学生发展核心素养中的人文积淀、勇于探究、乐学善学等核心素养相契合。

随着课程改革纵深发展，十二年一贯制电影课程以"全面发展学生核心素养"为导向，借由电影课程设计、电影读本、电影课程延伸和拓展活动，让学生多层次、多视角地思考电影故事、感受视听魅力，提高欣赏能力、分析能力、审美能力、创作能力，从文化基础、自主发展、社会参与等各个方面增强素养、厚重底蕴。

（三）响应国家号召，电影课程是电影教育走入中小学的关键

2018年11月21日，教育部、中共中央宣传部联合印发《关于加强中小学影视教育的指导意见》指出：使观看优秀影片成为每名中小学生的必修内容，保障每名中小学生每学期至少免费观看两次优秀影片，预示着当前中国电影教育由高等教育范式向中小学素养教育范式转型。此前，国家也曾发文强调过影视教育的重要性。

十二年一贯制电影课程，让影视教育成功走入中小学，充分发挥优秀影片的育人功能，以实践行动来响应国家号召。

（四）十二年一贯制打破学段限制，统筹资源，合理规划

目前，我国已经开展的影视教育尚未形成一个较为完整的课程体系，已经开设电影课程的学校也局限于某一学段。开发十二年一贯制电影课程可以突破学段的限制，遵循中小学生年龄特点和认知规律，统筹影视教育资源，让各个学段有效衔接，保证学生在每个学段都能够有最大的收获。

（五）提供可借鉴的经验，促进现行中小学影视教育问题解决

十二年一贯制电影课程，通过课程构建和规范实施在一定程度上能解决影视教育推行中存在的问题，其成果将对其他学校有一定的借鉴意义，其课程目标、课程内容、实施方式、评价策略等也适用于其他中小学。如初中学校可以使用十二年一贯制电影课程中7—9年级的课程。

二、解决问题的过程与方法

十二年一贯制电影课程的开发，按照泰勒课程开发原理，从确定目标、选择资源、课程实施、课程评价4个环节依次入手进行研究。按照多尔后现代课程理论进行课程设计的细化、微观化、操作化，实现泰勒现代课程理论与多尔后现代课程理论的有机结合。整个研究过程采用行动研究范式，在教学实践中逐步发现问题，解决问题，进而完善课程。整体开发研究过程如下：

第一，通过文献研究、访谈、问卷调查等进行调研，确定课程目标：以立德树人为总目标，重点帮助学生树立正确的"三观"，同时发展学生核心素养，扩展视野。确定整体规划、分段实施的设计思路，将1—12年级分成4个学段，每个学段成立一个研究小组。

第二，设计电影课程的学段内容，选择电影，组织学习资料，编写电影课程读本。

第三，设计电影课程实施方案，研究课程的教学方法和手段，设计课程评价方案。

第四，在电影课程中规范实施课前、课中、课后各个教学环节，记录过程，发现问题，做好过程性评价记录。

第五，设计电影课程成果展示活动，通过问卷调查、访谈、案例研究等了解电影课程实施效果以及对学生成长的作用。

第六，发现相关问题，拟定解决方案，在新的一轮课程中实施。

第七，修订课程、优化实施。

三、成果主要内容

（一）构建完整的十二年一贯制电影课程体系

我校在全面实施国家课程的基础上，建立了"世纪课程"体系，包括十二年一贯制系列课程和小初高各学段的特色课程。十二年一贯制电影课程是我校十二年一贯制系列课程中的一项重要课程。

该课程以"立德树人"为主要教育目标，将12个年级划分为4个学段：1—3年级为"电影观看与感知"；4—6年级为"电影观赏与品知"；7—9年级为"电影欣赏与品析"；10—12年级为"电影赏析与创作"。学生以年级为单位，每月上一次电影课，学习一部经典电影，一个学年8部（12年96部），每个学段之间增加一部过渡电影（共4部），整个电影课程共有100部经典影片。

在参考伯克毕生发展心理学、美国精神分析学及心理学家爱利克·埃里克森（Erik H. Erikson）的人格社会心理发展理论的基础上，我们制定了电影课程的分段实施规划（如表1所示），选择了百部经典电影（如表2所示）。选择电影时，依次考虑电影的育人功能、是否适合学生、历史地位与评价等，尽量选择有教育意义、视觉效果好的电影，特别注意限制级元素的控制，必要时用技术手段剪辑去掉相应内容。

表1 电影课程分段实施规划表

学段	学生心理特点	电影课程
第一学段 （1—3年级）	自我： 6—9岁，孩子处于从幼儿阶段进入童年阶段的转折期，他们在逐步地认识社会和认识自我。	电影观看与感知： 在童年初期，学生只需做到初步地观看与感受，对世界有基本的认知。
第二学段 （4—6年级）	自信： 10—12岁，随着知识的摄入、能力的提升，他们开始信任社会，也获得了在这个社会生存的基本自信。	电影观赏与品知： 在童年后期，青春期前期，对于电影学生们有更多面的认识，倡导多元化的认知。
第三学段 （7—9年级）	自主： 13—15岁，他们处于青春期的开始，自我意识和自我角色形成，行事方法、思维方式等开始变得自主起来。	电影欣赏与品析： 在青春期阶段，学生们可以更加理性地思考一部影片，结合自己的生活经验并加以分析。
第四学段 （10—12年级）	自立： 15—18岁是成年的前期，他们会获得与社会的亲密感，减少孤独感，建立属于自己的社会形象。	电影赏析与创作： 学生们可以从专业领域进行学习，并尝试着进行电影创作。

表2 电影课程中的百部经典影片

学段	授课电影	过渡电影
第一学段	1年级：《玩具总动员》《地道战》《神笔马良》《摇滚藏獒》《妈妈咪鸭》《精灵鼠小弟》《鸡毛信》《咕噜咕噜美人鱼》共8部。 2年级：《宝莲灯》《狮子王》《天书奇谭》《我的九月》《邋遢大王奇遇记》《小王子》《小兵张嘎》《黑猫警长》共8部。 3年级：《闪闪的红星》《你看起来好像很好吃》《四个小伙伴》《孙子从美国来》《鼠来宝》《家在水草丰茂的地方》《有人赞美聪慧，有人则不》《暑假作业》共8部。	《大圣归来》
第二学段	4年级：《奔跑的少年》《别惹蚂蚁》《长江7号》《扬起你的笑脸》《一个都不能少》《海洋奇缘》《妈妈再爱我一次》《钱学森》共8部。 5年级：《情归周恩来》《草房子》《棋王和他的儿子》《冰上轻驰》《国歌》《冲出亚马逊》《宝葫芦的秘密》《艾特熊和赛娜鼠》共8部。 6年级：《奇迹男孩》《勇士》《城南旧事》《流浪地球》《袁隆平》《十二公民》《建党伟业》《小鞋子》共8部。	《厉害了，我的国》
第三学段	7年级：《我们诞生在中国》《哪吒之魔童降世》《八佰》《欢乐好声音》《我和我的父辈》《快把我哥带走》《绝杀慕尼黑》《奇迹·笨小孩》共8部。 8年级：《老师好》《飞驰人生》《星际穿越》《网络迷踪》《可可西里》《闪光少女》《战狼2》《何以为家》共8部。 9年级：《我不是药神》《五个扑水的少年》《这个杀手不太冷》《湄公河行动》《国王的演讲》《智取威虎山》《楚门的世界》《暴裂无声》共8部。	《一点就到家》
第四学段	10年级：《辛德勒名单》《烈日灼心》《悲伤逆流成河》《芳华》《逆光飞翔》《美丽人生》《风声》《天下无贼》共8部。 11年级：《岁月神偷》《闻香识女人》《百鸟朝凤》《三傻大闹宝莱坞》《活着》《甲方乙方》《卧虎藏龙》《功夫》共8部。 12年级：《茶馆》《红海行动》《唐山大地震》《开心家族》《银河补习班》《触不可及》《新龙门客栈》《1942》8部。	《我的父亲母亲》

（二）编写十二本电影课程读本

十二年一贯制电影课程已形成 12 本课程读本（如图 1 所示），每个年级 1 本。

图 1　电影读本封面

不同学段电影读本的内容设置有相同之处，又各具特色，具体内容如表 3 所示。

表 3　读本分段介绍

学段	读本包含的内容模块
第一学段（1—3年级）	1. "电影海报"和"影视信息"：让学生初步了解相关电影的基本内容，打开视野。利用影视媒体进行新课导入则可以迅速集中学生注意力，把学生带进特定的学习情境中，从而激发他们浓厚的学习兴趣和强烈的求知欲，起到事半功倍的效果。 2. "我是小观众"：该环节让学生进一步了解电影台前幕后的故事、获奖讯息等，知道选片的目的和意义，为学生提供丰富的想象空间。 3. "我是大明星"：该环节让同学们沉浸式体验剧中某个情节，用重现经典画面的形式梳理主人公之间的关系并且理解故事的情感。 4. "小影有话说"：该环节针对故事情节引导学生回味影片主旨，分享观影感受、解决问题、完成学习目标，渗透德育。 5. "我是小影迷"：该环节是教师在播放完电影后，创设教育情境，尊重学生的主体地位，力图让孩子们自己分析和解决问题，通过现场交流、课后作品等形式对本堂课及时做出反馈。 6. 读本最后有丰富多彩的附加项——"光影小宝箱"，以 1 年级为例： （1）电影推荐：课后电影的一个拓展环节。 （2）创意作品展示：小朋友们通过欣赏、对比课后彼此创作的作品，从而进行反思和总结。 （3）小贴纸：奖励在观影过程中和答题环节表现优秀的小朋友。 （4）拼图：四次电影课期间，获得 3 次小贴纸的小朋友可以获得拼图。拼图不是电影课程范围内的图，而是其他电影里的小主人公，可激发学生探索和观看的欲望。 （5）卡槽：方便更好地放置、保存小贴纸和拼图。

学段	读本包含的内容模块
第二学段（4—6年级）	1. 导入：海报、主题导读。 2. 正文分为四大模块。 第一模块：影片介绍，包括基本信息和剧情介绍。 第二模块：光影故事，包括电影的获奖情况和主题特色，既表明电影的文质兼美，又让同学们对电影有更多期待。 第三模块：课堂互动，包括"人物连连看"和"剧情我来说"，帮助学生更好地看懂电影，理解电影情节。 第四模块：电影拓展，包括"知识积累"和"德育魅影"，做到让学生在电影中学知识、立品德，实现立德树人的课程目标，发展学生的核心素养。 四大模块从影片介绍到光影故事再到课堂互动，最后到电影拓展，层层递进，逐步深入，符合小学高年龄段学生的认知特点和心理特点。
第三、第四学段（7—12年级）	7—12年级读本在内容框架上具有一致性，包括以下内容。 1. 导入部分：电影海报、电影基本信息介绍。 2. 课堂互动：与课堂教学配合，设置游戏性的选择、连线、填空问题回答等各种互动内容，引导学生关注电影、提高观影兴趣。 3. 小影来思考：基于电影设置2—4个问题，观影后对问题进行讨论讲解，让学生带着思考看电影。 4. 荐影理由：本部分包含"主题之思""创作之美""能力提升"三大板块。 （1）主题之思：提炼电影主题，帮助学生理解电影，形成正确的价值观。 （2）创作之美：将电影在艺术手法、艺术语言上的特色与亮点进行呈现。 （3）能力提升：包括电影幕后的励志故事、导演手记、镜头讲解等内容，从不同角度帮助学生积累知识、丰富能力。 5. 小影写台词：让学生积累有意义的、优美的台词，进一步感悟电影。 6. 小影来拓展：开展与电影相关的延伸活动，如课上完成的观后感、给主角写信、作画、写诗等，课下完成的摄影、表演、电影主创见面会、一元公益活动、微电影拍摄制作等，在电影之外发挥电影课程的育人作用。 7. 小影来鉴赏：同学们通过涂星的方式给电影打分，提高学生的主动性，同时为电影课程老师选择、调整电影提供参考。 8. 小影有话说：基于电影的核心主题做强调和号召，收束本节电影课。

从上表的介绍中，我们可以看出该套读本具有以下特点：

第一，坚持以"立德树人"为教育目标，在观影前后，通过"德育魅影""主题之思""小影有话说"等内容，引导学生树立正确的三观。

第二，充分考虑学生身心发展的特点，每个学段的风格各不相同。如：低年级排版要求少文多图；随着年级的升高，读本中的文字量逐步加多，学案中的问题从简单的人物分析发展为社会背景分析、电影比较等，难度逐步增加。

第三，设计多样的活动，促进学生全方面发展。如：设计电影海报、根据剧照画一画、小涂鸦等都是美育教育；让孩子们表演片段、读台词、唱歌曲，培养学生各类才艺；给电影主角写信、续写电影故事等锻炼学生们的写作能力、表达能力。

第四，注重知识拓展，兴趣引导。从第一学段"我是小影迷"，到第二学段"光影故事""电影拓展"，再到第三、第四学段的"创作之美""能力提升",多样化的内容设置有效扩展了学生知识面,激发了学生的学习主动性,引导学生科学观影。低段学生选择电影的能力稍弱,学案中的"附加项——光影小宝箱"为学生解决了这一问题。

(三)形成电影课程"三环节五活动"教学法

电影课程既然是课程,就必须要有教学目标,要保证学生有所收获。教学目标的设计,要遵循电影与教育相互关联的原则。每一节课的教学目标都由授课教师及项目组成员反复商榷并确定。老师们要了解授课对象,考虑学生现阶段的心理特点和情感需求;要正确定位电影,思索电影本身蕴含的教育价值。

如为 1 年级的孩子选择的《玩具总动员》电影,就是考虑到学生初到新学校,面对陌生的新环境,存在一个心理适应的过程。根据这一阶段学生特点我们开设了适应性电影课程专题,1 年级第一部电影《玩具总动员》贴合学生原有生活实际,将其主要的教学目标定为:让孩子理解集体生活的相处之道是要学会接纳和宽容,学会为他人着想,懂得同伴间需要互相帮助,这样校园生活才会不孤独,生活才会更美好。

基于课程目标,在具体的课程实施中,电影课程形成了"三环节五活动"教学法。"三环节"分别为"观影前环节""观影环节"和"观影后环节";"五活动"分别为"情境导入""问题引领""观影释疑""问题讨论""课后延伸"。

1. 环节一:观影前环节

(1)活动一:情境导入

首先是前期的电影海报导入。电影海报从 19 世纪出现,它的历史与电影的诞生一样漫长。在校园里张贴电影海报,一方面可以烘托观影氛围,让学生提前讨论,激发观影热情,算是电影课的超前导入,另一方面精美的海报也可以让学生欣赏美,也是美育的一种途径。

老师设计海报一方面要保证确实与电影主题相关;另一方面也要保证色调和清晰度。海报的张贴时间安排在电影播出前三天。张贴时间太早,学生的兴趣可能会被消耗;反之,留给学生讨论的时间恐不充足,氛围烘托也不到位。

在每节课中还必须要有更具体的情境导入。即课堂要根据不同年龄,设计不同的课前导入环节,以便更快地将学生们带入到电影的情境中去,激发学生兴趣,同时埋下"实现教育目标"的种子。

为了保证每堂课的独特性和吸引力,我们尽量采用多种教学手段,保证电影课程导入的多样性。如 1 年级的老师在讲授《玩具总动员》时,穿上厚重的道具服变身为"巴斯光年"和同学们亲密接触；7年级的老师让学生进行情景表演，再现影片中的经典桥段；还有与电影相关的辩论赛、舞蹈、拼图比赛、功夫表演、模拟法庭等多种形式。每一堂课与电影相结合，给学生们带来的体验都是全新的，让学生们对每一节电影课都充满了期待。

图2 《玩具总动员》课堂导入照片

（2）活动二：问题引领

在导入后，老师会介绍本节课要观看的电影，并将需要讨论和讲解的电影问题提前抛给学生，引导学生带着问题看电影，带着"目标"看电影。

电影问题的提出以课程目标为基础，以培养核心素养为要求，比如8年级电影《战狼2》提出的问题："'一面国旗就是一个绿色通道，一张中国脸就是一张安全通行证，不管我们身处世界上的哪个角落，祖国永远都站在我们的身后。'在这个电影上映结束后很多人都说出了这句话，你如何理解？"看到这个问题。学生们就会带着解决疑问的想法观影，影片的主题指向更加明确，学生的思考也更有方向，注意力会更加集中。

2. 环节二：观影环节

这也是活动三的内容：观影释疑，也就是全体学生集体观影。在观影中，不打断学生，为学生提供优质的观影体验，即"等同于影院级的观影体验"。只有这样，才能让孩子们在上课时有身临其境的感觉，真正地投入其中，让"电影"的概念表现得更为完整。

为此，我校改进报告厅的放映环境，使其具备了影院级别播放的硬件条件；同时请有电视台工作经验的专业教师进行指导，使电影课堂具备了专业播放团队的软件条件；此外在选择电影时也格外注意片源质量。

3. 环节三：观影后环节

（1）活动四：问题讨论

当同学们满怀期待地看完电影后，师生一起讨论电影问题能带给孩子们更多理性地思考，帮助他们升华情感，形成正确的价值观。如 7 年级电影《哪吒之魔童降世》，通过探讨"你如何看待李靖夫妇？"这一问题，教师引导学生说出李靖夫妇是关爱哪吒的：他们不在乎哪吒是魔丸转世，并且坚信哪吒本性善良；再进一步引导学生回顾自己的父母：他们也总是在关爱和支持自己，体悟亲情。本部电影还设置了"哪吒为何发出了'我命由我不由天'的呐喊？"以及"探讨哪吒和敖丙的关系"两个问题，在问题的讨论中，同学们更加理解哪吒实现自我的过程，围绕着哪吒的亲情、师生情和友情也再次感召学生，引导学生联系生活，反观自身，将电影中学习到的内容关照到实际生活中，提高学生处理问题的能力和对人际关系的思考能力。

（2）活动五：课后延伸

首先，老师们根据不同年级学生的特点和不同电影的内容，设计了形式各异的课堂反馈作业。如"涂鸦表达""花絮抢答""故事延展""小影写台词""小影来鉴赏"等，包括写、评、画、演等多种形式。绝大多数要求当堂完成，当堂上交。

这些即时的课堂反馈能帮助孩子们总结电影学习的成果，培养学生们的各种能力，如绘画能力、口语表达能力、书面表达能力、总结思考能力等；同时也给了同学们难忘的情感体验，很多孩子会边流泪边写下自己的感受，手握着手互相鼓励。

此外，根据影片内容，授课教师在课后也组织学生进行了相关的延伸活动。这类拓展任务一般需要学生课下思考、筹备，完成后再上交。有相关话题的辩论赛、相关电影的深度影评、动画人物的 Cosplay、电影剧本的续写或仿写等，学生们参与热情高涨，成果显著。

如学生在观看完电影《勇士》写观后感，优秀观后感在橱窗中展示；在看完《国王的演讲》后召开主题班会；开展红色电影影评大赛并形成学生作品集；在看完《棒！少年》后举办电影主创座谈会及"一元公益"活动，让学生们知道了一部电影背后的故事，并将自己的摄影、绘画艺术、技术作品进行售卖，捐献给公益组织，身体力行地参与到社会生活中。

最大规模的课后延伸活动就是一年一度的"电影节"。"电影节"包括四个阶段，第一阶段：设立奖项，制作调查问卷，让学生们评选电影课程中"最喜欢的电影"等奖项。第二阶段：举行颁奖典礼，根据票选结果，为各年级的获奖电影颁奖。第三阶段：举办"微电影"大赛，按需组织队伍拍摄微电影，进行评比。第四阶段：举办"微电影"大赛观影礼，并举行小型"电影节"论坛，以师生代表为主，商讨电影课程的发展。

课上和课下形式丰富的延伸活动，让电影课程不仅仅关于一部电影、一堂课，且与活动联动、与心灵对话、与社会接轨，在这个过程中提升了学生的感受、表达、组织、参与社会的能力，真正做到全面发展学生的核心素养。

（四）形成电影课程评价、优化策略

1. 学生评价策略

电影课程因其特殊的性质，不能像对待课内学习那样精细评价，采用过程性评价和终结性评价相结合的方式，其中以过程性评价为主。

因为电影课程是年级大课，200多名学生一起上课，班主任或导育老师会随班听课，记录考勤，所以学生成绩的评定一般由随班老师协助授课老师共同完成。出勤情况一般占课程成绩的70%。

课上积极发言、参加活动，课堂做好记录，现场奖励积分卡或小礼物，在期末算总成绩时会加分，权重占课程成绩的10%。

电影课程的相关活动成果，如某一主题的手抄报等，评定等级，权重占课程成绩20%。

2. 课程优化策略

在每学期期末都会组织学生填写调查问卷，让学生对电影、教师、实施方式、实际收获等诸多方面进行评价，还会访谈部分教师和学生，课题组根据问卷结果进行改进，如淘汰学生评价不好的电影，考察推荐电影，定期更新电影课程资源库，定期更新电影课程读本，并总结出选择电影的基本原则。

四、效果与反思

2016年3月1日，1年级同学迎来了第一节电影课，我校十二年一贯制电影课程正式进入实践应用阶段。电影课程采用年级大课的形式，每个年级每月一次，在晚上6点到9点之间进行，因年级、影片时长不同，实际上课时长略有差异。在每一学年中全校12个年级一共会上100节电影课。除2020年上半

年因疫情原因未能上课外，电影课程一直在顺利实施，累计已上 500 余节课，按全校 2000 名学生计算，五年已使近 3000 名学生受益，相当于卖出 90000 多张电影票。

可以说，电影课程实施到今日已出现成效。

（一）获得学生好评

自 2018 年开始我校每学期都会进行一次问卷调查，由每个年级授课教师对学生进行访谈。调查结果显示，该课程受到学生的高度认可。以 2018 年 4 月的调查为例，共收到有效问卷 643 份，68% 的学生给电影课程打满分，年级平均分为 9.3 分，可见学生对电影课程非常喜欢。

（二）促进学生成长

从学生生成的文字作品及口头表述中，可以看出该课程对学生形成正确的价值观非常有帮助。在 6 年级第二部电影《勇士》观影课后，一位学生在观后感中写道："红军战士对学习的渴望让我感动，他们行军还要背着小木板，方便后面的战士学习生字词，现在我们有优越的条件……我们应该也必须珍惜现在和平美好的生活。现在的生活都是曾经那些勇士用双手，用鲜血，用生命创造的……" 9 年级学生在主题班会中说道："看了电影《国王的演讲》，我明白了人应该敢于面对自己的弱点，不能逃避……"

此外，从教师、家长的反馈也能看出，电影课程能让学生的行为发生正向改变，考虑问题的想法和态度也有所改变，这与电影课程沉浸式的授课、教师有目标的引导、课堂上包容且丰富的讨论有很大的关系。

（三）助力教师发展

从 12 位授课教师的授课感受中可以看出，教师在电影课程中提升了育人理念，能够更好地开展德育工作，并且掌握了电影课堂教学技能，形成包含 100＋个教学设计（百部电影＋调整的电影）的电影课程教学案例集。

（四）贡献实践经验

在电影课程教学实践中，我们获得了一些经验，并将其积极分享给业内同仁。

2016 年底，在海淀区一贯制学校课程研讨会中，就电影课程做主题报告。

2017 年，论文《光影课堂启迪成长》发表于《新课程评论》。2018 年，在北京师范大学出版社发行的著作《拥抱未来——范胜武的全人教育与世纪梦想》中收录文章《电影课程：藏在银幕背后的课》。同年出版的专著《重构学校文化》中收录文章《电影课堂启迪成长》。

此外，我们还收获了电影课程成果集（上册）。该成果集中包括四大部分。第一部分"影音视界"，以图片再现课堂中的精彩环节。第二部分"影音味道"，收录了 12 位授课教师的授课心得。第三部分"影音艺术"，荟萃每个年级电影课程的精美海报。第四部分"影音天堂"，收录了 4 个学段的学生在电影课程学习中产生的优秀作品。

（五）反思：娱乐、课程、德育神器

最初，电影海报张贴出来，学生们都兴奋不已！而问起电影课老师就一句话：这个电影好看吗？除此之外并不关心其他。他们认为这是娱乐时光。

后来，电影海报张贴出来，学生们会问：这部电影讲什么？他们变了，在关注电影娱乐性的基础上，变得更加关注电影的内涵和意义了！电影课结束后学生也会自发讨论，关于信仰、人性、责任等话题，每部电影中都会找到值得他们学习的目标和励志的故事。这真正达到了开设电影课的目的，让思想引领学生的成长，让电影人物积极向上的追求深入他们的内心。

电影由娱乐工具变成了课程内容，其实在老师的眼中，电影更是德育神器。6 年级电影课教师在一次反思中这样写道："2021 年是建党 100 周年的伟大年份，我们 6 年级的电影课程中就有一部气势恢宏的影片——《建党伟业》，是开展爱党爱国教育的优良载体。本次电影课，导入环节是全体学生高唱'我和我的祖国'，歌声响彻在每个孩子的心中，浸润着爱国情怀。观看完《建党伟业》的影片，孩子们谈感受，说到正是因为有了中国共产党，才会有我们现在的幸福生活，所以我们要更加珍惜现在的幸福生活，努力学习，做一个有中国灵魂、国际视野和跨文化交流能力的社会主义接班人。"

发展听说读写言语技能　落实立德树人培养目标

——十二年一贯制"世纪演说家"课程设计与实施

十二年一贯制"世纪演说家"课程是北京市二十一世纪国际学校开发并实施的活动实践课程，课程融"教、学、练、赛"为一体，通过知识传授、技能培训和比赛锻炼，使学生在言语交际、勇气自信、团队合作等方面得到发展，培养学生家国情怀，落实立德树人根本任务。课程包括小小故事家课程（1—3年级）、小主持人课程（4—6年级）、演讲课程（7—9年级）、辩论课程（10—12年级）四部分。"世纪演说家"课程从2016年开始一直在课后服务时间段实施，在近六年的实践中不仅取得较好的育人效果，更形成了丰富的课程成果及实施经验，对其他学校提升课后服务质量有一定参考价值。

一、问题的提出

（一）满足学生发展的需求

进入新世纪以来，随着社会竞争的加剧，口才作为人们生活中必不可少的语言艺术和交际技能，扮演了越来越重要的角色。然而中小学教育的现状是大部分学生在"听、说、读、写"四项语言基本技能上，口语表达能力仍相对滞后。2014年，学校对初、高中部学生进行言语表达水平与需求抽样调查，结果显示：约三分之二的学生对自己口才的自我评估是一般、较差、差，约三分之二的学生认为自己的口才需要提升（见图1）。很多学生有提升口才的主观需求，而这些有提升需求的学生又有很大一部分苦于不知道如何提升。

提升学生的口才不可能一蹴而就，需要长期、系统地培养。基于此，我校于2015年成立十二年一贯制"世纪演说家"课程项目组，开发"世纪演说家"

课程，从小学 1 年级开始，用十二年的时间循序渐进地培养学生的交流能力。

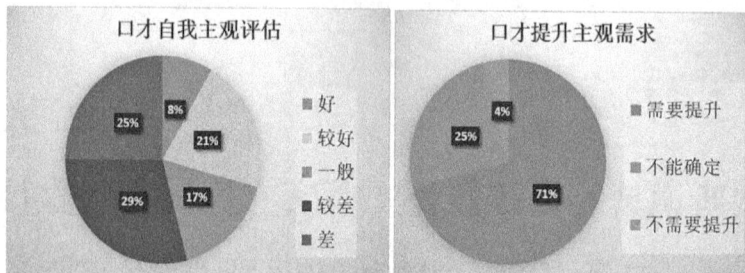

图 1　学生言语表达水平与需求抽样调查

（二）落实学校育人目标

我校以"做豪迈的中国人"为校训，以"培养具有中国灵魂、国际视野和跨文化交流能力的社会主义建设者和接班人"为育人目标。学校不仅通过"世纪演说家"课程发展学生"听、说、读、写"等语言基本技能，更以该课程为抓手，对学生进行思想品德教育，选择爱党爱国爱家的相关内容来作为学习主题，培育学生的"中国灵魂"，引导学生做"豪迈的中国人"。

二、课程开发的过程及方法

按照泰勒的课程开发原理，十二年一贯制"世纪演说家"课程的开发首先从目标确定、资源选择、课程实施、课程评价四个环节依次入手进行研究，整个开发过程采用行动研究范式，在教学实践中逐步发现问题、解决问题、完善课程。整体开发研究过程如下：

第一阶段（2015 年 9—10 月）：通过文献研究，访谈、问卷调查等进行调研，初步确定课程目标，形成整体规划、分段实施的设计思路，将 1—12 年级分成四个学段，每个学段成立一个研究小组。

第二阶段（2015 年 10 月—2016 年 5 月）：选择"世纪演说家"课程的内容模块，设计"世纪演说家"课程的具体内容，编写"世纪演说家"课程读本。

第三阶段（2016 年 5 月—2016 年 9 月）：设计"世纪演说家"课程实施方案，研究课程的教学方法和手段，设计课程评价方案。

第四阶段（2016 年 9 月—2017 年 7 月）：在"世纪演说家"课程中规范实施各个教学环节，记录过程，发现问题，做好过程性评价记录。

第五阶段（2017 年 6—7 月）：建立课程评价优化机制，通过问卷调查、访谈、案例研究等了解"世纪演说家"课程实施效果、对学生成长的作用等。

第六阶段（2017 年 9 月—2022 年 1 月）：在此过程中，不断修订课程、优化实施、开展评价；发现问题，拟定解决方案，在新的一轮课程中实施。

三、课程成果的主要内容

（一）形成课程定位和课程图谱

《语文课程标准（实验版修订稿）》（2011 年）认为，要"鼓励学生在各科教学活动以及日常生活中锻炼口语交际能力""不必过多传授口语交际知识"，因此我们把"世纪演说家"课程定位为实践活动课程。其任务是：通过知识传授、技能培训和比赛锻炼，使学生在言语交际、勇气自信、团队精神和合作能力等诸方面得到发展，同时培养学生的家国情怀和文化自信。

课程图谱见图 2 所示。

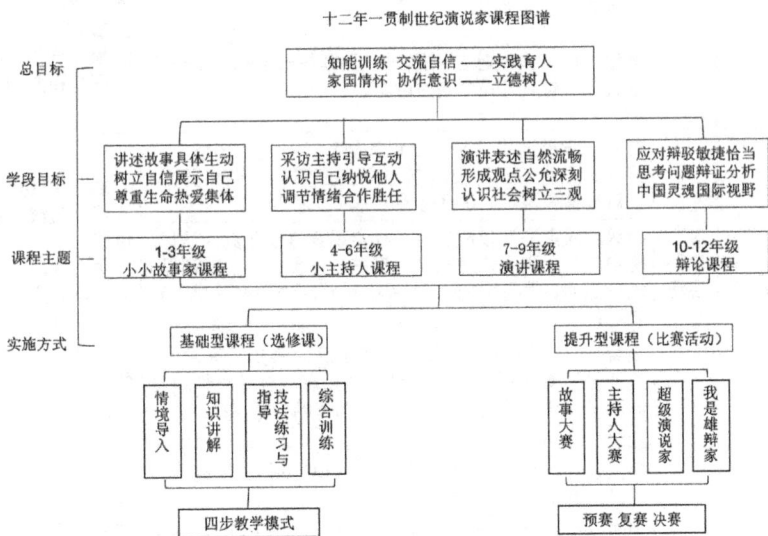

图 2　课程图谱

（二）确定课程目标和课程主题

我校将"世纪演说家"课程总目标定为：通过语言交际基本知识的传授和口才表达基本技能的训练，使学生获得沟通交流的勇气及自信，形成良好的语言交际能力，具备家国情怀、团队精神和合作意识，成为"具有中国灵魂、国际视野和跨文化交流能力的社会主义建设者和接班人"。

在明确课程总目标后，我校对十二年的课程进行了整体规划。根据学生心智发展水平及言语能力水平，将十二年的"世纪演说家"课程分为四个学段，确定了每个学段的课程主题及课程目标。见表1。

表1 "世纪演说家"课程主题及学段目标

学段	年级	主题	知能目标	情感目标
第一学段	1—3年级	小小故事家课程	初级：掌握故事的六要素，听故事、看音像作品，能用自己的话复述大意或精彩情节。 中级：了解不同语气作用，能用不同语气较完整地讲述小故事，能简要讲述自己感兴趣的见闻。 高级：能清楚明白地讲述见闻，并说出自己的感受和想法。能运用发声方法，具体、生动地讲述故事。	1. 树立自信心，相信自己，勇于展示自己；能够正确认知、清楚表达自己的情感。 2. 有爱心，尊重生命；热爱班集体，有集体意识和团队合作意识；形成规则意识。
第二学段	4—6年级	小主持人课程	初级：了解采访的基本知识，能对身边的人进行采访，引导采访对象展开话题。 中级：了解主持基本知识，能就校园和家庭生活话题与多位参与者互动，引导大家就该话题展开讨论。 高级：能就浅近社会话题与多位参与者互动，引导大家就该话题展开较广泛的讨论。	1. 全面认识自己，了解他人，能客观地评价自己和他人。 2. 能够认识、觉察他人的情绪，调节自己和他人情绪。 3. 懂得合作，能通过相互配合和协调来完成任务。
第三学段	7—9年级	演讲课程	初级：掌握演讲的基本知识和技巧。讲述见闻能内容具体、语言生动；复述转述能完整准确、突出要点；注意表情和语气，说话有感染力和说服力。 中级：对家庭和校园生活、社会现象有较深刻的认识。能自信、负责地表达观点，清楚、连贯、不偏离话题；能就适当的话题作即席讲话和有准备的主题演讲，有自己的观点，有一定说服力。 高级：讨论问题，能积极发表自己的看法，有中心、有条理、有根据。能听出讨论的焦点，有针对性地发表意见；论述问题深入，表达自然流畅，富有感染力。	1. 养成积极乐观的自我认知习惯，认可自身价值。 2. 关注和参与社会生活；与人交往大方、自如、从容；形成正确的人生观、世界观和价值观。
第四学段	10—12年级	辩论课程	初级：掌握立论的基本知识和技巧，在单向表述和双向交流中，观点鲜明而有个性，材料充分、生动，有风度，有说服力和感染力。 中级：掌握驳论的基本知识和技巧。能多角度思考问题，辩证分析观点；在讨论或辩论直率而清晰地陈述个人看法，敏捷而恰当地做出应对和辩驳。 高级：掌握赛场辩论的流程和策略，在赛场辩论情境下直率而清晰地陈述个人的看法，补充、完善队友观点，敏捷而恰当地做出应对和辩驳。	1. 进一步形成并巩固正确的人生观、世界观和价值观。 2. 具有中国灵魂、国际视野和跨文化交流能力。

（三）形成丰富的课程内容

我校根据学段课程主题和目标，生成了每个学段的课程内容，包括基础型课程和提升型课程两部分。

基础型课程面向多数学生，在课后服务时段以选修课形式开展，每一学段的课程内容每年基本相同。

提升型课程主要指每年举行的"世纪演说家"系列比赛，每年的主题各不相同，通常根据当年的重大事件、热点问题，确定充满正能量的主题。具体课程内容如表2所示。

表2 十二年一贯制"世纪演说家"课程内容

年级	课程	基础型课程内容	提升型课程内容
1—3	小小故事家课程	如何变成故事家（概论） 故事家发音的训练 故事家形象的建立 故事家思维的整理 故事家语气的训练 故事家技巧的掌握	讲故事大赛，每年主题不同。 2016—2017年主题：手拉手 2017—2018年主题：我心中的大英雄 2018—2019年主题：我和爸爸妈妈的童年生活 2019—2020年主题：小小的我，大大的梦 2020—2021年主题：我身边的抗疫故事 2021—2022年主题：心有榜样，从小做起
4—6	小主持人课程	概述： 发声练习 气息训练 朗诵艺术 表演技巧 礼仪常识 场景应对 思维训练	小主持人大赛，每年主题不同。 2016—2017年主题：奋斗有我·为梦发声 2017—2018年主题：校园先声·声声夺人 2018—2019年主题：露从今夜白·月是故乡明 2019—2020年主题：掌控舞台·聚光豆蔻 2020—2021年主题：众志成城·万众一心 2021—2022年主题：精彩亮相·同"话"主持
7—9	演讲课程	走近演讲；自我介绍；发声与气息练习；朗读与朗诵练习；演讲台风；演讲肢体语言；演讲稿撰写；爱国主题演讲；励志主题演讲；责任与感恩主题演讲；情感故事演讲；竞聘及竞选演讲；获奖感言；即兴演讲；演讲互动技巧；演讲危机处理；演讲比赛技巧；演讲系统流程。	演讲大赛，每年主题不同。 2016—2017年主题：我心目中的英雄 2017—2018年主题：激昂青春，放飞梦想 2018—2019年主题：我的中国梦 2019—2020年主题：行动与力量 2020—2021年主题：不以物喜，不以己悲 2021—2022年主题：红星照耀党，我的中国心
10—12	辩论课程	我校辩论队比赛的辉煌历史； 辩论的意义； 优秀辩手的素养； 常见的辩论赛制； 如何备赛（立论、驳论、攻辩、自由辩、结辩）； 我校"世纪杯"辩论赛； 从辩论中走出的优秀校友。	"我是雄辩家"辩论赛，每年辩题不同。 2016—2017年辩题："当下中学教育更应该注重挖掘传统文化/解读现代文明"等 2017—2018年辩题："治理当今社会上的不文明现象，道德先行/法律先行"等 2018—2019年辩题："推动高品质城市建设，更需开门引入外脑/不断修炼内功"等 2019—2020年辩题："天价药合理/不合理"等 2020—2021年辩题："理想人才应该以德为主/以才为主"等 2021—2022年辩题："科技发展有助/无助于人与人之间的互相理解"等

（四）编写多种课程资源

为了提升课程质量，我校组织教师编写了一套学生读本，每个学段一本，共4本（如图3，表3）。同时，该套读本还配有丰富的音视频资料。

图3　系列读本

表3　系列读本介绍

编写目的	1. 为提升"世纪演说家"各学段基础型课程实施质量，方便学生学习和练习，使训练有章可依，循序渐进，切实提升学生口语表达能力。 2. 方便教师对学生进行指导，将教师从准备材料的繁重任务中解脱出来，将精力投入到练习活动的设计与实施中，增强指导的科学性和系统性，提高效率。 3. 通过编写，提升指导教师对演说家课程的了解，提升教师指导水平和技巧。
设计理念	1. 采用"知识讲解""技法指导""技能训练"相结合的体例，分专题编排，构建主要的知识传授和技能训练框架。每一专题分为学习目标、知识介绍、技巧与练习、自我评价等部分。 2. 能力、知识、素养"三位一体"，注重实用性、趣味性、人文性、网络性。
编写要求	1. 操作性：学生易上手，老师易操作。 2. 趣味性：语言生动，图文并茂，内容活泼有趣，贴近时代和当下。 3. 实用性：不求知识和技能体系的大而全，但能完成最主要的知识传授和技能训练。
《小小故事家》读本介绍	紧紧围绕"讲故事"这条主线开展，以练为主、以教为辅，生动鲜活，一讲一得。 如第六讲"故事家技巧"中第二节"你会吹牛吗？"分为基础练习、实战演练、拓展练习三部分。 1. 基础练习部分：包括练习目标和练习方法； 2. 实战演练部分：进行多种题材的多样练习； 3. 拓展练习：追求更丰满的人物形象、更自然的动作表演、更具特色的语气。 每节课课后的自我评价旨在一课一得，找到问题症结，直观呈现点滴进步。
《小主持人》读本介绍	每一章均包括知识、技法、实操三部分。以第二讲"发声训练"为例。 1. 基础知识部分——"魅力声音"：介绍主持人的四个发声基本特征及要求； 2. 技法讲解与训练——唇部训练、舌部训练、开合训练； 3. 课堂实操——喷、弹、哨、吐、磨的实操训练。

《演讲》读本 介绍	采用"案例导入""知识讲解""技法指导""单项技能训练"和"综合技能训练"的体例，启发学生思考，调动学生"说"的兴趣，具有以下特点。 1. 凸显训练性。注重精讲多练，强调"先仿后练"，具有参与性、交互性、可操作性。 2. 注重德育性。读本所选名人演讲、新颖案例等均具有丰富的人文情怀，潜移默化地对学生进行思想道德教育。 3. 培养学生国际理解力。收集与读本相配套的音视频素材，有中文演讲视频共 188 件，英文演讲视频 178 件，不仅满足国际学校学生英语能力提升的需求，更拓展学生国际视野，提升国际理解力。
《辩论》读本 介绍	本册读本依照我校十二年一贯制"世纪演说家"课程的目标要求，参照高中生年龄特点，将辩论知识与案例有效结合，既突出了理论知识，也注重了辩论的实践指导，总体说有如下特点： 1. 突出思想性。辩论是站在对立的立场上阐述自己的意见，为批驳谬误、辨明是非、提高认识、弘扬真理而展开的思想交锋活动。读本中选择了较多比赛的辩题案例，这些辩题都能让学生在辩论中感受社会主义核心价值观，弘扬博大精深的中华文化。 2. 注重校本性，发挥身边榜样的激励作用。读本中介绍了我校辩论队比赛的辉煌历史，从辩论中走出来的优秀校友等内容，发生在学生身边的人和事，能更好地激励学生。 3. 体现工具性。"优秀辩手的素养""常见的辩论赛制""备赛"等内容，重点介绍辩论的知识，可以将其作为学生学习辩论知识的工具。
说明	每册读本的具体内容与表 2 中基础型课程内容基本相同，故不再赘述。

（五）创新课程实施方式

十二年一贯制"世纪演说家"课程实施主要在课后服务时间段完成。分为基础型课程和提升型课程，实施方式分别介绍如下。

1. 基础型课程实施

"世纪演说家"课程各学段的基础型课程都通过课后服务时段的选修课进行，每周一节课，每学期 17 次课。

"世纪演说家"基础型课程采用基于建构主义理论的情境式教学法，在第一、第二学段多采用角色扮演等游戏情境进行学习活动。在第三、第四学段多采用话题情境。我们在教学实践中提炼出了四步教学模式（如图 4）。

1. 情境导入 ➡ 2. 知识讲解 ➡ 3. 技法练习与指导 ➡ 4. 综合训练

图 4 四步教学模式

四步教学模式融教、学、练、演为一体，将实用性教学、竞赛性教学和体验性教学相结合，采用理论知识讲授、分组学习、角色扮演、情境模拟、现场观摩、案例评析等多种教学方式，其中部分教学方式如表 4 所示。

表4　特色教学方式

教学方式	具体介绍
角色扮演	角色扮演可营造一种身临其境的气氛,使学生能设身处地去体验、去理解学习的内容和学习主题的要求,从而更好实现意义构建。如"走近演讲",在练习部分做如下设置:参加"动物聚会"。全班同学按照十二生肖,即鼠、牛、虎、兔等分组,每组出两人,面对面站立,学自己组所属动物的叫声。不要怕"出丑",学叫的声音越大、越准确,越能锻炼胆量。
游戏接龙	如:在即兴演讲思维练习环节,设计"四字词语或成语快速接龙"游戏; 为了训练学生们的"延展性思维",设置了"串词"游戏环节(即把学生分成若干小组,每组随机写出一个词,随机组合,然后让大家将这些毫无关联的词串起来,看谁的思维最发散,谁的反应速度最快); 以小组为单位进行故事连缀(一位同学先说故事开头,其他同学接着讲发展、高潮和结尾)。
话题情境	给学生提供一个认知水平相当的话题,让学生关注、讨论。所谓的认知水平相当,即选用与学生学习生活紧密相关,又是热点的话题,让学生有话可说。如:在即兴演讲逆向思维训练中,有一任务为:如今人们遇到老人倒地不扶的报道屡见报端,请对这种现象发表看法。
伙伴战营	学生结成练习小组,每小组一般2—4人,彼此相互鼓励、相互督促。不同小组之间还可以通过PK决斗的方式相互切磋。
故事擂台赛	故事擂台赛中一人"讲故事"守擂,一人攻擂,观众则通过动作到位、记忆准确、声音洪亮来进行评价。守擂成功可在神秘盒子中抽礼物。
Fluency line	"Fluency line"是一对一练习的方法,每隔一轮学生换一个搭档,激发学生的表达欲望,达到人人开口练习的目的。
随机演出	为了让孩子勇于表达、敢于表现,授课老师随机邀请老师、学生作为观众观赏学生的表演。活动要求学生自己跟观众讲清规则、自主交流,锻炼沟通能力。
模仿秀	让学生在愉快的氛围中,模仿名人讲故事、主持、演讲的状态,学习其高超的技巧。
脱口秀	如:演讲第一教学难点是"开口",为了促使学生勇敢表达出自己心中所想,在演讲初期设置课前"脱口秀"这一环节。时间为1—5分钟,学生自主选择时间,不同的脱口秀时间代表着不同的难度。比如,1分钟脱口秀难度等级为1级,2分钟为2级,以此类推。各学段均有类似活动。

2. 提升型课程实施

提升型课程组织形式为"世纪演说家"系列校园比赛,我校将其命名为校园"金话筒"大赛。

为了把这种课程实施方式做得更规范、更合理,学校制定了《北京市二十一世纪国际学校"世纪演说家"比赛活动实施方案》,方案详细规定了各学段比赛的实施流程,聘请专业人士担任大赛评委,批专项活动经费打造高水平、专业级别的舞台,给学生更专业的舞台体验……这些大大激发了学生的学习兴趣,以赛促练、以练促学。

为了让练和学更加高效,我校对参赛选手的培训采用"导师制",由参赛选手的语文老师或其他擅长此项的老师担任导师,对参赛选手进行有针对性的培训。

课程时间跨度大，从第一学期的 10 月到第二学期的 5 月，整个"世纪演说家"课程的系列比赛几乎持续整个学年。如此长的时间，一是为了让选手有充分的时间学习、提升；二是为了让校园里重视口才培养的氛围长期保持。

在每季赛事，我们都会有海报宣传，在复赛和决赛中，会组织本学段学生一起观看。在观赛中，不仅激励学生提升自己的口才，更是以此为契机对学生进行德育教育。因为每个学段每次比赛的主题都充满了正能量，能帮助学生形成正确的三观，培养学生的家国情怀。

四、课程评价

（一）对学生的评价

对学生的评价，以促进学生发展为最终目的；根据不同的课程内容和实施形式，设计了多种评价方式和多个评价量表。在整个评价过程中，不管是否量化评价结果，都以激励为主，激发学生的学习兴趣，帮助学生树立自信。

（二）对课程的评价

对课程的评价以优化课程为主要目的，具体策略如下：

第一，在每学期末都会组织学生开展问卷调查和访谈，包括两部分：一是对基础型课程的评价，由各学段选修"世纪演说家"课程的学生在学期末统一填写调查问卷进行评价。学生不仅给课程和授课教师打分，更要对实施方式、实际收获等诸多方面进行评价。课程组还会访谈部分教师和学生，根据问卷结果和访谈情况改进课程。二是对提升型课程的评价，由参加比赛的选手在比赛结束后填写，也会访谈部分教师和学生。

第二，在学期中不定期进行随机抽查，如听推门课，或随机发放小范围的学生问卷，与部分学生进行访谈。

第三，在每学年末，组织专家、授课教师、语文骨干教师等组成研讨小组，对课程进行全面诊断。

五、课程实践效果

从 2016 年至今，"世纪演说家"课程已经实施了近六年，该课程让众多师生从中获益，为学校赢得了多项荣誉，获得了非常好的课程实践效果。

（一）提升学生表达能力，形成"善讲乐讲"良好氛围

十二年一贯制"世纪演说家"课程的实施大大激发了学生们表达、交流的积极性，在整个校园形成了人人乐于演讲、人人善于演讲的良好氛围。各种丰富的校园演讲与口才活动，鼓励学生们走向校外更高更大的舞台，有了这些磨砺，他们在校内外各大赛事中都收获了丰硕的荣誉。以我校辩论队为例，所获成绩如表5所示。

表5　我校辩论队获奖情况

时间	比赛	成绩
2016 年	"勤学修德明辨笃实——践行社会主义核心价值观"海淀区中学生主题辩论赛	冠军
2017 年	首届"中关村杯"国际中学生华语辩论赛	冠军
2018 年	"中国少年说"中学生主题辩论总决赛	冠军
2018 年	"中国少年说"全国中学生赛	冠军
2018 年	"新时代新青年新海淀"第二届海淀区中学生主题辩论赛	冠军
2019 年	第二届"中关村杯"国际中学生华语辩论邀请赛	亚军

（二）创新德育方式，促进学生全面成长

在世纪演说家课程中，我们所选择的主题、练习内容及组织学生参加的各类比赛所选题目对学生都发挥了德育作用。学生在学习和参赛的过程中，能进一步了解历史，扩展视野，形成正确的情感态度价值观，促进学生全面成长。

以我校初中部学生参加北京市"演说中国"学生演讲比赛为例。这次比赛围绕鲁迅先生对青年发出的寄语展开："愿中国青年都摆脱冷气，只是向上走，不必听自暴自弃者流的话。能做事的做事，能发声的发声。有一分热，发一分光，就令萤火一般，也可以在黑暗里发一点光，不必等候炬火。此后如竟没有炬火，我便是唯一的光。"我校杨濡溪、冯馨瑶、魏雨嫣同学分获一、二、三等奖。

杨濡溪同学说道："在准备这次比赛时，我沉下心来学习资料，通过了解国际时事、社会发展，明白了创新、科学、社会责任感的重要性，进而坚定了我的理想：我愿成为一束光，追随梦想，努力奋斗。虽然我现在只能发出萤火虫般的光，但只要发光发热，就会照亮我的小家，无数个小家连在一起，就能照亮我们的国家！"

在第七届北京市中小学生辩论赛中，段昱辛、韩家丽同学获得二等奖，乐

来同学获得三等奖。

乐来同学说："升入初中后，我加入了演讲社团，参加'世纪演说家'比赛获得了二等奖，自信心得到进一步提升。通过这次辩论赛，我更加明白了小组配合、团队协作的重要性，也明白了辩论赛不只是唇枪舌剑，更加考验平时的积累和随机应变的思考能力。"

从两位获奖同学的话语中，"世纪演说家"课程对学生成长的作用可见一斑。

该课程对我校学生申请国外大学、未来职业发展也颇有作用。如：我校学生倪杉在申请伦敦政治经济学院国际关系专业时，她在校辩论队中三年的成长经历打动了招生官。三年辩论经历磨砺了她的逻辑分析能力，让她对事物能有多角度和相对成熟的思考方式，并能清晰地表达自己的观点。国际关系的很多理论和应用非常讲逻辑，三年的辩论经历告诉伦敦政经的招生官，倪杉不仅能学好国际关系专业，而且有能力驾驭并运用它。

（三）提升教师课程力，助力教师发展

教师的课程力包括教师的课程规划、开发、构建、实施等能力。"世纪演说家"课程从规划到实施的过程中，老师们基于学校的育人目标、学生发展目标，审视现有课程体系，找到已然与应然的差距，从立德树人的育人目标出发，规划课程，构建课程体系，编写读本、构建教学模式、参与培训，到课程落地实施，其间教师们初步形成了按照课程链打造课程的意识和能力，课程力得到了较大提升。

同时，"世纪演说家"课程项目组建立学科教师相互沟通机制，如课程协作共同体、学科教师自助微组合等，为教师成长提供智力支持、制度支持，促进教师专业化发展。

（四）形成可行性经验，获得业内认可

经过近六年的实践，我校对如何开发和实施"世纪演说家"课程已有一定的经验，并将其积极分享给业内同仁。

如：2016年11月26日上午，在海淀区一贯制学校课程研讨会中，我校就"世纪演说家"课程做主题报告。2016年12月29日下午，北京市海淀区小学语文实践活动教研在我校报告厅隆重举行。在教研活动中，与会专家、语文老师们以我校"世纪演说家"课程为海淀区小学语文学科实践活动的典范，共同观摩了我校"世纪演说家"课程的规划及实施，并深入研讨关于提升学生

口语表达能力的经验和方法。

基于"世纪演说家"课程的四篇文章公开发表。

表 6　世纪演说家课程发表文章

序号	文章题目	发表刊物	时间
1	《"世纪演说家"课程提高学生交流能力》	《北京教育（普教版）》	2017.2
2	《跳出误区，学科实践活动如何有声有色》	《北京教育（普教版）》	2019.4
3	《口才是人才的第一张名片》	《重构学校文化》（上海教育出版社）	2018.4
4	《口才是人才的第一张名片》	《拥抱未来——范胜武的全人教育与世纪梦想》（北京师范大学出版社）	2018.12
备注	后两篇文章虽名字相同，但内容不同。		

结语

实践证明，我校"世纪演说家"课程从落实立德树人育人目标出发，围绕如何培育学生的中国灵魂，开拓学生的国际视野，提升学生的交流能力而展开。将课程改革与学校办学理念有机结合，适应学生发展需求，系统建构起符合学校实际的十二年一贯制"世纪演说家"课程。对课程进行统一规划和顶层设计，依据课程链打造，构建完整的课程结构，注意年级梯度、学生差异和实践层次，并采取有效的操作策略与步骤，追求活动育人、全程育人，有效提升了学生的听说读写言语技能，同时培养了学生的家国情怀，帮助学生形成正确的世界观、人生观和价值观。

知行合一，在行走的课堂里全面成长
——九年一贯制研学旅行课程设计与实施

我校从 2013 年开始着手开发研学旅行课程，并在实践中完善课程体系、优化实施方案，目前已形成九年一贯制研学旅行课程。本课程以研学旅行为载体，围绕学校的育人目标和课程体系而构建，旨在促进学生全面发展，包括"1—6 年级京内主题研学""7—9 年级国内文化研学"两大课程模块。学生在研学旅行的最美课堂中，从文化知识，到视野情怀，再到实践能力，获得全面发展，实现知行合一，在行走的课堂里全面成长。

一、问题的提出

2016 年 12 月，教育部等 11 部门印发了《关于推进中小学生研学旅行的意见》，要求各地将研学旅行摆在更加重要的位置，推动研学旅行健康快速发展。《意见》指出：开展研学旅行，有利于促进学生培育和践行社会主义核心价值观，激发学生对党、对国家、对人民的热爱之情；有利于推动全面实施素质教育，创新人才培养模式。

其实，我校早在 2014 年便开始全面实施研学旅行课程。我们开设该课程就是认为它能够增强学生对中华文化的认同感和自豪感，能促进学生全面发展，更好地落实学校育人目标——"培养具有中国灵魂、国际视野和跨文化交流能力的社会主义接班人"。

北有 教育文库 北京卷

二、解决问题的过程与方法

为保证研学旅行课程的顺利开发，我校在校内招募骨干教师，成立京内主题研学、国内文化研学两个子课题组。同时，组织教师就研学旅行中的评价、展示等具体问题开展小课题研究。

在课程开发初期，按照泰勒的课程开发原理，从确定目标、选择资源、课程实施、课程评价四个环节依次入手进行研究。课程实施时，从行前、行中、行后三个阶段落实具体工作。

在课程进入实践阶段后，开展行动研究，即在研学旅行课程实施过程中，发现问题，通过讨论、查找资料等拟定解决方案，然后再实施，对比效果，总结经验，解决问题，进而完善、修改前期的课程设计。

在研究过程中，主要采用以下三种研究方法：

第一，文献研究法。一要研究泰勒和多尔的课程开发理论作为课程开发的理论指导；二要进一步关注国内外研学旅行课程实施的相关成果，为课题研究提供帮助。

第二，问卷调查法及访谈法。向本校参加过研学旅行的老师、学生、家长发放调查问卷、开展访谈，通过数据分析研学旅行设计方案和实施情况的优劣及其成因。

第三，观察法。以班级或学生个体为对象，通过观察，分析研学旅行课程对学生的影响。

三、成果主要内容

（一）形成九年一贯制研学旅行课程体系

学校根据教学计划、学段特点和地域特色，通过文献研究、会议讨论、访谈等方式，构建了九年一贯制研学旅行课程体系。

我校1—6年级实行主题教学，7—9年级开展选课走班，研学旅行课程框架与学校的整体课程框架一致；1—6年级为京内主题研学，7—9年级为国内文化研学。

九年一贯制研学旅行课程目标为：通过研学旅行，让学生感知中华悠久历史，增强爱国意识；增加对集体生活方式和社会公共道德的体验，乐于团队合作；丰富知识，培养研究性思维，提升学科素养和动手实践能力；培养学生的劳动技能和劳动价值观。1—6年级京内主题研学重在引导学生爱北京、爱自然、爱生活；7—9年级国内文化研学重在培养学生爱国情怀。

京内主题研学，每学期3次，每次1天。6年级下学期举行一次为期三天的劳动主题研学。

国内文化研学，每学期1次，每次5天，学生从两条线路中选择一条。

课程内容框架如表1所示。

表1　研学旅行课程内容框架

类别	年级	主题及研学地点
京内主题研学	1年级	种下梦想——北京大学；动物朋友——北京动物园；初识国宝——首都博物馆；陪伴孝敬——敬老院；发现春天——植物园；成长节拍——蓝天城
	2年级	再种梦想——清华大学；植物朋友——自然博物馆；童话演绎——什刹海剧院；寻找春天——玲珑公园；仰望星空——天文馆；飞行传奇——航空博物馆
	3年级	解放天性——奥森公园；人类朋友——野生动物园；京都美食——烤鸭博物馆；樱花天地——玉渊潭；微缩世界——世界公园；科技探秘——科技馆
	4年级	耐力游戏——蟹岛；交通发展——铁道博物馆；安全知识——××区安全馆；城市发展——北京城市规划馆；皇家园林——颐和园；国宝档案——国家博物馆
	5年级	名人故事——北京杜莎蜡像馆；媒体宣传——中央电视台；生产与消费——稻香村生产厂；国防力量——军事博物馆；民族与民俗——中华民族园；地球家园——北京海洋馆
	6年级	阳光少年行——欢乐谷；秋收的快乐——阳台山；国防力量——军事博物馆；亲近自然、劳动光荣——延庆农场（3天）
国内文化研学	7年级	吴越文化——浙江苏杭线；金陵文化——江苏南京线；儒家文化——山东三孔线；汉唐文化——陕西西安线
	8年级	晋商文化——山西平遥线；海派文化——魔都上海线；工业文化——辽宁大连线；海洋文化——山东青岛线
	9年级	荆楚文化——武汉线；潇湘文化——长沙线；中原文化——河南线；徽派文化——安徽线

（二）形成多种研学旅行课程资源

1.研学旅行手册《研学宝典》

我校编写了"研学旅行手册"，并取名为《研学宝典》。1—5年级每个年级一本，6年级两本，7—9年级为每条线路一本，共计19本。在2018年区级研学旅行课程手册成果评审中，获一等奖。

《研学宝典》的内容除包含研学旅行的行程信息、注意事项等基本信息外，也明确了研学任务，设计了每日导学案来引导学生学习;《研学宝典》还是记录研学过程中表现性评价的依据。

在京内主题《研学宝典》中，从语言与交际、数学与科技、体育与健康、艺术与审美四个方面来设计研学任务，帮助学生掌握相关知识和技能，培养学生学科核心素养。

在国内文化《研学宝典》中，有研学任务一览表、研学综合学案、作业指导、课程评价等模块;让孩子们在出发前明确研学任务，并做好分工，通过小组合作的方式进行学习。

同时，我校以《研学宝典》为抓手，落实安全教育和礼仪教育。在《研学宝典》中有多处特别提示，强调安全和礼仪，培养学生安全意识，养成良好的安全习惯，并在研学旅行中践行礼仪教育。

2.阅读入境《研学读本》

7、8年级精选与研学旅行路线相关的资料、知识点，编写成8本《研学读本》。通过阅读，让学生提前了解即将前往研学地点的文化历史背景，提前思考，带着问题和兴趣出发，我们称之为"阅读入境"。

同时，研学课题规划也在《研学读本》中落实。

3.《研学旅行学生成果集》

在国内文化研学旅行中，研学旅行归来后会按研学路线收录"研学美文""每日一题""研学课题""研学美图""研学明信片"等，形成《研学旅行学生成果集》。目前已有学生成果集9本。

（三）形成研学旅行课程实施策略

京内主题研学课程实施方式主要包括：课堂讲授;实地参观;完成探究任务，如绘制烤鸭制作流程图;开展多种体验性活动，如制作面包、种花卉等;研学旅行成果汇报展示。

国内文化研学课程实施方式主要包括：听讲座;实地参观;完成多样化的

研学旅行任务，如研学摄影（选修）、研学明信片（个人必做）、研学报道（团队必做）等；分组开展小课题研究；设计多种体验性活动，如诗词里的扬州大赛、少林八段锦、徽州非遗剪纸、亲手制作"打食桃"等；研学旅行成果展演。

在此基础上，形成以下特点：

1. 从行前、行中、行后三环节入手提升研学旅行课程实施质量

行前，举办相关知识讲座，明确注意事项，做好安全预案。因材施教，安排不同的研学旅行任务、小课题研究任务及分工；进行研学前诊断。

行中，要求学生做好记录，设计诵读、手绘、制作、竞赛、情景剧表演等活动，让学生在各类体验中收获成长；及时进行过程性评价。

行后，及时完成研学任务，如课题报告、研学感想、研学视频等；举行研学展演；进行学后诊断、研学知识 PK 赛；开展问卷调查。

图 1　研学旅行行前、行中、行后

2. 重视研究性学习，形成"研学七步曲"

国内文化研学引导学生进行研究性学习，总结出"研学七步曲"：第一步，讲堂先行，引导学习；第二步，依据路线，生成课题；第三步，围绕题目，选择导师；第四步，年级动员，做好准备；第五步，确定计划，落实分工；第六步，收集资料，开展研究；第七步，撰写报告，分享成果。

优秀的学生研究性学习成果会收录到学生成果集中。

3. 设计多种体验性活动，培养学生核心素养

在实施研学旅行课程时，我校通过设计多种活动，尽量给每个学生一个主场，以培养学生的核心素养。

让孩子们以团队导游的形式自己当导游，一个团队认领一个景点，团队内进行分工，让学生自己去学习研究，培养学习能力。给不同的学生安排适合他们的任务，如：让爱好美术的同学彩绘线路，爱好摄影的同学承担研学摄影任

务，爱好摄像的同学制作研学微电影，培养审美情趣。

孩子们在爬泰山时，互相鼓励帮助，生动诠释了团队互助精神，培养学生的责任担当；在泰山上朗诵《望岳》，培养学生人文底蕴；考察西溪湿地时，了解其历史变迁、文化、资源状况等，并研究其生物类群的特点及原因，开展湿地环保活动等，培养学生的科学精神与环保意识。

再以西安线为例，老师们设计了钻木取火、原始印染、搭建草屋、修复文物、扇面书法、陶俑制作等主题活动，这些主题活动有助于培养学生"国家认同""审美情趣""勇于探究"等核心素养。

传统文化　　　　　　　国家认同　　　　　　　审美情趣

图 2　研学旅行中的主题活动

4. 利用 APP 优化行前阅读，形成"阅读入境三步曲"

在国内文化研学中，7、8 年级编写了《研学读本》，让学生在行前通过阅读了解相关知识。但在初次使用读本时，我们发现部分学生缺乏阅读兴趣，没有按要求完成阅读任务。经研究，我们在第二次使用读本时，利用"喜马拉雅APP"和"钉钉平台"解决了该问题，提炼出"阅读入境三步曲"。

第一步，明确分工。老师将一个班的学生按研学旅行线路分成两大组。每组十几位同学共读一本书，明确每人分工。

第二步，录制、上传音频。每位同学按照自己分到的页码朗诵，录制 5 分钟音频，上传到喜马拉雅平台。

第三步，学生互评。所有同学的音频都上传后，老师在钉钉平台中发布评价文档。每位同学在听完音频后，为组内的其他同学打分，写评价、建议等。

图3 借助 APP 开展"阅读入境三步曲"

（四）形成研学旅行安全保障体系

在九年一贯制研学旅行课程的实施中，我校总结出了提升研学旅行安全性的"339"策略，即从学生、学校、家长三层面入手，每层面三条策略，共9条策略。学生层面，通过"安全告知书"、当面制定"研学公约"等方式强调研学旅行安全的注意事项；组织安全自救培训；开展研学旅行安全应急演练。学校层面，公开招标，通过"实地踩点""电话踩点""借鉴踩点"三种方式，选择合适的研学基地；制定各类工作预案；开展教师研学旅行培训、落实安全职责。家长层面，在行前、行中、行后三环节中，用"家长会""致家长的一封信""研学每日播报""调查问卷"等方式，做好家校沟通工作。

目前已形成的研学旅行安全预案有：《集体外出工作预案》《交通工作预案》《住宿安全预案》《食品安全预案》。

（五）形成研学旅行课程评价策略

注重评价的引导性和科学性，设计研学旅行课程评价方案，形成《过程性评价标准》《终结性评价标准》《各类违纪行为扣分标准》《国内文化研学风采评价量表》《京内主题研学旅行课程积分参照表》等，引导学生养成良好习惯。

注重过程性评价，过程性评价占60%，终结性评价占40%；研学旅行中利用行车时间做即时评价，每日做过程性评价记录。7—9年级国内文化研学在"学校云平台"中对学生进行评价，不仅能让学生和家长及时了解学生的评价情况，更凸显了研学旅行的课程性及其重要性。

设计评价诊断三环节：研学前诊断、研学后诊断、研学知识 PK 赛，促使学生掌握知识。研学前、后诊断的知识点大致相同，通过问卷的形式进行网上测试。研学知识 PK 赛，通过举办比赛来评估学生对本次研学旅行相关知识掌握的广度和深度。

发挥评价的激励作用。第一，采用读、写、画、说、演等多种形式汇报研学旅行收获。在国内文化研学展演中提出了"成果展示五个一"：探一座城、读一本书、诵一首诗、唱一支曲、传承一种文化，完美诠释了一段旅程就是一场文化盛宴。第二，对研学旅行成果，如研究报告、明信片等，进行线上评奖。第三，设计多项个人奖项，如：研学课题奖、研学宝典奖、"游礼"绅士、"游礼"淑女、最佳出题人、最佳摄影人、最佳领队、最美志愿者等。

图 4　研学后评价活动

以评价促进课程提升。每次研学后，制定研学旅行调查问卷，请学生和家长通过问卷星对本次研学旅行进行评价，根据反馈结果调整下一次研学旅行安排，收集有代表性的调查问卷统计结果形成《研学旅行调查问卷集》。

四、效果与反思

研学前、后诊断的数据表明：学生在平均分、及格率、优秀率方面都有大幅提升。这说明，学生通过研学旅行在知识层面有所收获。不仅如此，从学生在研学旅行中写的游记、课题研究报告、展演活动中的表现可以看出，本课程对于塑造学生中国灵魂、培养学生核心素养都非常有帮助。

我校研学旅行课程建设成果获得教育界同仁、家长和学生的高度认可。许多教育专家认为：本成果为其他学校开展研学旅行提供了可借鉴的经验，京内的中小学几乎可以拿来就用，京外的学校可以将京内研学地点同性质替换后使用，具有非常高的推广价值。

（一）"活"的文化大课本，塑造学生中国魂

研学旅行如同一本"活"的人文大课本，师生参观历史古迹，触摸现代文明，在视觉、听觉、触觉的启发下，在特定的情境中，深刻理解华夏历史，理解民族文化，产生文化认同和民族自信，得到鲜活深刻的爱国主义教育，有效塑造中国灵魂。

譬如，学生游览武汉大学之前，查阅武汉大学的资料，包括武大校史、樱花故事及与武大有关的名人故事等；待到身临其境，在樱花树下聆听讲解时，学生对历史的体会就更真切了，校园中的每一处雕塑与建筑，都会唤起学生相关知识的记忆，文化认同感和民族自信心油然而生。

（二）体验式学习方式，培育优秀社会人

"女儿参加了三次学校组织的研学之旅，从第一次打电话时候哭着想回家，到最后一次笑着描述途中的趣事，我感受着她的成长。脊柱侧弯的她经常会腰酸背痛，但是爬黄山的时候也咬着牙坚持。虽然下山时跌倒三次，回来后跟我嚷着酸痛劳累，撒娇求安慰，但是我知道，她已经明白了'坚持才能实现目标'的道理……"

初一年级一位学生的妈妈讲起女儿在研学旅行中的成长，一脸幸福和欣慰的表情。研学旅行课程，丰富了学生的体验，也道出了"体验"对于"成长"的重要性。研学对于大多数学生来说，都是第一次远离父母的独立旅行，这种体验对他们来说既新鲜又具有挑战性。在离京的列车里，同学们安静地阅读书籍；在酒店中，学生回顾自己一天的行程，完成课程任务，总结收获，打理自己的生活；在陌生的城市里边走边学时，大家自觉排队右行，规则与秩序的意义蕴含在队列中；旅行途中，孩子们"各显神通"，用不同的方式，不同的工具去记录所学到的知识；攀登过程中，小伙子们争相帮助体力较差的同学，接过他们的行囊；看到有同学跟不上了，他们用行动表达等待、鼓励与陪伴；欣赏美景、参观文物时，尽管内心无比激动，但绝不会留下"到此一游"的痕迹……

当学生踏上研学旅行的征途，他们会主动地去感觉、去思考，这种别样的体验能够让学生重新审视自我、塑造自我，在体验式学习中成长为优秀的社会人。

（三）行走中的大课堂，培养学生的劳动技能和劳动价值观

在九年一贯制研学旅行课程中，随处可见"劳动教育"的身影，不仅教会了学生一些劳动技能，更培养了学生正确的劳动价值观。

京内主题研学提出了"每次外出都要学习一项技能"的口号，在研学旅行的活动中设计了诸多劳动活动。如，在烤鸭博物馆时，孩子们认真地和大师傅一起做鸭形小点心；在植物园里学习种花卉。

在6年级上学期北京阳台山的"秋收的快乐"研学旅行中，孩子们摘苹果、挖地瓜，收割大白菜，忙得不亦乐乎，仿佛个个都是秋收小能手。6年级下学期更是在延庆农场开展了为期三天的"亲近自然、劳动光荣"主题研学活动，包括农耕体验、豆腐工坊、现代农业体验、动物饲养等多种劳动活动。

在国内文化研学中，老师们巧妙地将劳动教育与特色文化相结合。比如在徽派文化——安徽线中，学生们向老篾匠学习，动手体验竹编，完成一件作品；在黄山时，化身为"采茶人"，体验采茶的乐趣。在游览江西婺源时，参与当地的"晒秋"劳动，并自发地完成了一幅"校训画"——"做豪迈的中国人"。

（四）开展研究性学习，培养学生实践、创新能力

在研学旅行中，学生的实践创新能力得到了非常有效的培养。

研学前，学生认领课题；研学归来，围绕课题做研学报告。有的学生对江南园林与北方皇家园林进行比较，并研究产生差异的原因；有的学生研究古代刑罚与当代法治；有的学生研究上海之所以成为国际化大都市的原因等，研学组教师把学生的作品结集成册，既是对研学成果的一次展示与肯定，也是研学课程的继续，促进学生交流，便于持续深入学习。

除了进行课题研究，学生们还根据所见所闻所感创作了大量的诗歌、美文、绘画，设计了手抄报、明信片、研学小组Logo等，极大地提高了学生的创新、实践能力。

（五）调研数据显示，本课程获得学生和家长的好评

在每次研学旅行后，我校都会做问卷调查，征求家长和学生对研学旅行课程的满意度、建议等。调查结果显示学生和家长对我校研学旅行课程高度认可。以6年级的一次调查结果为例，97%的学生认为开设研学旅行课程非常有必要；94%的学生认为研学让其学到了课堂里没有学到的知识；85%的学生认为在研学中不仅增长了知识，而且磨炼了意志。

具体数据如下所示。

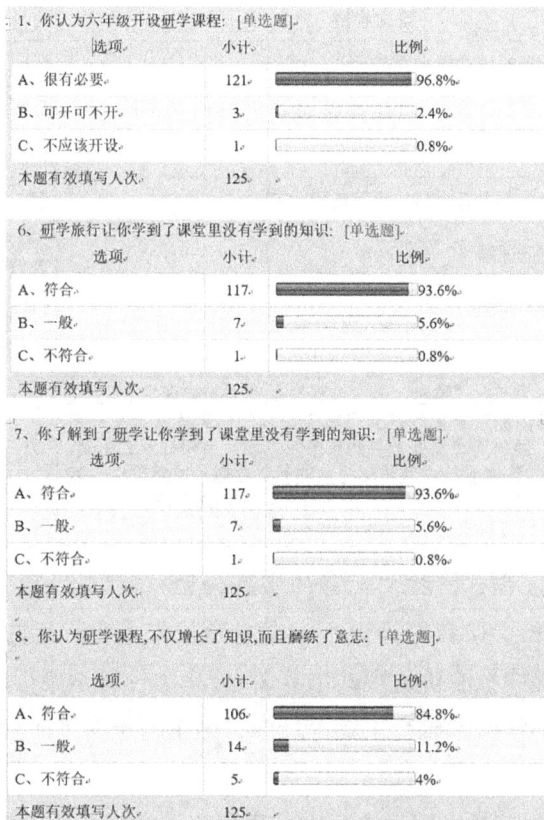

图5 研学旅行后的问卷调查数据（6年级）

（六）学校分享课程成果，得到教育同仁高度认可

经过几年的实践，我校对如何开发和实施研学旅行课程已有一定的经验。三万字的成果报告收录到《北京市基础教育课程改革干部培训教材：北京市基础教育课程建设优秀成果选辑（八）》；在2018年北京市基础教育课程建设优秀成果评选活动中获一等奖；在2020年北京市中小学优秀研学旅行课程开发成果评选中再获一等奖；在2021年获区级"十三五"优秀教育科研成果评选特等奖；2018年获区级基础教育课程建设优秀成果评选二等奖。

1.以学术论文为载体，扩大辐射带动作用

基于研学旅行课程，我校有如下论文发表或获奖。

表2　论文发表及获奖情况

序号	论文题目	发表或获奖情况
1	知行合一，在行走的课堂里全面成长	《人民教育》（核心期刊）
2	研学旅行的"一贯制"设计：让学生在行走中"豪迈"地成长	《中小学管理》（核心期刊）
3	论构建研学旅行的安全保障体系	《中小学信息技术教育》
4	研学旅行：让童年不仅有眼前，更有诗和远方	《教育家》
5	系统构建研学旅行课程	《教育研究与评论（小学教育教学）》
6	研学励志做豪迈的中国人	《中小学信息技术教育》
7	行走的课堂	《北京教育》
8	课题组老师论文《不把"游学"当"游玩"的有效策略研究》《直击游学痛点，探索创新策略》均获北京市学习科学研究优秀成果一等奖；《游学课程，通向灵魂深处》获北京市第八届"京研杯"二等奖。在2020年区级"研学旅行中我与学生共成长"主题征文活动中，我校荣获一等奖两次，二等奖两次，三等奖三次。两篇研学旅行论文入选区级研学旅行成果集。	

2.现场主题报告会，推广优秀的实践经验

2017年，校长受邀在明远论坛上做主题报告《在行走的课堂中成长——浅谈研学旅行课程中核心价值观的培养》，分享学校研学旅行课程的实践经验。同年，在区级中小学研学旅行主题论坛中，做主题报告《研学旅行，在行走的课堂里成长》。

2020年底，副校长在明远论坛中分享我校研学旅行新成果。

我校的研学旅行课程成果多次获得与会专家和教育同仁的高度认可，认为其具有较高的推广价值，能帮助其他学校更好地开展研学旅行。

（七）进一步探索：网上研学旅行

近两年因疫情原因，我校的研学旅行课程实施受到了一定的限制。我校一方面关注国家及北京市的研学旅行新政策，调整研学地点，在安全教育中特别强调防疫问题；另一方面准备开展网上研学旅行。

读万卷书，行万里路。研学旅行课程借助旅行的形式，实现了增长知识、提高学生综合素养的目的，满足了学校、家长、学生的教育需求。在研学中，"知行合一"不只是书本知识与鲜活文化的交汇，更是规则礼仪、自律坚持、团结互助等优秀品质的真正内化，让学生在行走的大课堂里全面成长。

全人教育理念下的小学主题式课程开发与实践

为更好地促进学生的成长，我校以培养全面发展的人为目标，以全人教育理念为指导，以主题探究为引领，以学科整合为策略，在1—5年级开发了主题式课程，编写了系列主题读本，同时借助信息技术提升课堂教学效率，创新评价方式，全方位更高效地提升学生的综合能力。

主题式课程是把"主题"建构作为教育内容的组织形式，在执行国家课程与学时计划的基础上，统整国家课程教材内容，关联学科知识，并使之与生活实践相结合，学生能内化并建构个人完整的知识架构。其以主题作为教育活动组合的载体，每个教育活动都体现各学习领域内容的相互渗透融合，让学生全面系统地感知完整的生活世界。所以，主题式课程是落实学校全人教育理念的重要抓手，全人教育是主题式课程的基本目标。

经过近五年的教学实践，全人教育理念下的1—5年级主题式课程已形成完整的课程体系，并取得良好的教学效果。

一、问题的提出

（一）主题式课程的创设具有充分的理论依据

主题课程开发的理论依据包括杜威的实用主义教育哲学、罗杰斯的"全人"教育理论、霍华德·加德纳的多元智能理论。因而，"主题式课程"体现了实用主义的教育哲学，以儿童为中心，注重学科知识与生活密切结合，强调动手能力、探究能力，让孩子们从"做中学"，教育目的也正是要培养"全人"。在"主题式课程"教育实验中，单一的教材文字变成了绘本、故事、绘画、音乐、舞蹈、戏剧、游戏等丰富的元素，传统的教室多元化为小剧场、戏剧教室、音乐教室、舞蹈教室、英语教室等，传统的学科也丰富成由各种主题综合而成的课程，体现了"主题式课程"注重个人发展、注重综合素质培养的理念。

（二）开展课程整合，让儿童更好地适应小学生活

美国著名的哲学家、心理学家、社会学家，20世纪伟大的教育哲学家杜威提出了"儿童中心论"，他在《儿童与课程》一书中说："现在课程最大的弊端是与儿童的生活不相沟通。分离的主要原因是我们按照成人的目的设计课程，与儿童生活的目的不相同；根据科学发展的逻辑设置各门学科和各类知识，但儿童的生活连贯而一致，这不符合儿童的经验；课程所展示的知识世界是抽象的、逻辑的、符号式的，儿童的生活则是具体的、丰富的、多样的。"

如何才能解决这个问题，给孩子们提供更适合的教育呢？我们的答案是：对学科进行整合，减少学科"面孔"（包括科目，也包括教师），整合相关知识进行主题化教学，淡化学科概念。于是，在2014年9月，我们开始在小学1年级双语班中开发、实施主题式课程。

（三）解决知识与生活实践脱离的问题，提高学生解决问题的能力

目前社会上存在着"高分低能论"的现象。我们认为产生这个问题的主要原因在于学科知识和生活实践的脱离，在学习过程中没有设置合理的情境，没有重视动手实践，没有很好地用知识去解决生活中的问题，以做到"学以致用"。

2014年教育部提出的《课改意见》中提到："同时加强学科间的相互配合，发挥综合育人功能，不断提高学生综合运用知识解决实际问题的能力。"这与我们的最初想法高度一致。所以，我们需要进行课程改革，充分强调实践作用，强调整合学科知识，让学生在基于主题的实践中掌握各科知识，提高综合运用知识解决实际问题的能力。主题式课程，从诞生之日起就担负着这样的使命。

（四）培养学生核心素养，满足学生发展需求

2014年国家就已经提出了新的课程改革方向，即以学生核心素养为教育的培养目标。家长们也希望学校能够提供全方位的优质教育，保持孩子的天性，充分挖掘孩子的潜能，培养孩子全面的能力，以应对未来社会发展的需求。我校正是在国家的提倡下、在家长的期盼下，提出开发小学"主题式课程"。

（五）构建"世纪课程"体系，适应学校发展需要

建校之初，我们就提出了校训：做豪迈的中国人。在2010年转型为国际学校后，我们将其细化为培养目标："培养具有中国灵魂、国际视野和跨文化交流能力的世界公民。"同时确立了办学理念：一切为了学生，为了一切学生，为了学生的一切。还树立了办学目标：办一所学生喜欢、家长满意、教师发展、社会认可的学校。

为了有效落实我校的培养目标，践行学校的办学理念，实现学校的办学目标，我们构建了"世纪课程"体系。"世纪课程"在实施时，遵循学生认知思维能力的发展特点，实现人的贯通培养。1—5年级开展主题教学，实现教育生活的全方位重构；6—9年级实施"选课走班"，满足学生个性化需求；10—12年级在"选课走班"的基础上进行国际课程校本化建设，为学生留学奠定基础。

主题式课程是构成学校"世纪课程"的重要组成部分，是落实育人目标的有效载体。

二、解决问题的方法

（一）在全人教育理念下，确立三个"学会"课程目标

主题式课程在全人教育的理念下，落实三个"学会"的目标：让学生学会做人、让学生学会生活、让学生学会做事。

（二）在保证国家课程的基础上，规划"主题式课程"学习内容

我们引入"主题式教学"理念，淡化学科概念，整合学科内容。1、2年级实施"包班制"，3、4、5年级开展主题大学科教学。这些教学改革都是建立在执行国家课程与学时计划的基础上。我们要求教师在开发主题式课程时，要严格保证达到小学各学科相关课程标准，保证我们的教学达到国家规定的教育教学基本目标。

主题式课程围绕"活动探究、发展素养"，课程内容的选择与组织分四大领域，参照国际IB课程中小学PYP项目的六大超学科主题来进行系统设计。每一学年都按照六大超学科主题设计课程单元主题，所有学习内容都归于这六个主题之下。如下图所示。

图1 主题式课程的四大领域、六大超学科主题

（三）提供丰富的课程资源、多样的学习方式

根据主题教学的综合性特点，我们重新整合优质教材资源，形成自编校本材料。我们主张"世界就是教材""一切资源皆为所用"。校本材料作为国家教材的辅助内容，丰富了学生的阅读和认知领域。最重要的课程资源是学生自己创造生成的，可通过 PAD 教学等多种现代技术，把生成的课程资源共享。

主题式课程提倡更加开放的学习方式，教师有权根据课程需要调整课时的长度。自主学习、探究学习、分层学习、合作学习等成为最主要的学习方式。同时，主题式课程特别强调学科知识与生活密切结合，注重学生动手实践，在实践中发展学生核心素养；在每个主题学习中，都会举行一次研学旅行活动，以拓宽视野，进一步深化主题理解。

（四）创新评价方式，关注成长过程

主题式课程的评价更加关注学生的成长过程，不再以单一的卷面测试、考试成绩来评价学生，取而代之以过程性评价、闯关游戏和成果展示等作为主要评价方式。评价指向学生综合素养发展，指向学生未来生存、生活与发展的关键技能。在低年级，不允许用分数制对学生进行量化考核。

（五）确立教师是课程开发者和研究者

主题式课程要求教师重新审视理论与实践的关系。在主题框架下，创设具体的情境，根据孩子们的经验、学习中生成的成果进一步开发、完善课程。教师的研究角色既有利于教育教学理论的发展，也有利于提高教学实践的质量，能深入认识自身的专业行为，也能更好地把教育理论应用于教学实践，对教学过程和课堂行为进行必要的反思与研究，提高教学的质量和水平。

三、成果的主要内容

（一）三十个主题搭建课程框架

我校以现代教育学与心理学的理论为支撑，参照国内外主题教学的模式，借鉴 PYP 和 UDP 的教育理念，根据六大超学科主题确定单元主题，以主题为单位组织教学，围绕主题实现学科融合。

在该课程框架下，每个主题时长为 4—6 个星期，各年级每学期完成 3 个主题的探究学习，并且在探究学习结束后进行结业汇报仪式。主题式课程的主题列表如表 3-1 所示。

表 1 主题式课程之主题列表

	主题一	主题二	主题三	主题四	主题五	主题六
1 年级	《我的校园》	《我的动物朋友》	《节日》	《家》	《发现春天》	《成长》
2 年级	《重返校园》	《谢谢你，我的动物朋友》	《漫游童话王国》	《春天里做件美丽的事》	《星空》	《我们去哪儿》
3 年级	《做最好的自己》	《奇妙的大自然》	《健康生活》	《在春天里长大》	《我眼中的世界》	《环游世界》
4 年级	《活动与游戏》	《交通方式》	《安全》	《探索》	《选择》	《国家》
5 年级	《生产与消费》	《关系》	《媒体》	《我与过去》	《节日与文化》	《地球家园》

（二）四步骤形成课程开发整体路线

几年来，我们经过实践积累，已经总结出具有学校特色的课程改革探究流程。整体流程分为如下四个步骤：

1. 确定探究主题，形成基本理解 → 2. 明确关键概念，确定探究内容 → 3. 整合知识领域，落实教学版块 → 4. 落实各级计划，提升教学质量

图 2 主题式课程设计流程 1

整个流程包含所有实施环节，既能保证逻辑性和科学性，又能保证丰富性和完整性。

（三）五计划让课程实施有章可循

主题式课程设计遵循一定的流程，如图 3 所示。

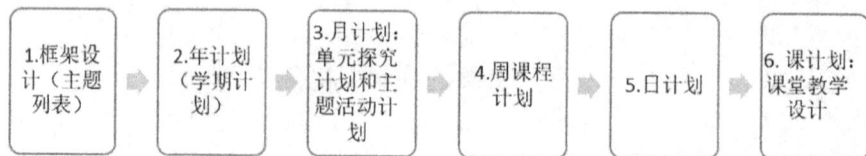

图3　主题式课程设计流程2

确定主题后，首先统筹制订年计划，即学期教育计划。形成年计划的关键点有三个：探究主题、课程标准和教材以及学生在该主题下实现的态度、技能。

之后，确定"月计划"，也就是单元探究计划。依据每个单元主题，从形式、功能、变化等角度来确定探究内容。再根据探究内容，结合学生已有知识来确定探究问题；最后依据探究问题，结合相关评价准备探究活动。单元探究计划制订的流程如图4所示。

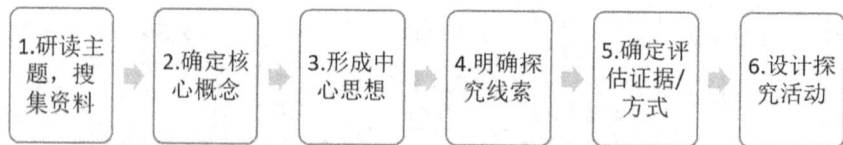

图4　单元探究计划制定流程

接下来制订"周计划"。周计划为每周的教学和探究活动计划，主要以备课计划表的方式呈现。每周开展的探究活动与四大知识领域相辅相成，落实主题教学目标，同时结合国家对各学科的教学要求，进行学科综合教学。

在"周计划"的安排下，学生的每日生活都为了每周的教学目标而存在。"日计划"也称为每日流程，根据每周的探究活动而变化，所以每个星期的日计划都会不同。"日计划"丰富多彩，包含律动、诵读、表演、乐器、阅读、书法等环节。老师引导学生们动手学习、深入实践、自主探究。

主题式课程下学科融合的教学如何开展呢？下面以1年级第二学期的主题学习《家》中的一节课《爱心早餐》的教学设计为例说明。如表2所示。在这一节课中，一到第四环节侧重语文教学，由语文老师执教；第五、第六环节涉及数学、健康领域，由数学老师执教；第七、第八环节由外教执教，落实英语教学目标。"课计划"由各科老师协同完成，融入了多门学科教学。

表 2 《爱心早餐》教学过程

环节	具体活动	设计意图
一、导入（1 分钟）	1. 英文日常问候语，引出"一日之计在于晨"，以及早餐的重要性。 2. 用学生做的爱心早餐图片引入课题，板书"爱心早餐"。 3. 讨论为何是"爱心"？因为它包含着对家人的爱。	导入主题，让学生养成健康的早餐习惯，感受关爱家人的乐趣。
二、Y 图分享（10 分钟）	1. 从"食材、做法、成品与口感"这几个方面进行初步的 Y 图分享，生成 Y 图中的词汇。 2. 识记活动中生成的词语。 3. 分享自己做出的早餐照片，认读词语。	积累跟早餐相关的词语，扩大识字量。
三、句式表达与口语交际（14 分钟）	1. 练习 用完整的句式来表达自己做爱心早餐的过程。 星期六（日）早上，我给家人做了爱心早餐，我用了 ＿＿＿＿＿＿＿＿ 等原料。具体做法是：先 ＿＿＿＿＿＿＿＿ ，再 ＿＿＿＿＿＿＿＿ 然后 ＿＿＿＿＿＿＿＿ ，这样我就做出了 ＿＿＿＿＿＿ 的 ＿＿＿＿＿ 。 看着全家人享用我亲手做出来的早餐，我感觉 ＿＿＿＿＿＿＿＿ 。 2. 倾听与交流 请几位同学在班上分享自己做早餐的过程与感受，其他同学倾听，然后发言评价，表达自己的观点。 3. 小组内交流 用所给的句式，和小组内同学一起说一说自己做早餐的过程，请大家给自己进行评价。	让学生完成从词语到句式的过渡式表达。 学会倾听与交流，认真聆听同伴的发言，能用准确的语言对别人的发言进行评价，同时学会表达自己的观点。
四、和听课的老师、家长一起互动（5 分钟）	学生看着自己 iPad 上做早餐的照片，和现场的老师家长一起互动。	进一步锻炼学生的语言表达能力，培养人际交往能力。
五、认识膳食金字塔（13 分钟）	1. 初识膳食金字塔：教师展示分好类的膳食金字塔，问学生："你知道老师是怎么分的吗？"学生多人多次回答。回答：第一层是主食；第二层是蔬菜和水果…… 2. 探讨膳食金字塔第一层：通过老师提问、学生回答、教师补充的方式，学生认识小麦、水稻、玉米，知道它们可以加工成什么食物。教师给出谷类的概念，指出：我们身体 80% 的能量都是由它们提供的，所以我们应该多吃谷类食品。 3. 探讨膳食金字塔第二层：通过老师提问、学生回答、教师补充的方式，学生知道蔬菜、水果对人体的意义，缺乏蔬菜、水果会引起疾病。 4. 探讨膳食金字塔第三层：老师提问：该层面积为何更小？学生回答；老师提问：这一类食物什么元素含量最多？学生回答，教师介绍蛋白质，举例说明。 5. 探讨膳食金字塔第四层：老师提问：最上面一层，面积最小，吃得最少，应该是什么呢？学生回答，老师补充油和糖的作用。 6. 小结：其实我们每天吃的食物就像一座宝塔，面积比较大的部分我们要多吃一点，面积小的部分我们要少吃一点，只有进行合理的搭配，才能吸收更多的营养。	1. 了解几类食物的主要营养成分。 2. 掌握每一类食物所包含的种类。 3. 懂得合理膳食是一门科学，食物搭配均衡，科学膳食。

环节	具体活动	设计意图
六、设计游戏，复习新知（7分钟）	1. 让食物坐火车回家： 老师为每一位小朋友准备一份食物（纸做的食物模型），让学生"以开火车的形式"，排队将食物粘贴在膳食金字塔的对应层中。提醒学生想一想：哪些应该多吃，哪些应该少吃呢？ 老师请同学们看一看，有没有哪种食物走到别人家里去了？（同学指正） 2. 教师小结：通过今天的学习，相信同学们一定可以为自己设计出营养均衡的饮食。	用游戏的方式巩固所学知识，让学生进一步学会分类。
七、英文律动（2分钟）	师生齐唱英文歌曲 Mother's Breakfast	活跃课堂气氛，激发兴趣，培养爱妈妈、爱家的情感。
八、breakfast（8分钟）	1. 词汇复习 出示 PPT，教师提问：what is this? 学生一起回答。 2. Our Breakfast Pictures! PPT 展示学生自己在家做早餐的图片，PPT 中出现哪位同学的照片哪位同学站起来说："I made _____ for my family." 然后师生一起重复这句话。 3. 教师小结：I made breakfast for my family, because I love my family!	复习食物词汇，在固定句式中灵活使用食物词汇，达到学以致用的效果。

（四）主题研学：深化主题，引导学生爱北京、爱生活、爱自然

学校紧紧围绕主题式课程设计京内主题研学内容。学生每学完一个主题，会根据主题内容进行体验式学习，并编写研学旅行指导手册。每个主题的研学旅行地点依据学习主题在京内选择，主要有博物馆、科技馆系列，主题公园系列，历史古迹系列等，旨在让学生加深对主题的理解，体会北京生活和北京文化，引导学生爱北京、爱生活、爱自然。行前重设计、准备，行中重体验、记录，行后重总结、展示，并对研学表现和收获进行量化评价。

表 3　主题式课程之主题研学列表

年级	1 年级	2 年级	3 年级	4 年级	5 年级
主题一	《我的校园》	《重返校园》	《做最好的自己》	《活动与游戏》	《生产与消费》
研学旅行地点	北京大学	清华大学	奥森公园	蟹岛	稻香村生产厂
主题二	《我的动物朋友》	《谢谢你，我的动物朋友》	《奇妙的大自然》	《交通方式》	《关系》
研学旅行地点	北京动物园	自然博物馆	野生动物园	铁道博物馆	北京杜莎蜡像馆
主题三	《节日》	《漫游童话王国》	《健康生活》	《安全》	《媒体》
研学旅行地点	首都博物馆	什刹海剧院	烤鸭博物馆	海淀区安全馆	中央电视台

年级	1 年级	2 年级	3 年级	4 年级	5 年级
主题四	《家》	《春天里做件美丽的事》	《在春天里长大》	《探索》	《我与过去》
研学旅行地点	敬老院	玲珑公园	玉渊潭	北京城市规划馆	军事博物馆
主题五	《发现春天》	《星空》	《我眼中的世界》	《选择》	《节日与文化》
研学旅行地点	植物园	天文馆	世界公园	颐和园	中华民族园
主题六	《成长》	《我们去哪儿》	《环游世界》	《国家》	《地球家园》
研学旅行地点	蓝天城	航空博物馆	科技馆	国家博物馆	北京海洋馆

（五）构建促进学生发展的"四每一卡"评价体系

为了使评价体系能够促进学生发展，科学有效地收集学生的成长足迹，反映出学生核心素养的发展整体状态，我校建构了"四每＋一卡"综合素质评价框架，见表4。

表 4　主题式课程评价框架

年段	每日评价	每周评价	每月评价	每学期评价	积分卡
低段 （1—2 年级）	传统评价、电子评价 APP	每周喜报、每周光荣榜、每周网评	单元诊断、主题评价、活动评价	期末闯关、特色评价	物质兑换 精神奖励
中高段 （3—5 年级）	传统评价、电子评价 APP	每周喜报、每周光荣榜、每周网评	单元诊断、活动评价	期末检测、特色评价	

四、实践效果

（一）收获学生成长

在实施主题式课程的五年中，我校小学部一直有两个班型：双语班和综合班。双语班实施主题式课程，综合班实施传统的分科教学。两种班型家长根据自身意愿自由选择，两个班的学生水平都是一样的，因此可以作为教学研究的平行班。

我们通过访谈发现，老师普遍认为双语班的孩子在表达能力、创新能力、合作能力等方面更优秀。例如，张翼老师从课程实施以来一直进行双语班的教学，3 年级时她开始同时负责一个综合班的数学教学，对两种班型非常了解。

她谈到,课堂上,双语班同学明显更加活跃,更喜欢小组合作,在做小课题研究时思维更加发散,眼界也更加开阔。而且他们喜欢用英语进行交流。来自美国的外教 Megan 老师也有四年双语班和综合班的授课经验。她觉得双语班孩子更勇敢,更乐于表达,课间更喜欢和外教老师聊天交流,表达能力更强。

主题式课程的优势在于培养学生的综合能力,孩子们大量的时间都用于实践。相比较而言,针对考试的练习时间少于综合班,那他们的考试成绩如何呢?现在的 5 年级双语班已实施主题式课程五年了,以他们为研究对象最有说服力。以 2018—2019 学年度第一学期期末海淀区英语考试为例,双语班的平均分为 94.385 分,综合班的平均分为 93.66 分。

虽然双语班的平均分仅略高于综合班,但我们不可以忽略的是,不能用分数来衡量学生其他能力方面的成长。以 5 年级 2019 年寒假作业为例,要求两种班型的学生都制作一份数学写绘方面的作品,可以是数学故事、数学绘本、数学手抄报等。综合班的同学绝大多数只制作了一页的作品,而双语班同学的作品都是以绘本的形式呈现,且形式多样,想象丰富。如图 5 所示。

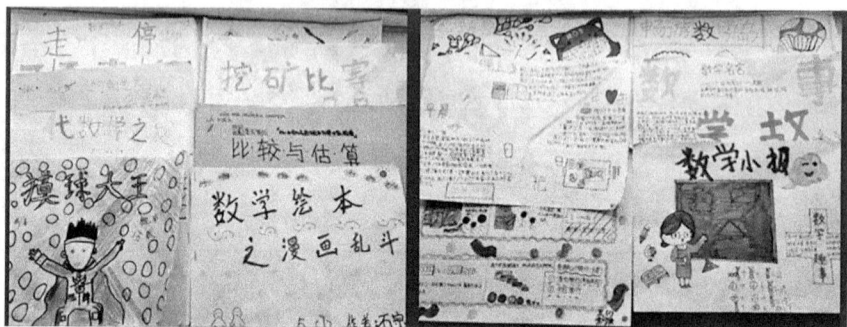

图 5　学生寒假作业对比图(左为双语班,右为综合班)

(二)获得家长支持

我校的主题式课程得到了越来越多家长的认可。每年在小学新生入学时,我们根据家长的意愿来决定双语班和综合班的数量。2014 年刚开始实施主题式课程时,有 3 个双语班,3 个综合班。到 2018 年,出现了 7 个双语班,3 个综合班。如图 6 所示。在双语班学费高于综合班的情况下,越来越多的家长更愿意选择双语班,就是对主题式课程的高度认可。

近五年双语班、综合班数量对比图

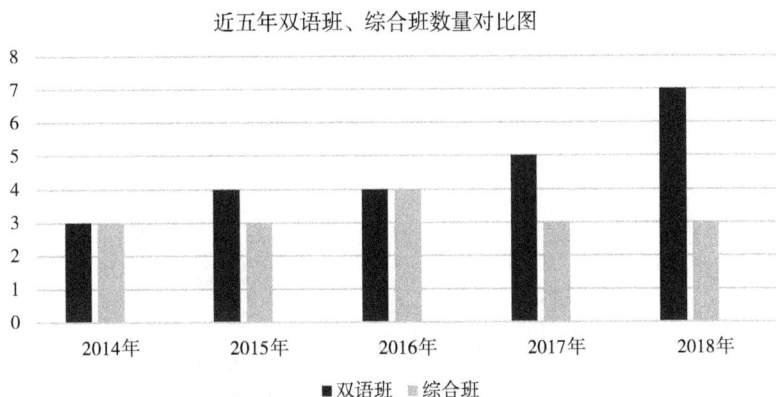

图6 近五年1年级班型对比图

从调查问卷、反馈表、微信沟通中，我们都可以发现家长对主题式课程的认可。如图7所示，家长在班级微信群中表达自己的看法。

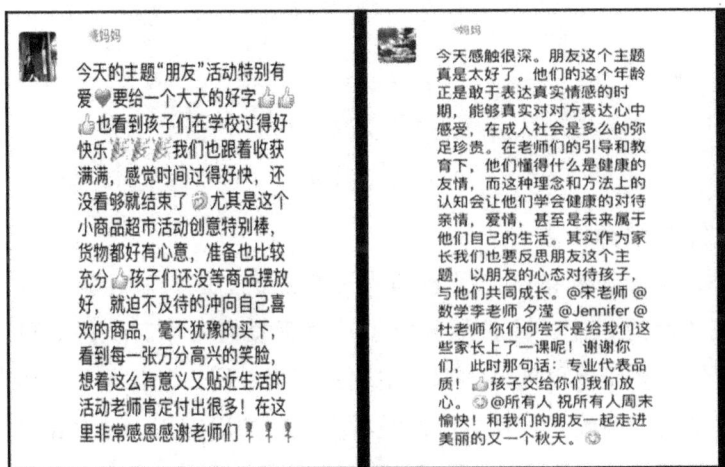

图7 家长在班级微信群中的留言

图8为一位插班生家长在一个主题结束后的反馈表。

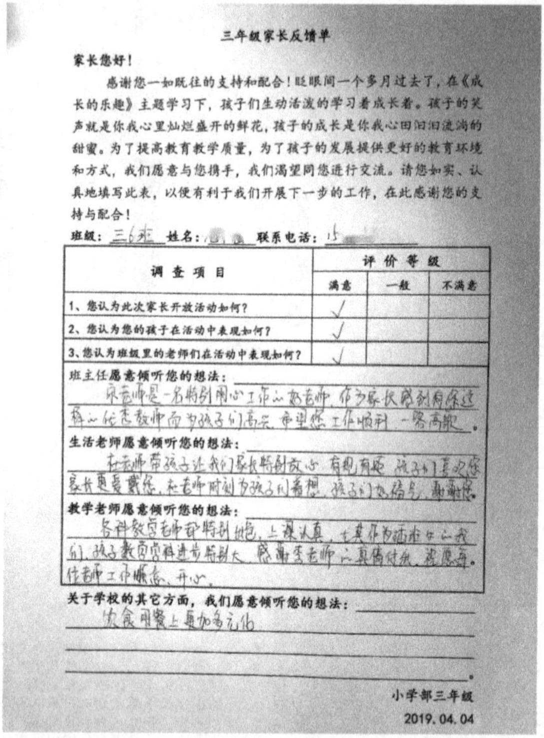

三年级家长反馈单

家长您好！

感谢您一如既往的支持和配合！眨眼间一个多月过去了，在《成长的乐趣》主题学习下，孩子们生动活泼的学习着成长着。孩子的笑声就是你我心里灿烂盛开的鲜花，孩子的成长是你我心田汩汩流淌的甜蜜。为了提高教育教学质量，为了孩子的发展提供更好的教育环境和方式，我们愿意与您携手，我们渴望同您进行交流。请您如实、认真地填写此表，以便有利于我们开展下一步的工作，在此感谢您的支持与配合！

班级：三6班　姓名：　联系电话：15

调查项目	评价等级		
	满意	一般	不满意
1、您认为此次家长开放活动如何？	√		
2、您认为您的孩子在活动中表现如何？	√		
3、您认为班级里的老师们在活动中表现如何？	√		

班主任愿意倾听您的想法：

宋老师是一名特别用心工作的好老师，作为家长感到有你这样的优秀教师而为孩子们高兴，希望您工作顺利，一路高歌。

生活老师愿意倾听您的想法：

杜老师带孩子让我们家长特别放心，有规有矩，孩子们喜欢您，家长更爱戴您，杜老师时刻为孩子们着想，孩子们也很乖，谢谢您。

教学老师愿意倾听您的想法：

各科教学老师都特别出色，上课认真，尤其作为班主任的我们，孩子数学学科进步特别大，感谢李老师的真情付出，祝愿每位老师工作顺意、开心。

关于学校的其它方面，我们愿意倾听您的想法：

饮食用餐上更加多元化

小学部三年级

2019.04.04

图 8　家长反馈表

（三）促进教师发展

美国心理学家波斯纳提出了教师成长的公式：成长 = 经验 + 反思。主题式课程的三重反思机制，让教师养成了及时反思的习惯。从每日班级集体备课，到每周年级教研，再到每学期的主题式课程教研、外出学习，老师在交流中收获了很多教学经验，并在自己的教学实践中加以应用。这些都能帮助教师快速地成长起来。

以 2018 年的数据为例。在北京市第二届科研课题研究课评中，参加主题式课程研究的赵变丽老师获得一等奖，马荏荇、王海霞两位老师获二等奖；袁琳、杨玉洁、赵月梅三位老师获三等奖；张晓明老师获中央电教馆"2018 年新媒体新技术教学应用研讨会暨第十一届全国中小学创新课堂教学实践观摩活动"教学课例评比及现场说课两个一等奖；宋泽茹老师执教课获评"全国数字化学习课例展示交流活动优秀课例"……在 2018 年海淀区中小学师生作品评选活动中，我校教师作品获一等奖 23 件，二等奖 38 件，三等奖 29 件，一等奖占全区一等奖总数的 44.23%。

（四）赢得国内外教育同仁认可

经过五年的辛勤耕耘，主题式课程现在已经形成完整的体系，并得到国内外教育同仁的一致认可。

在范胜武校长 2018 年出版的专著《重构学校文化》和 2019 年出版的著作《拥抱未来》中都有多篇文章介绍主题式课程的实践成果。每年学校都会接待多个国内外学习访问团体。以 2018 年为例，学校对外交流中心共接待来自美国常春藤名校达特茅斯学院、加拿大约克大学等世界名校招生官及访问团 30 余个，接待国内名校访问团 90 余个。所有团体都高度评价了主题式课程。

2018 年 5 月 8 日，"全人类未来"——北京市二十一世纪国际学校范胜武教育家办学实践研讨会顺利举行，这是北京海淀区首次为民办校校长举办的教育家办学实践研讨会。会上震撼心灵的短片《拥抱》就是介绍小学主题式课程中包班制给学生带来的温暖和关爱，范胜武校长在报告中也重点介绍了小学主题式课程的研究成果。

2017 年，UDP 第一届理解力实践联盟成立大会由我校承办，来自北京、山东、内蒙古、黑龙江等省市兄弟学校的 200 多位教育界同仁出席了会议。我校展示了 6 个班的主题式课程，4 位老师发言。

2016 年，在美国第十六届蓝带优质学校高峰论坛中，范胜武校长做专题报告《构建十二年一贯制学校文化生态》，重点介绍了小学主题式课程的研究实践。

2015 年，我校喻淑双副校长在第三届当代教育论坛暨首届全课程研讨大会上作典型经验报告《当全课程遇到国际学校》，介绍了我校主题式课程实施的阶段性成果，其报告内容发表于《当代教育家》。

在多年的实践中，主题式课程以多种形式出现在了各种大大小小的研讨会中，出现在国内外教育同仁的视野中。虽然主题式课程已赢得了国内外教育同仁的广泛认可，收获了学生的成长、家长的支持和教师的发展，但我们深知，课程研究无尽头，我们将继续在全人教育理念的指导下，在实践中不断完善、提升主题式课程，更好地促进学生的全面发展，更有效地落实"立德树人"的目标。

小学"世纪名人"课程设计与实施

一、问题的提出

（一）"世纪名人"课程是落实习近平总书记"心有榜样，从小做起"等十六字要求的重要举措

2014 年 5 月 30 日，习近平总书记在北京市海淀区民族小学主持召开的座谈会上对青少年提出了"记住要求、心有榜样、从小做起、接受帮助"的十六字要求，进一步明确了：学生成长需要榜样的力量。学校如何落实这十六字要求？我校认为需要开发一门校本课程，用榜样的力量引导学生树立正确的世界观、人生观和价值观。

（二）"世纪名人"课程是落实学生思想道德建设的有利抓手

革命领袖、民族英雄、杰出名人等历史人物的诞辰和逝世纪念日，蕴藏着宝贵的思想道德教育意义。我校开发"世纪名人"课程是落实学生思想道德教育的有利抓手。

（三）"世纪名人"课程是落实学校育人目标的重要途径

我校以"做豪迈的中国人"为校训，以"培养具有中国灵魂、国际视野和跨文化交流能力的社会主义接班人"为育人目标。什么样的人是豪迈的中国人？有中国灵魂、国际视野和跨文化交流能力的社会主义接班人，应该以谁为榜样？

孔子、周恩来、宋庆龄、钱学森、雷锋等名人都是有中国灵魂的豪迈中国人，永远是后人的楷模。作为一所国际学校，以学习他们的精神品质为着眼点，开发世纪名人课程，从小引导学生深入了解中华历史名人，感受其思想文化，学习其无私、爱国、奉献、进取等崇高品质，对于提高学生的文化辨别能力，抵制不良文化的冲击，具有非常重要的现实意义，对有效实现我校育人目标具有不可替代的作用。

二、解决问题的过程与方法

（一）成立课程研究小组，明确课程开发思路

由校长及主管小学副校长领导研究小组，采取指定和招募相结合的方式确定小组成员。

明确"世纪名人"课程开发的基本思路。

第一，按照泰勒的课程开发原理，从确定目标、选择资源、课程实施、课程评价四个环节依次入手进行研究。

第二，课程开发依托"世纪名人班"建设，每成立一个"世纪名人班"，就开发对应的课程。

第三，虽然"世纪名人班"是"名人"课程实施的主阵地，但要尽可能让名人活动扩散到本年级、小学部乃至全学校。

（二）逐个建立世纪名人班，开发课程资源

2014年9月12日，我校命名了第一个"世纪名人班"——"周恩来班"，并相继于2015年3月5日命名了"雷锋班"，2015年6月1日命名了"孔子班"，2015年11月13日命名了"钱学森班"，2018年9月21日命名了"宋庆龄班"。目前，"周恩来班""钱学森班""雷锋班""孔子班"已传承到第二届。

在获得授权后，准"名人班"师生为迎接命名大会，一起设计班牌、班旗、班徽。课程研究小组的老师以"名人班"建设为契机，深入研究名人精神，在"树榜样、学榜样、做榜样"的"世纪名人"课程总目标基础上，从认知目标、技能目标、情感目标、应用目标四个维度确定了课程的年度目标，编写"世纪名人"课程读本，初步确定名人课程学习内容。

（三）采用行动研究的范式，提升名人教育影响力

在课程实施时，定期组织教师反思、召开任课教师会议，引入"行动研究"的思想，在教学实践中发现问题、解决问题。在课程实施到达一定阶段后，会对课程进行全方位的评价。比如，在每学年末，都会面向师生及家长进行问卷调查。

"世纪名人"课程最初以主题班会课的形式进行，在名人诞辰、重大事件等纪念日开展全年级、全学部乃至全校主题活动。在实践中，逐步与语文课、美术课、音乐课、研学旅行课程、电影课程、"世纪演说家"课程等相结合，形成"听、读、看、说、写、歌、诵、演、绘、书、寻、践"十二种课程实施方式。这样既解决了课时问题，满足学生希望开展德育活动的需求，又发展了学生的多元智能，更切合了德育过程中的"知情意行"原理。

三、成果的主要内容

（一）形成课程设计图谱

"世纪名人"课程是我校小学的特色校本课程，因为学习名人精神，要从小做起，且小学的课时相对充裕。作为一所十二年一贯制学校，我们尽量将名人教育的影响扩大到整个学校。目前已形成了课程图谱，如图1所示。

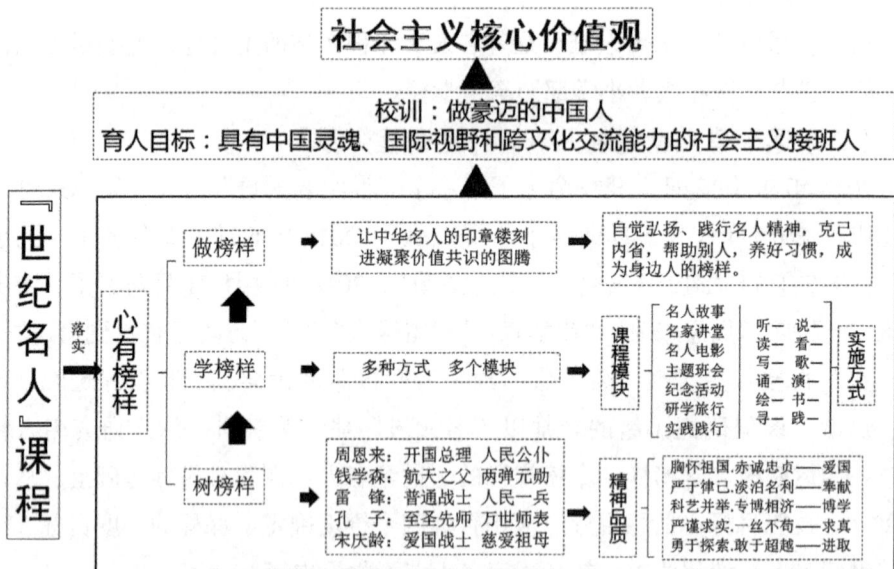

图1 课程图谱

"世纪名人"课程的课程目标为：落实"心有榜样"，让学生树榜样、学榜样、做榜样。课程内容选择周恩来、雷锋、孔子、钱学森、宋庆龄五位名人的思想、事迹，形成名人故事、名家讲堂、名人电影等多个模块。课程实施采用"听、读、看、说、写、歌、诵、演、绘、书、寻、践"十二种方式。以名人班建设为切入点，在 1 年级学生行为习惯初步养成后，从 2 年级到 6 年级循序渐进开展名人教育。落实学校育人目标，培养豪迈的中国人，促进学生形成社会主义核心价值观，这是实施"世纪名人"课程的最终目的。

（二）形成丰富的课程内容

"世纪名人"课程内容根据学生的心理认知特点，课程内容由浅到深，螺旋式上升，形式多种多样，详见表 1。

表 1　课程内容体系（以 4 年级上学期为例）

学期	人民公仆周恩来	永远的雷锋	至圣先师孔子	航天之父钱学森	国之瑰宝宋庆龄
4 年级上学期	1. 名人故事：学习《吾爱吾师》《感恩父母》《尊重他人》等故事。2. 名家讲堂：请周恩来侄女秉德女士讲《我的伯父周恩来》。3. 主题班会：感恩与尊重。4. 实践活动：开展家风家规、尊师敬长感恩系列活动，并做成小报宣传尊师重道、孝敬长辈的系列活动。5. 纪念日活动：1 月 18 日开展周恩来逝世纪念日活动。6. 手绘名人：引导学生画出心中的周总理。	1. 名人故事：学习《缝缝补补》《合力修桥》《火红青春》《支援公社》等故事。2. 名家讲堂：请雷锋生前辅导过的学生孙桂琴讲《雷锋的故事》。3. 主题班会：勤俭节约好传统。4. 研学旅行：参观石景山黑石头雷锋教育基地，把学习雷锋精神和践行社会主义核心价值观有机结合起来。5. 名人电影：观看电影《青春雷锋》。6. 纪念日活动：8 月 15 日和 12 月 18 日开展雷锋诞辰日及逝世日纪念活动。	1. 名人故事：学习《复圣颜子》《孔子的忠信》《君子去仁》《君子义以为质》等故事。2. 名家讲堂：请大学教授讲《论语》。3. 主题班会：如何理解"忠信仁义"。4. 研学旅行：参观北京国子监、孔庙，用美文手抄报记录参观的感受，并在年级组分享，以扩大受益面。5. 纪念日活动：9 月 28 日开展孔子诞辰纪念日活动。	1. 名人故事：学习《一份 96 分的试卷》《追求真理永无止境》《"两弹"实验安全第一》《学术中的民主》等故事。2. 名家讲堂：请金声教授讲《飞向太空》。3. 主题班会：筑梦太空——我的梦想。4. 研学旅行：参观中国航天科技博物馆，并用科学小报分享。5. 纪念日活动：12 月 11 日和 10 月 31 日开展钱学森诞辰、逝世纪念日活动以及 10 月 24 日世界航天日主题活动。	1. 名人故事：学习《奔赴抗日战争最前线》《保护被捕的革命者》等故事。2. 名家讲堂：请宋庆龄故居社交部主任李雪英讲《宋庆龄的革命历史》。3. 主题班会：忠心爱国，忠贞不渝。4. 研学旅行：参观中国人民抗日战争纪念馆。5. 名人电影：观看电影《王二小》了解并学习抗战时期的小英雄。6. 演讲比赛：举办"我心中的民族英雄"演讲比赛，把学习宋庆龄精神和践行社会主义核心价值观有机结合。

（三）编写多种课程资源

为了保证课程实施质量，我校编写并制作了大量课程资源，如表 2 所示。其中形成世纪名人课程系列读本 30 本，如图 2 所示。

新样
教育文库
北京卷

表2　课程资源

设计思想	1. 以德育过程中的"知情意行"为理论指导，注重"教、学、做"统一原则。以读本为例，先从名人故事开始，然后通过"说一说""画一画""做一做"等多种栏目来进一步引导学生尊敬名人，形成向名人学习的意识，在实际行动中落实名人精神。 2. 供2—6年级使用，充分考虑学生的心理认知特点。小学生喜欢故事、图片等。我们在编写读本时，以故事为主体，配以名人的图片及我校学生参加名人活动的照片，有效激发了学生们的阅读兴趣。"感言践行""成长感悟"等模块中设计的问题或活动难度也随着学生年级的增高而螺旋上升。			
资源类别	名人读本	名人电影读本	研学旅行手册	名人扑克牌
名称数量	《人民公仆周恩来》《永远的雷锋》《至圣先师孔子》《航天之父钱学森》《国之瑰宝宋庆龄》，各5册，共25册。	《榜样》2册，包含与5位名人相关的28部电影。	《周恩来班天津研学》《孔子班曲阜研学》等5册。	《科学恒星》1套。
内容模块	每本有两个单元，每个单元包含4课。每课包含"行为世范""感言践行""成长感悟"3个模块。"行为世范"模块引入体现名人优秀品质的故事。"感言践行"模块引导学生通过社会实践及"说一说""想一想""做一做"等活动，思考如何将优秀品质融入生活中。"成长感悟"模块让学生进一步总结阶段性学习后的收获，扩展学生知识面，督促学生反思成长。	以一部电影为一课，每课包括："影片信息""剧情介绍""角色介绍""经典影评""感言践行"5个模块。	手册使用提示、研学注意事项、安全告知书、行程计划、研学规划、研学地点导航、学习导航、活动总结、课程评价、各类违纪行为扣分标准、紧急医疗救护备火车座次安、研学感受。	54位科学家的照片和文字简介。
使用方式	1. 在主题班会中，教师引导学生一起阅读部分故事、完成读本中设计的各种任务，如说一说、做一做等。 2. 与学校的阅读工程结合，老师鼓励学生在课下自主阅读名人读本，由读本中的名人故事激发阅读兴趣，自发去阅读更多的名人书籍，扩展阅读量。	1. 在名人课程的看电影活动中使用。 2. 与学校电影课程结合使用。 3. 学生和家长共读，在家共同观影。	1. 在名人课程研学旅行活动使用。 2. 学生在家长的带领下外出旅游时使用。	1. 主题班会中使用。 2. 阅读、娱乐，扩展知识。

图2　世纪名人课程系列读本

（四）创新课程实施方式

1. 建设"世纪名人班"

开设"世纪名人班"要获得相关部门的授权，经过"申请、答辩、验收、命名"等程序。我校"周恩来班"由中国中共文献研究会周恩来思想生平研究分会命名；"雷锋班"由北京市雷锋杂志社命名；"孔子班"由国家汉办北京语言大学孔子学院命名；"钱学森班"由钱学森姓名冠名和肖像使用管理委员会命名；"宋庆龄班"由宋庆龄基金会命名。

图3 "周恩来班命"名大会合影

班级文化建设一直是"世纪名人班"建设的重点内容，每个"世纪名人班"都有自己的班训、班规、班歌、重点学习的十项品质等，如表3所示。还有班牌、班旗等如图4所示。

表3 "世纪名人班"的班级文化（部分举例）

"世纪名人班"	"周恩来班"	"雷锋班"
班训	"做豪迈的中国人"——以周恩来为人生楷模	从小事做起，从身边做起
班规	"阳光、上进、儒雅"——"为中华之腾飞"	做新时代的小雷锋
班歌	《心中的大树》	《我们要做雷锋式的好少年》
十项品质	志向远大、勤奋好学、健康儒雅、勤俭廉洁、信仰坚定、求同存异、尊重感恩、严于律己、无私奉献、鞠躬尽瘁	舍己为人、热爱祖国、爱憎分明、助人为乐、勤俭节约、谦虚谨慎、甘于奉献、团结友爱、刻苦勇敢、不懈努力

图 4 "世纪名人班"班牌（第一行）、班旗（第二行）

2. 提出"三类十二种"课程实施方式

为了提升"世纪名人"课程的实施质量，我们一方面上好主题班会课；另一方面，在教学实践中总结出了十二种课程实施方式，如表 4 所示。

表 4 "世纪名人"课程实施方式

类别	读书交流					艺术表现					效仿践行	
方式	听	读	看	说	写	歌	诵	演	绘	书	研	行
课型	名家讲堂	阅读课	影视课	演讲课	习作课	音乐课	朗诵课	戏剧课	美术课	书法课	研学旅行	社会实践

这十二种方式可以按照需求灵活组合实施。在"读书交流"中，感悟名人品质，形成正确认知；在"艺术表现"中，展现名人风采，深入理解名人精神；在"效仿践行"中，用具体行动践行名人精神，用名人品质影响自己的行为习惯。

（1）听：专题报告识名人

学校每年都请与 5 位名人相关的名师大家做专题报告。来听报告的同学不局限于"世纪名人班"的学生，每次 300 多人的报告厅都座无虚席。

图5　名人专题报告

（2）读：主题阅读思名人

除了引导学生阅读学校编写的名人读本外，学校还为"世纪名人班"配备了相关图书，开展赠书、捐书、图书漂流和读书交流活动。学生在特色读书活动中，养成了爱阅读及写读书笔记的好习惯。

图6　"世纪名人班"读书活动

（3）看：影视课程赞名人

学校组织学生观看名人电影，如《雷锋的微笑》《周恩来四个昼夜》《钱学森》等。

学生通过电影教材中的"剧情介绍"，了解电影的时代背景和故事梗概；通过"角色介绍"，了解剧中人物的性格特点；通过"经典语录"，感受名人精神；更通过"看一看、演一演、评一评、学一学"等实践活动，充分体会名人品质。

（4）说：多种渠道讲名人

当学生通过听报告、阅读、看电影等多种方式积累一定素材后，"世纪名人班"结合学校的"世纪演说家"课程，利用班会和课前3分钟时间让每个学生轮流讲名人故事，定期组织全体"世纪名人班"故事比赛、演讲比赛、辩论赛等。如，2019 年成立"名人故事讲师团"，利用升旗仪式或课外活动时间走进各个班级讲述名人故事，把名人精神送到学校的每一个角落。

图 7　雷锋故事讲师团

（5）写：征文感想写名人

学校提倡学生写名人主题的读后感、观后感等，组织征文比赛、手抄报比赛等，营造了浓浓的"知名人、学名人"氛围，也收获了许多学生的优秀作品。如 2020 年 3 月 5 日，"向雷锋同志学习"57 周年纪念日暨周恩来诞辰 122 周年纪念日，此时全国上下正在一起抗击疫情，我校在线上组织了一场"寻找身边的好榜样"活动。这次活动被雷锋杂志微平台报道。

（6）歌：班歌颂歌唱名人

小学每天下午 2 点到 2 点 15 分，是学校每日一歌时间。"世纪名人班"的同学就会用这一刻钟的时间来一起唱班歌或其他名人歌曲，如《梦中的周爷爷》《学习雷锋好榜样》等。

（7）诵：诗歌朗诵颂名人

"世纪名人班"定期召开诗歌朗诵会，经常在老师指导下朗诵名人名句、名人诗歌，从点点滴滴中学习名人精神。另外，在每年 3 月 5 日"学雷锋日"、周恩来诞辰纪念日、"七一"建党节等大型活动中，都会看到"世纪名人班"的精彩朗诵。

（8）演：角色扮演效名人

"世纪名人"课程结合戏剧课，组织学生将名人故事自编成小戏剧或演绎名人电影片段。如原创剧《永远的雷锋》在"2018 年雷锋春晚"获得大家高度肯定。学生在角色扮演中理解人物内涵，弘扬、传播名人精神，进而在生活中效仿名人。

图8 "世纪名人班"学生表演名人故事

（9）绘：手绘偶像画名人

"世纪名人"课程结合美术课，开展了"画心中偶像，学心中榜样"活动。名人班每年举办一次名人画展，请参观的学生、家长和美术老师一起评选出一、二、三等奖，随后将获奖作品贴在宣传栏中，让更多的孩子了解伟人，助推名人精神深入"世纪学子"心中。

图9 手绘偶像画名人

李嘉铭同学画的《周恩来画像》被周恩来生前卫士、原中央警卫局副局长高振普将军收藏。

图10 举办名人画展

（10）书：书写名言学名人

"世纪名人"课程结合书法课，举办了书写名人名言的软笔书法、亲子硬笔书法及创意书签制作活动。同学们还将自己制作的书签赠送给同学、老师，希望大家能一起努力，像伟人那样读书。在研学旅行期间，同学们还把自己的优秀作品送给了共建学校南开中学、翔宇中学和周恩来红军小学的学生们。

图 11　举办名人名言书法展

（11）研学路上寻名人，效仿笃行学品德

我校名人班根据自己的特色、学生年龄特征，开展了不同的研学旅行活动。2 年级到 3 年级主要在京内，4 年级到 6 年级主要在京外；并编写了 5 册《研学旅行手册》。如周恩来班学生到天津周恩来、邓颖超纪念馆、觉悟社、南开中学等地开展研学旅行。

图 12　"周恩来班"的研学旅行活动

（12）走进社会学名人，实践活动炼品行

我校"世纪名人班"走进社会学名人，在研学旅行的基础上开展了多种主题实践活动。如"周恩来班"与中国聋儿康复研究中心、北京市天云语言康复中心、海淀区聋儿康复中心结对共建，为残障儿童献爱心。

"周恩来班"同学为听障儿童献爱心　　　"雷锋班"同学到敬老院献孝心

图 13　"周恩来班"、"雷锋班"的实践活动

（五）建立课程评价体系

评价体系包括对学生的评价、对教师的评价和对课程本身的评价，以评价促发展。

如：学生评价方案以激励为主，采用过程性评价和终结性评价相结合的方式，各班制定评价细则。

以"宋庆龄班""时代小先生"评价量表为例，分为品质发展水平、身心发展水平、学业发展水平三类评价要素，学生自评、家长评价、教师评价、综合评价四类评价。各班依据评价细则，一是在班会中开展过程性评价，并督促整改、再实施；二是期末开展综合评价。小学毕业时，颁发名人班毕业证。

此外，我校还为单个学生设计了"当代小雷锋"等荣誉称号；为激发小组积极性，设计了"周恩来小队"等荣誉称号。

四、实践效果

我校的"世纪名人"课程已经实施多年，名人教育已初见成效。学校获得"全国航天特色学校""全国学雷锋先进单位""首都学雷锋志愿服务示范岗"等荣誉称号。

"周恩来班"被评为"北京市先进班集体""海淀区优秀班集体""八里庄学区书香班级"；"雷锋班"被评为"全国学雷锋先进集体""学区先进班集体"；"孔子班"被评为"践行六艺先进集体"。

"世纪名人"课程给学校和班级带来了荣誉，促进了学生成长、教师发展，也给教育同仁提供了有益的借鉴。

（一）学生收获多方面成长

各名人班的学业平均成绩在所在年级的 8 个班中名列榜首；涌现出多个校级"金、银、铜"牌书童，22 人被评为八里庄学区"阅读领航人"。以航天知识为例，我校小学生荣获 2017 年全国"神箭神舟杯"航天知识竞赛冠军。

名人精神对学生的影响，不仅仅在学业方面，更表现在他们爱国爱家、乐于助人、良好的礼仪和生活习惯等诸多方面。

在外留学的世纪学子们，用实际行动诠释着自己的爱国之心。2019 年"港独"暴动期间，分散在英国、澳大利亚等地的我校毕业生唱响国歌，以各种形式进行了爱国活动。

在校学生热心帮助他人。2019 年 8 月 22 日，《北京您早》节目报道了我校学子跨越三年的支教公益之举。

"钱学森班"一位同学的家长在朋友圈中发文：孩子能养成坚韧能吃苦的精神大部分原因是来自学校的名人教育。

（二）课程获得社会认可

我校基于世纪名人课程的 13 篇文章发表或获奖，10 节展示课在国家级研讨会上获奖，部分内容如表 5 所示。

表 5　基于世纪名人课程的部分成果

类别	题目	发表刊物或研讨会	日期
论文	《价值引领，从学习偶像开始》	《人民政协报》	2017.8
	《名人课程，让德育落地》	《教育家》	2019.7
	《千万个身影，同一个姓名》	《雷锋杂志》	2020.4
	《走近主题学习，感悟恩来精神》	《语文世界》	2016.10
课例	《忠》《孝当先》《民族精神代代传》等	全国第三届"中华优秀传统文化教育课程展评"获得三个一等奖和一个二等奖	2018.9
	《心有榜样》等	《教育家》全国综合实践课程研讨会现场展示五节示范课	2018.12
研讨会	《学习雷锋精神，培养美德少年》	全国学雷锋联盟雷锋精神研讨会（我校承办）	2017.3
	《弘扬周恩来精神，做豪迈的中国人》	全国第八届"周恩来思想生平研讨会"	2017.9
	《学至圣先师，育世纪学子》	全国传统文化教育与核心素养高峰论坛	2017.4
	《学习钱学森精神　培养创新型人才》	全国创新人才研讨会	2016.11
	《弘扬航天精神　培育创新人才》	中国航天日暨"探索太空　筑梦航天"研讨会	2017.4
	《集大成智慧　育世纪学子》	全国第二届钱学森班研讨会	2018.11

（三）名人精神弘扬四方

中华名人精神是我国宝贵的文化财富。我校开发"世纪名人"课程就是要培养学生的文化自信，弘扬名人精神，传播中华优秀传统文化。实践证明，"世纪名人"课程采用"由点及面"策略，将名人精神弘扬四方，为落实"立德树人"提供了新途径。

第一，我校以小学"世纪名人班"为点，尽可能让名人活动扩散到本年级、小学部、全学校；如让"世纪名人班"学生到其他班讲名人故事，全年级同看电影，全校一起开展学雷锋活动、为中华之崛起而读书等活动。

第二，以五位名人为点，扩展到国内外各行业的杰出名人，满足学生多样化需求，充分挖掘榜样育人作用。

第三，以"世纪名人班"学生为点，通过三种渠道传播世纪名人文化。一是，我校6—9年级实施选课走班制，原来"世纪名人班"的孩子会分到其他班级中，在新的班级环境中通过自己的言行继续传播名人精神。二是，随着"世纪名人班"学生毕业进入不同学校，他们将用名人精神不断地影响身边的人。三是，通过参加国际交流或出国留学的学生向世界传播名人思想。如："雷锋班"的师生与来自赞比亚参观团的师生一起开展学雷锋活动。

弘扬名人精神，凝聚价值共识是学校名人教育的目标。"世纪名人"课程通过理论与实践结合、螺旋式上升的教育方式，让学生以名人为榜样，发自内心地崇拜名人、学习名人，像名人那样学习，像名人那样做事，像名人那样做人，将名人优秀品质融入自我成长路径中，从而真正成为一个"豪迈的中国人"。

以课程为载体开展国际理解教育

一、什么是国际理解教育

2016 年 9 月发布的《中国学生发展核心素养》总体框架指出，"国际理解"是指具有全球意识和开放的心态，了解人类文明进程和世界发展动态；能尊重世界多元文化的多样性和差异性，积极参与跨文化交流；关注人类面临的全球性挑战，理解人类命运共同体的内涵与价值等。

国际理解教育（Education for International Understanding）是世界各国在国际社会组织的倡导下，以"国际理解"为教育理念而开展的教育活动。其目的是增进不同文化背景、不同种族、不同宗教信仰和不同区域、国家、地区的人们之间的相互了解和相互宽容；加强他们之间的相互合作，以便共同认识和处理全球社会存在的重大共同问题；促使"每个人都能够通过对世界的进一步认识来了解自己和了解他人。将事实上的相互依赖变成为有意识的团结互助。"

联合国教科文组织的相关文件指出，在青少年中开展国际理解教育是为了使青少年在对本民族文化认同的基础上，了解别国历史、文化、社会习俗的产生、发展和现状；学习与其他国家人们交往的技能、行为规范和建立人类共同的基本价值观；学习正确分析和预见别国政治、经济发展状况及其对本国发展的影响；正确认识和处理经济竞争与合作、生态环境、多元文化共存、和平与发展等方面的国际问题；培养善良、无私、公正、民主、聪颖、热爱和平，关心人类的共同发展的情操；担负起"全球公民"的责任和义务。

二、研究国际理解教育的背景和意义

2010 年，党中央、国务院颁布的《国家中长期教育改革和发展规划纲要（2010—2020 年）》提出了"国际化人才"的培养目标，明确要求"培养大批具有国际视野、通晓国际规则、能够参与国际事务与国际竞争的国际化人才"。在 2016 年 9 月发布的《中国学生发展核心素养》中也将"国际理解"列为十八个基本要点之一，并对"国际理解"的内涵进行了诠释。

从中小学起推广国际理解教育势在必行，这样才能更好地促进学生成长，以满足未来社会的发展需求。研究国际理解教育的意义有如下四点：

第一，通过国际理解教育研究，让学生能在多种涉及国际理解教育的相关课程中进一步扩大国际视野，能有效提升学生的国际理解能力，促进学生成长，满足社会发展需求。

第二，开展国际理解教育是实现育人目标的重要途径。我校以"培养具有中国灵魂、国际视野和跨文化交流能力的社会主义建设者和接班人"为育人目标，在我校开展国际理解教育的行动研究能帮助我校更好地落实学校的育人目标。

第三，开阔教师国际视野，促进教师发展。在研究过程中，教师们必然会扩展自己的国际视野，加深对国际理解教育的认识，提升研究能力，促进自身发展。

第四，为其他学校提供可借鉴的经验。国际理解教育研究不只是停留在文字层面，更是要在实际教学中落实，在实践中发现问题，解决问题。通过行动研究总结出一定的经验，这些经验可供小学、初中、高中三个学段的学校参考，对促进其他学校的国际理解教育有一定的推动作用。

三、国际理解教育的实施方式

国际理解教育可以通过三种途径进行：融入国家课程、地方课程、校本课程中；开展相关的主题探究与社会实践；开展国际交流活动。中国开展国际理解教育主要通过开设外语课、国际问题专业课、组织师生对外交流学习三种方式。

以前我们单纯地认为,只有在外语课中开展与外国相关的一些活动才能算是国际理解教育。现在我们认为,开展国际理解教育应该包括三方面:一是让学生理解本民族文化;二是让其认识并了解其他国家的文化;三是在这个过程中培养学生热爱和平、团结协作、责任感等优秀品质。

因此,我校确定了开展国际理解教育要"根中国,瞰世界"的总原则,在植根中华文化的基础上,让国际理解教育融合在学校课程中,渗透在学生活动中,展示在学术交流中。

(一)国际理解教育植根在中华文化中

开展国际理解教育,首先要让学生深入理解本民族文化。因此,我校通过多种方式开展中华传统文化教育。

第一,开设中华经典诵读课程。1—6年级诵读经典;7—9年级品读经典;10—12年级研读经典。

第二,在高中会考后开设"中国传统文化欣赏"课,让出国的学子"把根留住",人在国外,魂在中国。

第三,开设武术课、书法课、国画课等选修课,成立围棋社、京剧社等学生社团,开展刺绣、脸谱、皮影戏、剪纸等活动,传承中华非物质文化遗产。如:学校开设的茶艺课程,1—3年级,学茶礼、品茶香、爱国饮;4—6年级,学茶俗、展茶艺、悟茶趣;7—9年级,懂茶技、练工艺、明传承;10—12年级,知茶史、赏茶韵、铸茶魂……

第四,学校开发"世纪名人"课程,帮助学生树立民族文化自信。目前已在小学建立了"周恩来班""孔子班""雷锋班""钱学森班"和"宋庆龄班"五个名人班,让孩子们从小以中华优秀儿女为榜样。

国际理解教育的基石是民族自信。我校开设多种形式的中华传统文化课程,就是要培养学生民族自信、文化自信。

(二)国际理解教育融合在学校课程中

1.在基础学科中融入国际理解教育

首先尝试在语文、数学、英语、地理学科中融入国际理解教育。教师在备课时就要有意识地挖掘教材中的国际理解教育因素，然后在课堂教学中，渗透中外文化，帮助学生形成完整多元的世界观。比如在英语课对于"狗"一词的教学中，就可以对比中外文化中"狗"的不同文化内涵。

以人民教育出版社新起点教材（1年级起点）4年级下册第6单元内容"Countries"为例，说明如何在传统学科中融入国际理解教育。

表1 英语学科中国际理解教学设计案例

基于"Around the World"主题设计的国际理解教育

一、教学背景——基于教学背景挖掘国际理解教育

进入21世纪，在经济全球化、社会信息化背景下，人类交往日益突破国家和民族的界限，因此培养具有国际意识、国际视野和国际交往能力的公民，是教育在国际化时代下新的历史使命。国际理解教育是培养儿童认同与弘扬中华优秀文化，尊重和了解其他国家、民族、地区文化的基本精神及风俗习惯，探讨全人共同价值观念的教育实践。

本课例的教材为人民教育出版社新起点教材（1年级起点）4年级下册第6单元的内容，单元题目为"Countries"。本单元主要学习的内容为5个国家的英文表达和能够匹配国家与对应的国旗，以及这些国家著名的建筑和语言。这套教材的教学目的是激发学生学习英语的兴趣，培养学生学习英语的积极态度，使其树立学好英语的自信心，养成良好的学习习惯；适当介绍中西方文化，培养学生的爱国主义精神，拓展其国际视野。

基于以上教学背景的分析，教师借助环游世界的主题开展国际理解教育是一个非常恰当的切入点。

二、教学目标——主题目标指向国际理解

1.学生能够掌握10个国家和7个大洲的英文表达。

2.学生能够将10个国家的国旗、首都等与国家名称进行匹配。

3.学生能够了解并乐于向他人介绍10个国家所属的大洲，以及各个国家的名胜或标志性建筑物等。

三、学情分析——进阶国际理解

学生在以前的学习中已经对一些国家的名称和国旗有所了解，但是也有些学生不能够非常准确地将国旗和国家名称进行匹配，因此本部分也是本主题的一个重点之一。基于学生已经对书本里几个国家的相关知识比较熟悉，所以对学习内容进行了重新调整，加入了其他5个国家的学习，而不同的国家所处的地理位置不同，让学生可以从地理位置上更加深入地理解国家之间的差异。在深入研究主题后，发现很多学生虽然知道这些国家的名称和相关知识，但是并不了解这些国家所属的大洲，在地理位置上对这些国家一无所知，或是知之甚少，所以从国际理解层面来分析，学生只是具有浅层次的理解。从学生的能力和认知来分析，学生完全有能力掌握更多相关的内容，基于学生本身的知识水平和单元主题内容来分析，教师对整个主题进行了重新设计，将第一课时加入7个大洲的认识，让学生对世界有一个宏观的认识，然后从大洲转入小范围的国家层面，再由国家转入研究国家的国旗、语言等文化内容。这样的教学设计调整完全可以让学生从浅层面的国际理解转入到更深层次的理解。

四、教学过程——让国际理解层层递进

1.歌曲激趣，学习新知

课堂伊始学生一起唱有关7个大洲的英文歌曲。在选取歌曲时教师特意选择了节奏欢快、适合4年级学生的英文歌曲，歌曲视频配有世界地图，在唱到哪个大洲的同时出现大洲的名称和位置，这样会让学生更加明确相关内容。为了能够让学生更乐意参与到课堂当中，教师为歌曲编排了动作，让学生边唱边跳，充分调动了学生的积极性，也为课堂增添了趣味性。在大洲名称出现时，学生会指向地图中的相应位置，通过这样的方式让学生加深大洲在地图中的位置，让学生喜欢的舞蹈动作也成为达成目标的方法之一。

2.巧用地图，导入重点

导入国家之前，教师为学生提供了一张不一样的世界地图来导入国家的相关内容。这张地图的特色在于大洲是由重要国家的国旗组成，地图的优势能够让学生对大洲中的国家一目了然，同时也加深了学生对与国家对应的国旗的记忆，可谓是一举两得。通过一张地图让学生加深国际理解，达到对世界更深层次的认知。

续表

基于"Around the World"主题设计的国际理解教育

3. 借助图片，渗透文化

从大洲过渡到国家后，教师要对国家进行深入的介绍，从而让学生对各个国家有更深入的了解。但是要介绍的内容比较丰富，包括国家使用的语言、所属大洲、国旗图案、代表性动物或建筑或特色事物等。如何能够让学生对如此大量的信息进行快速吸收呢？教师采用了视觉刺激的方式——图片展示。一张PPT上展示出国家的英文表达，其他全部用学生喜欢的卡通图片的形式展示，这样的图片能够非常有效地吸引学生的注意力，同时能够让学生通过视觉记忆的方式快速输入有关国家的相关文化内容。譬如澳大利亚的代表动物为袋鼠和考拉，而考拉和袋鼠的图案又附在澳大利亚所在的大洲图片上，一张图片涵盖了大量信息，而趣味性的图片在学生非常感兴趣的状态下发挥了极大的作用，让学生在最短的时间内吸收了大量的有效信息，大大提高了课堂效率。

4. 对比文化，增强理解

本节课不仅学习其他国家的介绍，也介绍了我们自己的祖国，学生对本国的英文表达、国旗、语言、美食和服装等都非常熟悉，在基于理解祖国文化的基础上学习其他国家的文化会形成文化的对比，通过对比的形式能够凸显他国与祖国文化的信息差，加深对其他国家文化的印象，同时通过对比分析深入理解本国的文化，增强民族自豪感。

5. 信息匹配，加深理解

展示所有相关国家的知识内容后，为了能够让学生更深入地理解和巩固相关知识，教师采用游戏的方式让学生对国家的相关信息进行匹配，这样的方式既检测了学生对知识的掌握程度，同时也加深了对世界文化意识和相关信息的印象，让国际理解层层加深。信息的匹配囊括了国家所属大洲，国家的国旗、首都、城市以及著名建筑物和代表性事物等内容，非常有针对性地对学习内容进行了检测。

五、课堂反思——让国际理解教育真实且持续地发生

基于这个主题的设计从目标到实施过程无不渗透了对学生国际理解的教育。学生可能并不知道什么是"国际理解"，但是课堂带给他们的国际理解的收获和思考却是巨大的。课余时间学生围着教师打印出来的大地图认真研究，这时候更深的思考真实地发生了。有的学生提问："为什么这么多国家的国旗上都有月亮和星星？"没有等教师解释就已经有学生回答道"因为它们都是伊斯兰国家，星星和月亮就是标志。""地中海在哪里？""就在希腊旁边，你看！""南极洲有国家吗？""那么冷肯定没有吧"……

一个主题的学习结束了，但是有关主题的探讨却还在继续，对国际理解的兴趣已经被激发。教师借助教学内容渗透了国际理解的教育，在无形中培养了学生的国际视野和跨文化交流的意识和能力，更重要的是通过学科知识激发了学生对世界文化的兴趣。英语教材中有很多文化元素，教师应以教材为依托，挖掘育人内容，培养学生的民族意识和国际意识。教师要践行国际理解的教育理念，为培养具有中国灵魂、国际视野的国际人才夯实基础。

2. 在中外融合类课程中落实国际理解教育

开展国际理解教育的重要方式是设计中外融合类课程。我校开发了知识类常规课程和素养类特色课程两大类中西融合课程。如表2所示。

表2　中外融合类课程

一级类别	二级课程	说明
知识类常规课程	语言类课程	以十二年一贯制"英语直通车"课程（国家英语课程）为主体，定期举行英语角、英语演讲比赛、英语辩论赛等活动。此外，在课后服务时间，开设法语、日语、德语等多语种选修课程作为补充。
	国际学术课程	我校高中开设AP（15门）、A-LEVEL（9门）等国际学术课程。AP课程是美国大学先修课程，A-LEVEL课程为英国高中高级水平课程。学习这些课程，既有助于学生申请国际名校，又能让其深度学习国际文化。
	"包班"制下的主题式课程	我校小学低年级实施"包班"制，学习主题式课程，即将国家规定的小学语数英等多门学科内容整合到具体的某个主题中。以某班为例，外教为美国艺术硕士，中教一为英国留学海归硕士，中教二为中国知名大学硕士。三位老师全天都和学生在一起，共同完成主题式课程，这是中外文化共融的重要方式。

一级类别	二级课程	说明
素养类特色课程	电影课程	观世界，而后有世界观。我们不能把学生带到全世界，但是可以通过电影把全世界带到学生面前！十二年一贯制电影课程，每月1部电影，12年用百部中西方经典电影浸润学子人生，了解多国文化。
	研学旅行课程	十二年一贯制研学旅行课程让学生在行走中亲身感受中外文化。它包括"1—5年级京内主题研学""6—9年级国内文化研学""10—12年级世界文明研学"三部分。从低年级的北京生活，到中年级的中国文化，再到高年级的世界文明，由近及远，符合认知规律和学生身心发展规律。在研学旅行课程中，有国内线路寻根中国文化，也有让学生开启世界文明的探究之旅。例如，每年暑假，我校高一同学到美国洛杉矶费尔蒙特中学，进行为期5周的研学旅行活动。在此期间，学生深入课堂，感受美国学习文化氛围；参加社区活动；参观尼克松博物馆、南加州大学、耶鲁大学等；入住美国学生家庭，体验美国家庭文化。
	礼仪课程	在礼仪课程中，让学生了解中国古代礼仪、民俗民风、服饰礼仪等，还学习国际礼仪基本法则、世界各个区域的礼仪等，引导即将走出国门的学子们学会担当责任，在国际交往中忠于祖国、维护国家形象。
	厨艺课程	在厨艺课程中，既有中华美食文化，又有国外经典美食；既能帮助学生掌握烹饪技能，提高动手能力，培养互助、分享等优秀品质，又能让学生成为"中华美食传承者"，以食会友，将中华传统文化带到世界的每个角落。如，我校学生教赞比亚来访学生包饺子。

如何在这些中西融合类课程中落实国际理解教育，这就需要实施该课程的老师首先具有开展国际理解教育的意识，在课程实施中注意结合本课程的特点，合理启发、引导学生，设计多种形式的教学活动，让国际理解教育如"春风潜入夜，润物细无声"般地浸润学生的心灵。

（三）国际理解教育渗透在学生活动中

活动能让学生迅速进入一个"世界公民"的角色。丰富多彩的活动是我校开展国际理解教育的重要途径。部分活动如表3所示。

表3 开展国际理解教育的学生活动

类别	活动名称	说明
校内学生活动	世界主题运动会	每年一个主题，如：五洲城市运动会、世界民族运动会、奥运项目运动会、年代秀运动会。
	英美文化周活动	每年举行1~2次，全方位了解英美国家文化。
	模拟联合国	体验从国际视野的角度来看全球热点问题，让学生从"模联"的平台走向世界的舞台。
	英文戏剧节	依托戏剧校本课程，定期举行英文戏剧节、莎士比亚戏剧节等。
	世界知名大学调研展示大赛	让高中学生对世界顶尖大学有更多了解。

续表

类别	活动名称	说明
校内学生活动	环球文化嘉年华	在 2021 年的初一年级开展此活动，7 个班每班研究一个国家，有"电影之夜""开幕式""班级游园""英语配音""闭幕式"5 个环节。在"电影之夜"中，每班播放所研究国家的一部经典电影，学生自己设计电影票，云平台抢票。在"开幕式"中的"非正式官方论坛"中，各团体代表介绍所研究国家的文化、语言、美食、历史、服饰等，为接下来的答题、游园活动做准备。
	Global Kids Club	年级组集中统一学习，外教老师提前准备教学环节和互动环节，以介绍、表演、答题、游戏等形式进行教学，已开展了西班牙、意大利、俄罗斯、英国、古巴几个国家和城市的学习活动。
校内讲座	外教讲座	外教通过主题讲座，介绍美食、环保、节日、旅行等诸多方面内容。
	世纪讲堂	定期邀请各界名人来校讲座。如前外交部发言人、中国常驻联合国大使沈国放先生来我校做讲座，让孩子们"听外交风云，知国情世情"，还邀请罗援将军来讲世界军事格局等。
	世界名校归国校友分享会	请归国校友介绍国外的著名大学、当地的文化、学习和生活的感受等。
校外活动	世界华语辩论赛	我校学生多次参加世界华语辩论赛，并多次夺冠。辩论赛中的很多辩题本身就体现了"国际理解"，如："当今世界，各民族可以/不可能做到求同存异""实现'一带一路'民心相通，'引进来'比'走出去'更重要/'走出去'比'引进来'更重要""以暴力方式抵制日货不可原谅/情有可原"。让学生们对这些问题进行思考和阐述本身就是提升"国际理解力"的最佳方式。
	全球青年论坛	在 2016 全球青年论坛暨奥林匹亚"我爱我的祖国"主题演讲中，我校获得金奖。
	走进大使馆	带领学生走进巴基斯坦大使馆，让青少年传承中巴友谊；组织"中华文明小大使"参访卢旺达大使馆。

（四）国际理解展示在学术交流中

近年来，我校热情邀请世界友人来校交流，先后接待了"一带一路"国家校长访问团、联合国外交官合唱团、美国明尼苏达州校长团、英国剑桥大学合唱团及日本、澳大利亚、尼泊尔、赞比亚等国的教育访问团。同时，学校师资的"三驾马车"是实施国际理解教育的重要保障。学校有中教 282 人、外教 48 人、海归 81 人。

国际交流，不仅要"请进来"，也要"走出去"。我校积极参加各类国际教育峰会，赴美出席第 16 届蓝带会议，作为中国代表团唯一民办学校做主题演讲；参加"一带一路"教育对话；参加 2020 亚洲教育主论坛并作为唯一的中小学代表发言。我校与美国费尔蒙特中学深度合作已有十年之久，与韩国国际先进学校、纽约州立大学 Oswego 学校也结为友好姊妹学校。我校高中学生在寒暑假中进入美国、英国等学校课堂，跟他们同龄的孩子们一起进行国际化"全息"学习。

　　作为国际高中，我们积极组织学生参加具有影响力的国际竞赛，并专注于含金量高的国际顶级学科竞赛，如：美国高中生传媒大赛，被誉为美国高中生的普利策奖，英国国家物理奥林匹克竞赛（BPhO）等。同时大量开设不同学科类竞赛以满足不同学生需求，既有数学、物理、化学、生物类等传统学科类的竞赛，给在学科方面学有余力的孩子们提供更有挑战性的平台。在以留学硕博为主的辅导教师团队和优质竞赛辅导课程的保障下，历年来我校参与竞赛的孩子们得奖率非常高，几乎每个参与竞赛的孩子都拿到了相应的奖项，取得了辉煌的战绩。这些成绩的背后说明了孩子们国际理解能力的快速提升。

　　只有相互了解，才能相互宽容、共同合作。多种形式的国际交流是开展国际理解教育的重要助推剂。

全情教师：德智体美劳全面教育

溯源中华经典，筑牢传统文化根基

小学部　杨斓

一卷卷中华经典，承载着中华民族五千年的灿烂文明，也寄寓着中华民族的文化基因，是每一个中国人为之自豪和自信的根基……

作为一所矗立在中国首都教育重地海淀的国际化学校，我校除了注重培养学生全面发展，更注重在"中国灵魂"方面将中华经典文化渗透在学生的日常学习之中，希望通过经典诵读课程、传统节气活动、诗歌朗诵展演、综合实践等课程让中华传统文化植根于学生心中。

经典诵读课程的开发

2013 年，为了让小学生把中华文化内化于心、外化于行，小学部一批骨干教师，着手设计和实施小学"经典诵读"课程。在课程开发初期，我们先确定了本课程的实施目标：通过学生能诵读、熟背所学经典诗文、片段，重点培养小学生的注意力和记忆力，帮助小学生养成良好的行为习惯，培养学生持之以恒、百折不挠的意志和毅力，从而增加学生的文学底蕴。在诵读经典的过程中，学生领悟经典中传递的立身之道，从而心地向善，学会如何学习、如何做人。

基于以上课程目标，小学部编写了 1—6 年级《快乐诵读》学生读本。从内容的选编上来看，本套读本选择的名篇佳作多种多样，既涵盖了新课标对小学生的"古诗文背诵推荐篇目"，也有儿歌、现代诗歌、散文、童谣、宋词。诵读的经典有：1—2 年级《三字经》、3 年级《弟子规》，4—5 年级《论语》、6 年级《千字文》，随着学生年龄增长增加难度。同时，读本选编了大量不同主题的古诗,如"春、夏、秋、冬"四季主题、感恩主题、山川主题、思乡主题、爱国主题……丰富了学生的古诗文积累素材,同时以主题形式呈现,更加深了学生对同一意象和情感的理解。

整套读本版面设计清新,格式统一规范,更是给小学生在学习时带来了充分的视觉享受,激发了他们打开书本,走进经典的兴趣和欲望。

经典晨诵活动的落实

在具体的实施过程中,我们又按照"模糊性原则、差异性原则、自主性原则、激励性原则"开展课程。要求学生正确朗读,熟读成诵,并不要求每个人都能理解内容,对于其中的生字生词能够识记即可。教师承认学生个体之间记忆、思维、兴趣等方面的差异性,不搞"一刀切",不要求每个学生将所有内容都记下来,而是以鼓励、激励为主,对诵读经典确有困难的学生不做过高要求,学生只需要在规定的时间内诵读指定的篇目,注意因材施教,引导学生了解并热爱民族的传统文化。我们鼓励学生以自己的方式自读自悟,有兴趣、有能力的学生可以诵读更多的篇目,并给予相应的积分卡奖励。

基于以上的课程建设和实施,这套学生诵读读本自诞生并投入使用以来,每日清晨,漫步在小学部教学楼走廊里,随处都可以听见学生们诵读经典的琅琅书声,浓郁的国学氛围扑面而来,让人有种仿佛置身世外桃源的感觉。一学期下来,每个孩子都能够积累下数篇经典佳作和经典名句。经过几年的课程实践,我们在小学部范围内已经营造了浓厚的经典诵读氛围,也提升了学生课内的语文学习水平,增加了学生的国学积累,提升了学生良好的古文素养。

同时,在课程实施的这些年里,我们不断得到家长的称赞,不少家长表示,孩子在诵读、背诵了《弟子规》《论语》这些经典后,常常会在家中和父母探讨一些礼仪问题,家长在教育孩子时也可以拿出这些经典中的名句去影响孩子。诵读经典得到了家长的一致好评,也更让学校坚定了开展下去的信念。

经典诗歌朗诵活动的开展

2013 年,为了配合《快乐诵读》经典诵读读本的使用,小学部还策划组织了以"快乐诵读·幸福生活"为主题的经典诗歌朗诵比赛活动,全学部全员参与。老师经过精心编排，将平时诵读的经典、诗歌以全新的艺术形式搬上了舞台。节目构思各具匠心，选材包罗万象，形式推陈出新，可谓云章霞彩，蔚为大观，仿佛一幅山明水秀、流光溢彩、文质俱佳的画卷，学生们的朗诵表演，或将中国气吞山河的气势表现得淋漓尽致，或将母语情赤子心深沉诉说，或激情昂扬，或娓娓道来，彰显着岁月峥嵘、伟人风骚……每一年的诗歌朗诵活动都可谓一场诗词经典的盛宴，一次艺术碰撞的升华。以活动促进课程实施的效果也十分显著，学区领导、校领导多次莅临活动现场，对孩子们的表演无不称赞。

不知不觉中，经典诗歌朗诵活动已经走过八年。在一年又一年的经典朗诵活动中，一篇篇经典在学生口中传诵，更在他们的心中开花。诗词经典中传递出来的爱国、思乡、母爱、赤子情怀等在二十一世纪国际学校小学生们幼小的心灵中，埋下了一颗种子，无论他们未来走到世界何方，他们能够脱口而出的中华经典名篇，必将为他们做一名豪迈的中国人添上浓墨重彩的一笔！

"名人班"主题教学的实践

2017 年秋，第十九届"锡华杯"课赛拉开帷幕。在这一届的课堂竞赛中，第一届少年孔子班班主任杨斓老师带着全班学生展示了一节基于《论语》的中华孝文化研讨课，给听课者留下了深刻的印象。这节课与传统的语文课教学有所不同，完全建立在学生对《论语》这一经典的诵读和理解基础上，不仅仅停留在文本，更是要引导学生加强对"孝"的理解和探讨。这既是"少年孔子班"这一班级特色的需要，更是引发当代小学生对于人生重要一课的思考。

4 年级的小学生在课堂开启之时，便展现了平时经典积累的素养，伴随着悠扬的音乐，一句句《论语》名句此起彼伏，把在场的每个人都带入了孔子这位先贤的智慧世界里。我和学生们在课堂上进行了精彩的对话和表达，学生充分展现了对经典的理解高度与深度，超出了所有人的想象。

这节课的魅力不仅在于呼应班级特色，更是诠释了"读经典并不是死记硬背，关键是可以让经典的力量映射到我们的现实生活中"这句话。孩子们复习了《论语》名句，并将自己的行为和圣人教诲进行对比，反思自身的不足，为今后的人生起到点亮明灯的作用。课堂上，一个平时对待父母态度较为蛮横的男孩，当学习到"色难。有事弟子服其劳，有酒食先生馔，曾是以为孝乎？"

当即低下了头，表示自己以后不应该再向父母发脾气了，因为他真正理解了什么是"色难"，以及为什么要对父母和颜悦色的道理。相信这节课，不仅对所有学生有影响，对这个孩子的家庭亲子关系以及未来的为人都会有深远的影响。

除了校内传统经典文化的学习，少年孔子班的学生还走出校门，来到山东曲阜孔子的故乡追思先贤，走进北京国子监、孔庙感受古代文人精神，参加孔子诞辰日的祭孔大典研习礼仪文化。在一次次实地研学活动中，孩子们不断加深了对中华传统文化的了解。

事实证明，第一届"少年孔子班"的学生在几年时间里的不断诵读和解读《论语》后，班级的学风蒸蒸日上，班风日益团结和谐，同学们更加懂得感恩和悦纳，在做人、做事、学习、孝敬等多方面都有长足的进步。

双语班传统文化课程的融合

在我校双语班主题课程的实施中，中华传统文化备受重视，融入了许多中华优秀经典和传统节日的课程元素。并且，我们的课程是从小学 1 年级到 5 年级螺旋上升的，在相同主题下，不同年级的孩子探讨和学习的深度与广度有所差异。如，在讲到双语班第三主题"节日"时，不同年级会有不一样的主题活动。老师们从包饺子、吃汤圆、吃粽子、划龙舟、串糖葫芦等丰富的中华传统节日习俗中，让学生感受不一样的中国节日，在动手制作美食、亲自品尝美食、班级共过节日等多种形式的活动基础上，我们配套教授相关内容的古诗词、文章等，带领学生走进中华经典，领略中华传统文化的魅力。

另外，学部还组织学生前往各种中华传统文化的博物馆、公园进行体验，引入民间艺术进校园，孩子们在身临其境的体验中感受到不一样的中国风，更加深了他们对相关经典诗词的学习和理解，中国烙印一点点刻印在孩子们的心中。

正如我校的育人目标"培养具有中国灵魂、国际视野、跨文化交流能力的世界公民"所秉持的理念，我们的中华经典诵读课程和活动，都是在为我们的学子烙上中国印，在一篇篇经典中去找寻他们的中国心。这项事业，我们定会坚守下去！

中华优秀传统文化在道德与法治课堂中的浸润

小学部　赵月梅

习近平总书记在党的二十大报告上强调："我们要坚持马克思主义在意识形态领域指导地位的根本制度，坚持为人民服务、为社会主义服务，坚持百花齐放、百家争鸣，坚持创造性转化、创新性发展，以社会主义核心价值观为引领，发展社会主义先进文化，弘扬革命文化，传承中华优秀传统文化，满足人民日益增长的精神文化需求，巩固全党全国各族人民团结奋斗的共同思想基础，不断提升国家文化软实力和中华文化影响力。"不忘过去才能开辟未来，善于继承才能更好创新。习近平总书记曾在多个不同场合强调要认真汲取中华优秀传统文化的思想精华和道德精髓，以时代精神激活中华优秀传统文化的生命力。而我作为一名小学道德与法治学科的教师，有责任和义务培养学生良好的道德水平，全面提高思政课老师的素养，逐步推进道德与法治课基本功，并把习近平总书记的重要讲话精神落实到课堂当中，尤其是把中华优秀传统文化浸润在课堂中；由此，我就目前所教的道德与法治学科的课堂内容来进行阐述和分析。

在中国传统节日中的浸润

中国传统节日，形式多样、内容丰富，是中华民族悠久历史文化的重要组成部分。传统节日的形成，是一个民族或国家的历史文化长期积淀凝聚的过程。中华民族的古老传统节日，涵盖了原始信仰、祭祀文化、天文历法、易理术数等人文与自然文化内容，蕴含着深邃丰厚的文化内涵。从远古先民时期发展而来的中华传统节日，不仅清晰地记录着中华民族先民丰富而多彩的社会生活文化内容，也积淀着博大精深的历史文化内涵。

（一）春节

在1年级上册《道德与法治》的第四单元"冬天虽冷但有温暖"中，有一节课"大家一起过春节"。春节是我们中国的传统节日，本节课的重点就是："知道春节是中华民族的传统节日，主动了解春节礼节、讲究及相关文化。感受春节当中阖家团圆给每个家庭成员带来的温暖和快乐。"由于时代的变迁，现在的孩子已经不像以前的孩子那样对过年充满了期待和惊喜，尤其对于六七岁刚入学的孩子来说，对于春节的相关文化并不是很清楚。本节课准备春联、福字、绘本故事，让孩子们动手去贴对联，贴福字，在实践中去体会春节的习俗，并在生动有趣的绘本故事"团圆"中，更好地理解中国传统文化中春节的意义，体会阖家团圆给每个家庭成员带来的温暖和快乐。

（二）中秋节

在2年级上册的第一单元"我们的节假日"中的第四课"团团圆圆过中秋"，本节课的重点是："了解中秋节的来历、传说和习俗，理解中秋团圆的文化内涵，体会在中秋节举家团圆的意义。"农历八月十五是我国传统节日——中秋节，各地过中秋有不同的风俗，比如：吃月饼、赏月、点灯笼，中秋节这一天，天上月圆，人间团圆。团聚与思念，都是中秋的味道。学生通过结合自己的生活经验，来讲述自己过中秋节的经历，通过用电脑查询资料，关于中秋节有三个传说故事，比如嫦娥奔月、吴刚伐桂、玉兔捣药，在故事中体会中秋节的意义。还进行关于中秋节的古诗词大会，比如诗人李白的《静夜思》："床前明月光，疑是地上霜。举头望明月，低头思故乡。"诗人张九龄的《望月怀远》："海上生明月，天涯共此时。情人怨遥夜，竟夕起相思。灭烛怜光满，披衣觉露滋。不堪盈手赠，还寝梦佳期。"苏轼的《水调歌头·明月几时有》："人有悲欢离合，月有阴晴圆缺，此事古难全，但愿人长久，千里共婵娟。"让学生在古诗词中感悟中秋节蕴含的团圆意义。我们在中华传统节日和中国古诗词中感悟中秋节的味道。

在古老的汉字中浸润

在5年级上册第四单元"骄人祖先　灿烂文化"中，其中第八课"美丽文字民族瑰宝"，围绕中华民族的文字展开。中国是多语言的国家，有几十种文字。这些文字共同书写了祖国的历史与文化。汉字是世界最古老的文字之一，形体优美，具有十分独特的审美价值。同时，汉字熔铸着先人的智慧和灵感，中华民族的传统美德、道德观念蕴含其中，汉字充分体现了中华民族的创造力和价值取向。汉字不仅是维系中华文明的重要纽带，也是世界人民的共同财富，它在历史上对中国周边地区的文化产生深远影响，并在当今信息化时代释放出新的活力。本节课从活动开始，学生初步感受我国语言文字的多样性。然后，通过三次"猜一猜"的体验活动，学生逐步感知汉字的独特魅力。最后，汉字书写活动使学生既体验了中国传统的书法艺术，又抒发了自己对中国汉字的情感。在基础教育阶段，语文、美术、书法等学科课程中均有"中国汉字"的学习内容。那么，在"道德与法治"课的课堂上，如何引导学生学习、了解中国汉字，是本次设计重点研究的内容之一。本课教学在设计中力求凸现学科特色，通过体验活动引导学生感受祖先的聪明与才智；通过对一个个汉字的分析，引导学生深入思考，了解当时的社会生活，进而了解中国历史与文化；通过"尝试书法"的设计，引导学生在体验中初步感受中华传统文化，把他们的情感倾注在笔端，用具体行动传承传统文化。

在中华传统美德中浸润

中共中央办公厅、国务院办公厅 2017 年印发的《关于实施中华优秀传统文化传承发展工程的意见》中提到，"中华优秀传统文化蕴含着丰富的道德理念和规范，如天下兴亡、匹夫有责的担当意识，精忠报国、振兴中华的爱国情怀，崇德向善、见贤思齐的社会风尚，孝悌忠信、礼义廉耻的荣辱观念，体现着评判是非曲直的价值标准，潜移默化地影响着中国人的行为方式。传承发展中华优秀传统文化，就要大力弘扬自强不息、敬业乐群、扶危济困、见义勇为、孝老爱亲等中华传统美德。"在 5 年级上册《道德与法治》，第十课"传统美德 源远流长"的第二课时"立己达人的仁爱精神"中，基于学生的学习基础创设问题情境，旨在帮助学生由"疑"生"趣"，进而主动进入到学习状态中来。本课的学情调查显示，学生在与同学交往的过程中缺乏包容心，欠缺严于律己、宽以待人的意识。因此，本课教学根据学生的实际问题创设问题情境，旨在为学生搭设发现自我、审视自我的实践平台，借助情景剧表演，引导学生进行道德选择与道德判断，并在体验的过程中，自主建构"严于律己、宽以待人"的道德认知。在教学过程中,把以《将心比心》的历史故事、《茅屋为秋风所破歌》等古典文学作品为载体,引导学生在阅读的过程中,感受传统美德的历史内涵与文化内涵,助推学生的文化认同。

综上所述,无论是中国传统节日,还是古老的汉字,抑或是中华传统美德,都是我们国家的中华优秀传统文化。中华优秀传统文化是中华民族语言习惯、文化传统、思想观念、情感认同的集中体现,凝聚着中华民族普遍认同和广泛接受的道德规范、思想品格和价值取向,具有极为丰富的思想内涵。道德与法治学科承担着培养学生良好品德的责任和义务,中华优秀传统文化在道德与法治课堂中的浸润,我们加强对青少年学生的中华优秀传统文化教育,要以弘扬爱国主义精神为核心,以家国情怀教育、社会关爱教育和人格修养教育为重点,着力完善青少年学生的道德品质,培育理想人格,提升政治素养。

慎终，追远，民德归厚

——北京市二十一世纪国际学校清明诗会的教育内涵

高中部　赵海军

清明节作为中华民族由来已久的重要传统节日，蕴含着祖先对生命的敬畏、对自然的崇敬以及对天道伦常的深刻思索，是中华民族世代相传的文化符号。我国传统的清明节大约始于周代，至今已有两千五百多年的历史。清明节，也是二十四节气之一，而二十四个节气中，既是节气又是节日的只有清明。

《清明节的思政教育功效》一文中指出，清明节的政治教育价值可以体现在以下方面："生命价值观——悲喜同在，引人思索；政治教育——守家爱国，民族大义；对人生的思想教育——乐观生活，善待生命；思想道德教育——尊敬长辈，感恩他人。"在郭利军副校长的指导下，我校十二年一贯制中华传统文化课程组认识并发掘清明节对于学生的教育价值，以"清明诗会"的方式固化清明节的教育模式。从2016年开始到现在已经成功举办六届"清明诗会"，对学生思想教育以及能力的提升发挥了重要作用。

活动课程化

我校立足"培养具有中国灵魂、国际视野和跨文化交流能力的社会主义建设者和接班人"的育人目标，确立了自主性、多样性、全面性、选择性的课程定位，开设小学、初中、高中十二年一贯制的中华传统经典课程，课程组通过科学设计使之系列化、系统化，让现有的小、初、高的课程有衔接、有连贯、有梯次。作为本课程中活动课程之一的"清明诗会"，已经成为传统习俗教育的重要呈现方式。把"清明诗会"纳入到课程之中，课程设定了活动目的、策划方案、活动过程以及评价方式等内容。首先活动目的就是让学生了解清明节的文化习俗，在诗词朗诵中感受诗歌语言所承载的清明节中蕴含的"慎终，追远，民德归厚"的宗旨。在文化多元的今天，让承载着珍爱生命、缅怀先烈的清明节教育在校园中实现，是传承传统文化的重要一环。

2021年恰逢中国共产党建党100周年，我们设计了师生共诵清明诗的活动：学生版"清明诗会"主题确定为"寻你，百年的踪迹"，同学们满怀对英雄的崇敬，献上了一首首动人的诗与歌；教职工版"清明诗会"主题确定为"百年征程，信念永恒"——庆祝中国共产党建党100周年音乐朗诵会。敬德书院副主任高峰，著名播音艺术家、朗诵艺术家虹云老师应邀出席了朗诵会，全校爱好朗诵的老师积极报名参加。整场朗诵会分为两个篇章：上篇"开天辟地"，小学、初中、高中、行政的教职工分组合作，深情朗诵《红船的方向》《鲜花盛开的坟茔》《山谷里的回声》《红岩魂》《为人民服务》等经典篇章，回顾中国共产党建党至新中国成立阶段的峥嵘岁月，讴歌抛头颅洒热血的革命先烈；下篇"盛世中国"，教职工在《谁是最可爱的人》《等待》《最后一分钟》《这个人》《英雄》《中国英雄与中国力量》的辉煌篇章中，带领全体教职工重温了新中国成立后走过的峥嵘岁月：奔赴朝鲜的志愿军战士、抛家舍业的"两弹一星"元勋、香港回归的光荣时刻、人民最敬爱的周总理、誓死捍卫国土的戍边将士、在抗击新冠肺炎疫情中的"逆行者"……在朗诵中，教职工的心灵受到深刻的洗礼，深知今日的和平繁荣来之不易，大家定会不辱自己教书育人的光荣使命。

举办连续化

从2016年开始，我校到已经连续举办六届"清明诗会"。每一届由一个学部主办，小初高均派朗诵选手参加，"清明诗会"实现了高中、小学、初中接力主办的格局。内容选择上，已经形成了基本固定的三个模块："缅怀先烈""思念亲友""春和景明"，这三个模块基本涵盖了清明节的内涵。

2020年疫情席卷全球，学生不得已居家上网课。在此期间的"清明诗会"依然照常举行，老师和同学克服困难，精心准备，利用网络进行前期培训，最后利用"腾讯会议"软件召开了一次学生和家长都参加的网络直播"清明诗会"。本次"清明诗会"拓展了诗会召开的空间，开创了新的召开模式，扩大了"清明诗会"的影响，为今后"清明诗会"的举办积累了经验。

质量高端化

每一届"清明诗会"的举办，课程负责人郭利军副校长都会高标准严要求。郭校长本身朗诵水平很高，他会全程参与指导整个活动。诗会具体活动流程包括如下步骤：首先由项目组出策划方案，包括举办时间、具体节目单等，接着选拔朗诵人员并进行朗诵培训，然后是制作环节——选择背景音乐，电子屏背景设置等，最后聘请校外专家指导朗诵选手再到节目的彩排等。这个项目的主要组织者是小初高的语文老师，所以在人员选拔和培训方面存在着专业优势。

宣传立体化

"清明诗会"是我校清明节系列教育活动之一。"清明诗会"宣传包括三部分：首先是前期海报宣传。海报内容包括"清明诗会"举办时间、要求，以及招募诗歌朗诵者等内容，一般在清明节前两周张贴在小学、初中和高中的宣传栏；其次是诗会节目的宣传，现场朗诵的视频资料通过我校电子屏和校园宣传栏向外展示；最后，演出结束后我校新闻中心都会编辑一期"清明诗会"的主题微信推送，向家长以及社会传播，扩大我校"清明诗会"的影响。

时光如水，岁月如歌。"清明诗会"已经走过了六个年头。这项活动已经成为我校文化育人的重要课程。因为"清明诗会"，中华传统节日清明节给一届届学生留下了深刻的印象。我们难以忘怀师生在朗诵会上被感动的瞬间，难以忘怀那一首首经典永流传的诗歌如涓涓细流，流淌进学生的内心，一届届诗会留下的剪影已经永远留在我校育人史上。"清明诗会"还将继续举办下去，让诗歌承载着清明节的文化在每一位学子心中留下永不磨灭的烙印。

构建节日与节气课程 感悟传统文化魅力

——小学部传统节日与节气课程规划与实践

小学部 林琳

文化是一个国家、一个民族的灵魂。文化兴国运兴，文化强民族强。党的十八大以来，习近平总书记多次就中华文化与文化自信的重要性作出精辟论述。没有高度的文化自信，没有文化的繁荣兴盛，就没有中华民族的伟大复兴。我国是一个有着几千年优秀文化传统的国家，有许多独特的民间传统节日，还有让国人骄傲的二十四节气。它们都蕴含着丰富的文化内涵和历史积淀，是中华民族悠久传统文化的重要组成部分；它们包含着丰富的农业经验，体现着古人的智慧，都是我们作为中华儿女需要传承的精髓之所在。

只有民族的，才是世界的。作为一所国际学校，虽然对接的是国际教育，但是我校非常重视对学生的传统文化教育，因此我们从传统节日与节气课程抓起，一方面让孩子们了解传统节日，了解我国的传统民俗习惯，继承中华民族优良传统美德；另一方面也为培养具有中国灵魂、国际视野的二十一世纪学子奠定坚实的基础。

一、课程内容选择

传统节日的内涵丰富，二十四节气一个接着一个，怎样才能在"双减"背景下，在既不加重教师学生负担，又带领学生不偏离主体学科学习的前提下，真正将传统节日与节气课程轻松而有序地渗透到学生的学习生活中去呢？

我校小学部以"了解传统节日文化，感受节日氛围；读懂二十四节气，知晓古人智慧"为目标，结合学段、年级学生身心发展特点，将六大传统节日

（春节、元宵、清明、端午、中秋、重阳）和二十四节气融入小学六年的学习生活中去，同时分别从德、智、体、美、劳等多方面挖掘课程内容，再按照时间顺序，统排成系统的知识与经验课程体系。

（一）结合学生身心发展特点，合理安排节日与节气

开发我校小学部传统节日与节气课程，首先要将六大传统节日与二十四节气合理融入小学六年的学习生活中。结合学生的年龄特点与身心发展特点，与我校已有的语文、科学、道德与法治等课程内容进行整合，我们进行了如下规划：

年级	1 年级	2 年级	3 年级	4 年级	5 年级	6 年级
节日	春节	重阳节	清明节	端午节	中秋节	元宵节

而对于节气，则将 24 个节气平均分到六年中去，每学期重点研究两个节气，这样小学六年就可以完成对所有节气的研究。

（二）以综合实践活动课程为主，充分调动学生积极性

现代教育观念和传统教育观念早已不再相同，传统教育是单片化的由教材到学生的灌输模式，而现代教育更注重过程和学生的积极参与。传统节日与节气课程不属于国家课程，具有一定的灵活性与自主性，所以在课程设置上以综合实践活动为主，引导学生在直接经验的基础上，紧密联系学生的生活经验，促使学生在实践中得到成长，是一门以学生的经验与生活为核心的实践性课程。这样也比较符合小学生乐学好玩的天性，也只有在实践活动中才能将节日所蕴含的教育意义内化为学生的精神品质。

课程实施的主体以学生为主，倡导、鼓励学生在自主探究、自主汇报、自己动手的基础上体会传统节日与节气背后的中国传统文化，实现传统节日的教育功能。

（三）挖掘各学科中的传统节日与节气文化知识，高度融合，实现教育效益的最大化

推进传统文化教育，规划并实践传统节日与节气文化课程，不一定是必须拿出专门的时间来搞研究，那样既费时耗力，还容易喧宾夺主。据笔者了解，其实在我们的国家教材中就有很多关于节日与节气的课程内容，比如我们的语文教材中就有和传统节日有关的内容，而科学课中则有和节气有关的内容，我们将这些内容单独拿出来，以此为星星之火，点燃学生探究的热情，引导学生以此为契机，展开更深入的了解与学习。

（四）文化传承大于活动，文化是活动的目的，活动是文化传承的载体

当前的传统节日文化更多地集中在美食文化上，对于传统节日与节气背后深厚的中华传统文化却涉猎较少。本课程则希望通过活动将更多的传统文化的精髓与文化之根植入到学生的心田中，既开阔孩子们的眼界，又充实孩子们的精神世界。

二、目标的确定

鉴于对以上课程内容的选择，我们确定了小学部节日与节气课程的主要目标：

第一，以推进传统文化教育，培养具有"中国灵魂、国际视野、跨文化交流能力的社会主义接班人"为目标，以培育学生的好奇心、想象力、创造力为导向，对各学科、各活动中和节日与节气课程有关的内容与活动进行梳理、整合和规划，构建节日与节气课程体系。

第二，通过合理规划、高度融合，在不加重师生负担的前提下，将小学部节日与节气课程序列化、课程化，以实现学生对中华传统文化的认同感，使其树立起强烈的民族自信心，进而继承、发展中华传统文化。

第三，通过自主、合作、探究的学习方式，培养学生的学习能力，激发学生的学习兴趣。

第四，培养学生尊敬父母、心存感恩的优秀品质，树立热爱祖国、报效祖国的远大志向，丰富学生的情感体验，培养学生悲天悯人的情怀。

第五，激发学生热爱科学、善于观察、喜欢探索、积极进取的科学品质。

三、研究方法

（一）文献法

通过查阅、检索国内外大量相关文献，从传统节日文化入手，了解这一研究领域的现状，发现小学课程开发中传统节日文化资源的利用与实施情况，为本研究的展开铺垫理论基础，是本研究的相关理论依据和研究的起点。

（二）问卷法

为了尽可能客观真实地反映当前的学校传统节日文化课程开发与实践情

况，本研究主要采用统一的、严格设计的问卷，通过对小学生进行问卷调查，来收集他们对于传统节日与节气文化的真实看法以及对课程实施的评价。为了方便学生回答，其中以选择性问题为主，设置少量的简答题目。

（三）访谈法

本研究采用访谈法，通过与教师进行面对面的接触和有目的的谈话，从教师的角度了解学校传统节日文化课程的具体情况。节日与节气课程规划项目组编制了教师访谈提纲，共包括 10 个问题。利用访谈法，面对面与被调查教师（选取 1 名学校管理者、3 名教研人员、各年级 35 名教师）进行对话访谈，和教师进行直接交流，从而发现教师对小学传统节日课程的认识与实施情况，直接获得事实依据，支撑设计结果，使课程安排的意义更为真实、可靠。

四、课程开发与实施过程

通过问卷调查，我们初步了解了小学部师生对于"春节、元宵、清明、端午、中秋、重阳"六大传统节日与节气文化的认知，然后重点和学部各大课程与活动紧密融合，以全人、全课程的理念为核心构建传统节日与节气课程，着眼于学生核心素养——亲情、感恩、礼仪、爱的培养，注重发展学生内在情感、创造力、想象力、同情心、好奇心，尤其注重学生的自我实现，为促进学生的整体发展，实现全人教育奠定基础。

（一）1 年级结合全课程进行"春节"主题学习

实行"全人教育"是我校教育的重要理念之一，"全人教育"不是要把孩子培养成完美无缺的人，而是充分利用每个孩子的优势，激发每个孩子的潜能，以促使其成为完整的个体和最好的自己。围绕"全人教育"，我校双语班开展了很多基于 PBL 项目式学习背景下的全课程学习，把学习融入生活，形成一个完整的小世界，把学生的心灵点燃，激发了学生的积极性、自主性、创造性，为他们未来的发展而奠定基础。在这样的大背景下，我们选择在 1 年级开展春节主题的学习。从"年"的由来到春节的各种风俗习惯，从剪窗花、贴春联、写福字到包红包（各种特权奖励，比如当一天路队长、免写一天作业等），从春节绘本的阅读到寒假作业的定制，孩子们由书本走向生活、由理论走向实践，多角度、全方位地融入"春节"主题的学习，中华民族的春节之根深深地植进了每一个小小的中华儿女的心田中。

（二）2年级结合语文课程进行"重阳节"主题学习

庆祝重阳节一般包括出游赏秋、登高远眺、观赏菊花、遍插茱萸、吃重阳糕、饮菊花酒等活动。2年级孩子年龄小，但是尊老、敬老的思想不能因为孩子小而忽视。2年级组结合语文课程展开了有关重阳节的古诗学习、手抄报的制作，并开展了一系列的实践活动，如给爷爷奶奶、姥姥姥爷捶捶背、给爸爸妈妈端杯茶、为家人洗一次碗等，并且以年级组为单位联系敬老院，提前亲手为敬老院的爷爷奶奶们制作一份礼物，真正走进敬老院为爷爷奶奶们敬献礼物、表演节目，这样的活动受到了社会各界的广泛好评。最重要的是，我们让孩子们学会了带着一颗感恩的心去生活。

（三）3年级结合清明诗会进行"清明节"主题学习

清明节是中华民族古老的节日，既是一个扫墓祭祖的肃穆节日，也是人们亲近自然、踏青游玩、享受春天乐趣的节日。历史上留下了很多关于歌颂春天、缅怀先烈的诗篇，在这样的日子里，3年级学生结合"语文"与"道德与法治"课程进行清明节的主题学习，让学生们了解了清明节的由来，学习了扫墓、祭祀等礼仪。在此基础上，开展清明诗会，这也是我校的传统活动之一，旨在通过祭祀英烈、缅怀先人的情景短剧与经典诵读、吟唱相结合，大力倡导文明祭祀，引导学生传承优秀传统文化，弘扬时代文明新风。

（四）4年级结合语文课程进行"端午节"主题学习

教育部编版的语文教材中就有关于端午节的学习内容，如何将这一单元中的内容转化成学生的实践活动，这是我们需要重点思考的一个问题。端午节又称端阳节、龙节、重午节、龙舟节、正阳节、浴兰节、天中节等，是中国民间的传统节日，蕴含着深邃丰厚的文化内涵，在传承发展中更是融入了爱国诗人屈原的历史故事，对培养学生的家国情怀具有重要作用。赛龙舟与食粽子是端午节的两大礼俗，这两大礼俗在中国自古传承，至今不辍。所以结合端午节的特点，我们带领学生在自主搜集资料的前提下，让学生从起源、风俗、传说等多方面进行自主汇报。组织学生开展包粽子、编五彩绳的活动，最后由家长为孩子们戴上五彩绳，表达对孩子浓浓的爱意。

（五）5年级结合厨艺课程进行"中秋节"主题学习

中秋节是中国民间传统节日，盛行于宋朝，至明清时，已成为与春节齐名的中国传统节日之一。中秋节自古便有祭月、赏月、拜月、吃月饼、赏桂花、饮桂花酒等习俗，流传至今，经久不息。中秋节以月之圆寓人之团圆，寄托人们思念故乡、思念亲人之情，蕴含其祈盼丰收、幸福的美好寓意，成为丰富多彩、弥足珍贵的文化遗产。在这样的节日里，我们与厨艺课程、美术课程、语文课程深度融合。语文课上从中秋传说、经典背诵等方面梳理出不同的阅读内容，学生利用晨读时间吟诵《望月》《静夜思》《十五夜望月》《水调歌头·明月几时有》等经典诗词，在经典阅读课中积淀人文底蕴；厨艺课上，厨艺老师带领学生亲手制作、品尝月饼；手工课上，老师带领学生制作灯笼……通过不同的方式以及其中所承载的中国所独有的文化内涵，增强学生热爱祖国、继承中国传统文化的朴素感情，弘扬创新节日文化，让节日真正给我们带来快乐与幸福。

（六）6年级结合"元宵节"进行主题学习

元宵节是一个万家团圆的日子，在这样的日子里，我们与6年级数学课程融合，了解元宵节的意义与传统风俗习惯，带领学生猜灯谜、做灯笼，感受浓浓的团圆气息。6年级是小学生活的最后一年，通过元宵节这样一个节日，学生感受更多的是深深的六年师生情、生生情。带着这样的留恋，带着母校给予的力量，去更加广阔的天空翱翔。

（七）以小课题形式展开对节气的研究

从我们的问卷调查中来看，超过九成的学生对节气这一概念并不是很熟悉，也鲜有教师在课程中向学生渗透有关节气的知识。其原因有二：第一，节气在我们的日常生活中很少提到，大家接触到的更多的是春夏秋冬四季的概念，所以大家并不了解节气。第二，很多老师对节气知识不是很了解，不知道如何选择内容开展教学。鉴于此，我们与科学老师紧密配合，以每学期每班研究两个节气为基准，在班级内开展小课题研究。在班级自主研究的基础上，推荐优秀的研究报告参与年级的评选，最后评选出优秀的节气小课题研究报告。

与此同时，课题组加大对节气的宣传，通过海报展示、纪录片推荐以及各种活动，如绘制、撰写自然笔记，为每个节气拍一张有代表性的照片，并举办比赛等，让学生更多地了解节气，掌握大自然的秘密。

我国传统节日与节气文化是人类文明在历史长河中的一颗璀璨的明星，经过岁月的打磨后，在现代社会更显珍贵，更是教育后代的宝贵财富。作为一所国际学校，我们不忘塑造学生"中国灵魂"，让传统文化课程走进师生心灵，使其昂首挺胸走出国门，心怀故土报效祖国，这正是这门课程的终极意义。

共同约定，自我养成

高中部　杨蓉

在北京市二十一世纪国际学校，我们谈到教师教学方法的形成，有"先入模再出模"一说。模式是基本的方法和规律，基本的要求和框架，在事物形成的初期，模式不可或缺。同样，学生的行为模式养成也要"有法可依"，培根养正，才能枝繁叶茂。

为了规范学生行为习惯，让孩子们从小懂规则且守规则，学校从2017年开始实施了"班级公约"项目。在这之前各班也会根据班级的情况和需求去制定班规，由老师颁布，学生执行，或共同讨论制定一些不可以违反的纪律以及奖惩措施，其中多数是告诫学生不可以做什么。2017年开始"班级公约"项目时，范胜武校长为大家指明方向，提出要求，希望"班级公约"成为我们帮助学生养成良好的行为习惯，逐步实现自我管理的有效工具。在变革原有的班规制定方式之后，"班级公约"能充分考虑学生的年龄阶段和心理特点，能包含学生的学习习惯、生活作风、道德品质等方面。"班级公约"不仅告诉学生不该做什么，更重要的是告诉学生怎样做会更好。

作为一名高中部班主任，我了解我的学生们。在高中阶段，学生自我意识明显增强，心理和行为上已经表现出强烈的自主性，同时他们独立思考和独立处理事务的能力也在不断提高。如果能够正确引导，完全有可能让他们实现从"被管理者"到"自我管理者"角色的转变，让他们直接参与到管理中来，成为班级的主人、自我管理的能手。"班级公约"能帮助学生养成行为习惯，实现自我管理。

在"班级公约"建设的探索中，我和学生们一起成长，取得了一些有益的经验。以下就是我们在"班级公约"制定中总结出的几点经验与感悟。

一、重视"班级公约"的作用

"班级公约"是班级全体成员都应自觉遵守的一种约定。它与守则、制度、规范、条例等既有相似之处，也有不同的地方。后者在约束和规范学生方面全面、系统、规范，一般学生可理解，但由于其条目多，条例细，面面俱到，反而对于每个学生而言不好记忆，也不容易去借助这些条例提升自己，所以非常需要用"班级公约"来进行补充。

二、"班级公约"的建立过程

"班级公约"如果只是老师制定后让学生执行，处于青春期的高中学生可能会产生抵触心理。但"班级公约"如果是班级全体成员共同参与而形成的约定，紧密联系学生班级生活，学生会更愿意接受。在"班级公约"的建立过程中，老师的作用尤其重要，犹如设计一堂教学课，老师需要分析班级整体情况，分析需要解决的问题，预测需采取的策略，引导学生全员参与，最终让学生们 DIY 生成适合班级、能提升自我管理能力的"班级公约"。

在制定"班级公约"前，班主任应该带领班委进行调研、设计，并在制定时进行分组等具体安排。将"班级公约"的形成过程进行详细记录，给优秀的制定者相应的表彰和荣誉，让充满仪式感的氛围更好地促进"班级公约"的产生。

三、"班级公约"建设的原则

（一）一页原则

建立"班级公约"时，最需要克服的是我们的"贪心"。有一次制定的"班级公约"多达 30 条细则，但在实践中，发现这样的"班级公约"如同一节失败的课，学生处处觉得是重点，却处处得不到落实，反而达不到预设的效果。我们总结：有效的"班级公约"，十条足矣。"班级公约"不在长，而在于让学生们发现自己某些不足的方面，从而进行有针对性地改善，方能达到实效，这才是最好的"班级公约"。所以，在制定"班级公约"时，我会提前与学生约定，用"一页"原则来完成公约，尽量设定在十条内。大家集思广益，多多罗列，然后逐条筛选和甄别，一一进行对比，最终形成最简化的"班级公约"。这个过程，其实也是带着学生进行问题深挖，找到班级和个人现阶段需要重点解决的行为问题。

（二）全员参与原则

一个好的"班级公约"，一定是全部成员参与的。"班级公约"最终的目的是通过班主任或导师的引导，实现学生对班级和个人的自治。可见，班级自主管理的主体是学生，班主任或导师是管理的参谋者、引导者，我们首先要明确地认识到这一点。另外，学生自治和直接参与班级教育教学管理的探索不仅是加快学校民主管理进程从而提高班级管理水平的重要手段，更是一种提升学生自主教育、培养合格公民的德育策略。我们需要转变观念，大胆放手，切实让学生成为班级的主人，成为自我管理的主人。

但每个班级会有不同的特色，有的班级学生富有创造力，思想活跃，想象丰富，语言组织能力强；有的班级学生比较内敛，文字用语中规中矩；有的班级学生较为感性，用词倾向于感性和文艺；有的班级学生较为理性，不是特别擅长表述，但借鉴能力比较强。其实，每一个班级都能形成具有自班特色的"班级公约"，在其影响下，学生能更有针对性地规范个人行为。

给大家举两个我自己带过的班级的例子：

A班女生18人，男生6人，女生人数多。该班踏实肯学，只要约束力加强，自我管理能力加强，学生的综合能力和素质水平就相对容易上一个台阶，但是创造能力相对而言就稍弱一些。入学初创建的"班级公约"如下：

1. 与人互动时，眼睛要注视着对方的眼睛。

When someone is speaking, keep your eyes on him or her at all times to make eye contact.

2. 尊重别人的发言与想法。别人在回答问题或交流时，学会倾听和等待。

During discussions, respect other students' comments, opinions, and ideas and listen carefully.

3. 做什么事都要先思考，有条理。

You will make every effort to be as organized as possible.

4. 打喷嚏、咳嗽、打嗝之后都要说"对不起"。

When you sneeze or cough or burp, it is appropriate to say, "Excuse me."

5. 用小小的贴心，为别人制造惊喜。

Surprise others by performing random acts of kindness.

6. 进门时，如果后面还有人，请帮他扶住门。

If you approach a door and someone is following you, hold the door.

7. 列队行进时不可以说话。

When in a line, there will be absolutely no talking.

8. 无论到哪一个公共场所，都要安安静静。

We should be quiet in every public place.

此"班级公约"强制约束性的词汇少，除了第七条"列队行进时不可以说话"。这是当时班级需要改善的一个行为问题，纪律没有条件可讲，用此条约提醒学生这是必须要遵守的。其他的所有词汇和约定都像是学生与自己在对话，提醒自己，如何做一个更加文明、高雅、为他人考虑的人。同时，这个班学生创造力较弱，所以本次"班级公约"中借鉴内容较多，但都是针对实际情况、从班级的实际需求着手，选定了想要改善的行为习惯，再去查找相应的资料，来生成一则对自我管理有效力的"班级公约"。

B 班是一个男孩子居多的班级，思维活跃，行为更活跃，但是自我约束能力不够，所以在这个班级，公约内容针对学生日常基础行为的规范更多些：

1. 早读英语读起来。Read aloud in the morning.

2. 迟到的"单"买起来。Pay for being late.

3. 走班上课快起来。Move fast for class.

4. 学校校服穿起来。Wear uniform all the time.

5. 别人回答听起来。Listen to others.

6. 班级卫生做起来。Clean up our classroom.

7. 课外活动嗨起来。Get involved in activities.

8. 面对困难爬起来。Never, never give up.

9. 不该说时静下来。Keep clam and be quiet.

10. "班级公约"做起来。Stick to the rules.

可以看出，这是一个以一天的学习生活时间为轴设立的"班级公约"，学生自己用朗朗上口且简练的语言去对自己的言行进行规范和约束，希望自己能达到更理想的状态。

（三）定期反思的原则

制定好的"班级公约"，学生会想办法努力达成，但是在美好的愿景实现前，学生们还需自我管理，进行定期反思。每天的午检小班会，每月的总结班会都是非常好的时机。让学生根据每条细则去对照自己的行为，反思自己的行为，并对今后的言行制定目标和要求。例如，本月我哪几条已经可以做到，下一个月，我的重点改进目标是第几条……最后，让学生去分享自己的收获和体会。一个月一次的反思，让学生更加重视自己的言行，从而逐步养成自我管理的习惯。

以前我带的班级有一位同学，开学不久，他便频频迟到，经常在午检小班会时针对迟到问题进行反思，他本人非常苦恼。全班跟他一起分析到底是什么造成了他现在的频繁迟到。最后，我们挖掘出很多原因：一个主要原因是他从上学起，都是妈妈叫他起床，小时候甚至是妈妈给还没睡醒的他穿戴好，抱着他去洗漱，所以他的意识中也觉得起床并不是自己的事情；另一个主要原因是他有晚睡的习惯，甚至觉得晚上学习效率高，有时候还会将重要任务留在深夜完成，所以他睡眠并不是特别好，早上起床很费劲；最后一点是他以前上学也经常迟到，虽然老师会批评，但他没有因此而付出太多代价，他自己也不够重视，于是迟到成为"家常便饭"。

在现在的班级，"班级公约"将迟到问题列为需要及时解决的十个问题之一，大家每天都对照反思。逐渐地，大部分同学的迟到问题得到了解决，而他却总是做不到，想改进却苦于没有办法。

基于这位同学的深刻反思，我们和他又一一分析可行的办法，例如，买一个声音大的闹钟，自己管理好时间；改变生活习惯，晚上尽早上床睡觉，保障睡眠时间，让早起更轻松；不仅保持每天和每月对照"班级公约"进行反思，还应该进行详细记录和对比：第一周有几次迟到，第二周有几次，是否有减少，最后能不能逐渐减少，趋近为零……他觉得这些办法都是可行的，于是开始落实，渐渐地，他终于告别了迟到的坏习惯。

（四）定期以及不定期更新的原则

"班级公约"在每个学期初，都应该更新或重新制定，这会帮助学生在新的一个学期重新审视班级和自我需求，根据每个学期阶段性的任务的不同以及自身发展的需要去制定切实可行的公约，助力成长。但我们也不要仅局限于以一学期为周期去更改"班级公约"，因为学生一直在成长和变化。如果在此过程中，发现有已经不适用的"班级公约"，老师可以跟学生商定后共同去修订和完善。

根据班情，由老师引导，学生制定的"班级公约"一定会让学生，特别是高中的学生在自我的管理方面得到提升，而在此过程中，我们还需要持续学习，不断钻研如何能让"班级公约"制度发挥到最大的功效，可谓"路漫漫其修远兮，吾将上下而求索"。我们和学生，一直在成长的路上……

用"零起点"开启学习之旅

小学部　王海霞

为了不让孩子输在起跑线上，中国父母总是非常着急，幼儿园学习小学内容，小学学习初中内容……给孩子施加了很多压力。"内卷"成了高频词，也成了社会性问题。据调查，现在学生中有抑郁、焦虑等心理疾病的人越来越多，而且有越来越低龄化的趋向。2021年，国家出台"双减"政策，要求给学生和家长减负，推动教育回归校园，回归本质。

"双减"政策强调1年级必须是"零起点"教学。其实早在2013年，教育部就提出要严格按照课程标准开展"零起点"教学。"零"指的是学生在入学前，未参加过校外形式的辅导学习，从零开始进行学校正规教育。对于1年级来说"零起点"不仅仅是知识上的"零起点"，还有行为习惯的"零起点"，二者缺一不可。

一、知识的"零起点"，指向学生学科素养，点燃学习兴趣

（一）游戏化教学，让"零起点"知识变得好玩且有趣

游戏对于小学生来说具有"魔法"的力量。因较强的娱乐性与趣味性，能快速吸引小学生的注意力，并且能最大程度激发孩子参与教学活动的兴趣，能显著提升教学效果。

"孩子们，我们一起玩手指对对碰凑7游戏，好不好？""我出3""我出4"、"我出2""我出5"……这是1年级数学课堂上经常玩的手指游戏。通过游戏，孩子可以很好地学会数的分合，同时也能慢慢建立数感。除此之外，数学课上我们还经常做"我来演，你来猜"的游戏。让一个学生用身体表示

0—10 的数字，让另一个同学来猜，借助形态，记住 0—10 数的写法。"扑克牌比大小"的游戏学生也很喜欢玩，每人 5 张扑克牌，谁的数字大，这张牌就归谁。"掷骰子游戏"学生也百玩不厌，每人掷一次骰子，根据掷的数字，说一道加法或减法算式，没说上来的同学为输……各种各样的游戏，让学生感知到"数"就在我们身边，数学很神奇，由此激发学生对数学的求知欲。

英语课堂教学我们从模仿 26 个字母开始。启蒙英语的学习主要依靠模仿，模仿的准确与否直接关系到发音的质量。因此教师在教学中利用发音口诀、歌曲，带领学生模仿字母发音，培养学生准确模仿的好习惯。"Simon says"、"Pass the word"、"Hide and seek"、"Bomb Game"、歌曲跟唱、趣配音等英语游戏也很受学生喜欢，大大增加了学生学习英语的兴趣。

2. 跨学科融合，让"零起点"的知识变得丰富且立体

孩子们如果要获得自由人格和认知发展，就要跨越学科学习，用多元智能认识世界，进而找到自己最擅长的领域，以此为基础，像专家一样思考，向其他学科跨越发展，这就是信息时代的自由人格。跨学科学习可以像是拌沙拉，原料之间层次分明；也可以像是鲫鱼炖豆腐，食材之间相互融合，是一个整体，但内部有主次之分；还可以像做蛋糕，牛奶、鸡蛋、糖这些原料都看不出原来的样子了。

语文老师用"女娲补天""女娲造人""盘古开天辟地"的神话传说，让孩子认识了"天、地、人、口、耳、目"等字从甲骨文到金文、篆书、楷体的字体演变。学习拼音时，与美术学科联系起来，画拼音画，让孩子借助图像进一步记住拼音字母。学习对韵歌时，让孩子们边唱边跳，在音乐中记住了古老的歌谣。

数学课学习"比较轻重"时，我们带着学生开展了"秤文化"的探索：原始的物物交换—货币的产生—秤的发明—秤的种类—秤的故事（曹冲称象）—秤的文化（杆秤的设计）—自己做秤—认识天平—天平称重。在这一个完整的研究链中，学生不仅学会了怎么判断轻重，还了解了秤的前世今生，这个过程包含了数学、历史、物理等知识，动脑动手，开阔了学生的视野。

3. 适当分层，让"零起点"学习，变得人人有收获

"零起点"教学也不是"一刀切"，我们需要在了解学生特点的基础上，进行分层分任务教学，努力让每个学生在每节课上都有收获。

在不同的教学环节中可以分层。例如，在拼音教学中，不同的教学环节

可以对不同程度的学生进行关注。创设情境，学习韵母时，需要特别关注个别能力较弱的孩子，而在"纠音游戏"环节，则需要关注全体学生。在英语学习中，每个班都配有 RAZ 分级读物。学期开始外教老师们为这些分级读物录制了指读视频。学生每天都会坚持分级读物的朗读模仿训练。对于不同类型的孩子，我们为其挑选出适合的朗读绘本，让每个学生都能有所发展。

依据学生差异分层，组建学习共同体。合作化的教学能有效发挥每个学生的主观能动性，我们把学生分组，让学生开展同桌合作、集中合作和小组合作。由学习能力强的学生来做小老师，传授发音技巧，带领同学进行拼读。特别是在纠正发音、准确拼读等练习巩固课时，这一活动能促进高效课堂的生成。在数学的学习中，还可给学习能力强的孩子设计"问题树"，让他们自己去研究、去解答，以此提高他们的思维能力。

二、习惯的"零起点"，指向学生品德行为，培养健全人格

整个小学阶段都是良好习惯的养成期。1 年级的上学期又称为"入学适应期"，习惯养成是重中之重。习惯的养成，一切从零开始，从细节开始。如听课姿势、执笔姿势、读书姿势、倾听习惯、举手习惯、表达方法、合作习惯……老师们借助"小儿歌""小口令""同伴示范""师生评价"等多种方式，从"教"到"扶"再到"放"，关注细节，从一点一滴开始，帮助学生养成良好的习惯。我们是寄宿学校，除了常规的学习习惯，还特别注意学生生活习惯的养成。

（一）开展劳动日，让学生学会自理自立

一个家长曾跟我说过："我选择寄宿制学校的目的就是让孩子自己的事情自己做，而不是让大人替代。"如何正确洗漱，如何自己洗澡，如何吃饭不掉，如何叠衣服……这些基本的生活技能，都需要老师手把手教、慢慢地扶，最后才能放手。刚开学时，我们设计了"劳动日"课程，每周开展一次劳动技能学习，每月进行一次劳动技能比赛。通过一系列活动，学生用勤劳的双手把自己的生活变得更干净、更整洁、更有序。在老师和同伴的赞赏中，他们也慢慢感受到劳动的光荣，形成了良好的品德。

时间	劳动技能点	劳动比赛
9月份	正确洗漱、吃饭不掉、自己洗澡、叠衣服	叠衣服
10月份	叠被子、整理箱包、收拾柜子、垃圾分类	叠被子
11月份	扫地、擦桌子、整理书架、整理书包	整理书包
12月份	洗抹布、系扣子、打结、剪指甲	系扣子

（二）开展"好友日"，让学生学会与同伴相处

适应一个环境，除了设备设施外，人的因素是排在第一位的。和蔼可亲的老师、团结友爱的同学是学生喜欢学校、喜欢上学的关键因素。为了让学生更好地熟悉环境，从心理上愿意上学，我们每个月都会开展一次"好友日"活动，目的就是让学生之间多了解、多熟悉、多合作、共成长。1年级的上学期我们把"好友日"的活动与体育游戏结合起来，一方面学生小，好动，喜欢体育游戏；另一方面许多体育游戏的完成需要学生两两或三三的配合，这样既可以很好地"破冰"，又能很好地培养学生的合作意识。9月的"好友日"开展了"携手同行""拥抱运球""蚂蚁过河"；10月开展了"抬西瓜""4人迎面接力""趣味传球"；11月份开展"赛龙舟""大象走""恐龙尾"；12月份开展了"一圈到底""跳绳接力"。活动先在同班内进行，慢慢地可以扩展到相邻班，再扩展到同一年级。随着活动范围的扩大，孩子们认识的小伙伴也会越来越多，交到好朋友的概率也会越来越大。

对于1年级的学生来说，喜欢上学是最重要的。如果孩子每天在学校很开心，不想回家，那会让老师和学校特别有成就感。兴趣是最好的老师，热爱可以让人走得更远。"零起点"教学放慢脚步，回归教育本真，通过各种活动，让学生感受上学的乐趣，由此爱上学校。我相信，这种发自内心的热爱会让孩子们的明天更美好。

高效阅读三部曲，成就学生好未来

小学部　赵芳

　　小倪是一个零基础入学的孩子，刚进入 1 年级时，学习非常吃力，仅"识字"这一项学习内容就给他带来很大的压力，一行词语常常是跟着老师读完了后面几个，自己再从头开始就都不认识了，老师、家长都为他感到着急，小倪自己更是觉得班里同学都比他强，越来越不自信。但是，有一次我们在进行绘本阅读的时候，我发现小倪有很好的"读图"能力，即使不认识字，他也能看着图把绘本的内容讲得八九不离十。于是，我在全班同学面前表扬了他，并鼓励他从文字少的绘本开始，看完图再试着把上面的每一个字都读出来，逐渐建立起汉字"形音意"之间的联系。在完整读完第一本绘本《动物绝对不应该穿衣服》之后，小倪有了一种强烈的成就感，并对识字不再畏惧，从此喜欢上了绘本阅读，用这种方式赢得了阅读生涯中"第一桶金"。

　　孩子们进入 2 年级以后，我们开始引入了"桥梁书"的阅读，此时的小倪虽然已经有了一定的识字量，但是自主阅读"桥梁书"还是有些吃力。小倪非常擅长画画，读完一本书后，老师引导孩子们做"思维导图"或者"阅读小报"，小倪的作品一经展出就引起了一片欢呼，他在构图和色彩的运用上特别

有天赋，同学们一下课就围在班级的展墙前欣赏他的作品。大家的认可和赞扬给了小倪很大的鼓励，从此，每一本书他都读得极为认真仔细，不明白的地方会主动问老师同学，这样每读完一本书都能创作出一份"了不起的作品"，班里同学经常叫他"作品达人"。

3 年级以后，我们开始带着孩子们进行"整本书阅读"，同时引入了"阅伴"这款 APP 来辅助检测阅读效果。当时班级共读的第一本书是《绿野仙踪》，老师上完导读课后，小倪对这本书产生了强烈的兴趣，反复读了三遍，用"阅伴"进行闯关时，每一关（15 道选择题）的平均用时只有 38 秒，而且连闯三关，正确率都是百分之百，在班级排行榜上稳居第一。从此，小倪对自己的阅读能力信心满满，他真正爱上了阅读，识字量对小倪来说早已不是问题，伴随着阅读量的不断提升，小倪的理解能力也越来越强，包括数学在内的其他科目的学习也因阅读而受益。

进入 4 年级以后，小倪仅在"阅伴"上闯关的图书已经超过了四十本，有效阅读量已经达到了三百万字，远远高于课标中规定的整个小学阶段的课外阅读量。4 年级上学期，小倪在班级竞选中被同学们推选为"中队长"，小倪的下一个目标是要争当学校的"金牌书童"。他说："尽管进入 4 年级以后，学业课程增加了一些难度，课外时间没有以前那么多了，但是我还是会自觉把阅读这件事坚持下去，'金牌书童'是我下一个阶段的目标。"小倪的妈妈说："以前不懂教育，孩子小时候完全采用'散养'的方式，1 年级时看着孩子学习那么吃力，真是焦虑到睡不着觉，不知道该从何做起。参加完家长会以后，按照赵老师的建议一步一步陪着孩子读绘本，做思维导图，阅读闯关。现在可以完全放手，孩子自己会去找时间找书读，阅读带给这个孩子的转变真是太多太多了……"

在二十一世纪国际学校，像小倪这样因阅读而受益的孩子还有很多很多，我们的"阅读工程"为什么有这么大的魔力？老师们是如何来实施"阅读工程"，让学生逐步养成阅读的好习惯呢？秘诀就是我们的"阅读三部曲"。

阅读三部曲

（一）上好导读课，激发阅读兴趣

都说兴趣是最好的老师，对于阅读习惯的培养更是如此，虽然我们目前已经走上了"课外阅读课内化"的道路，但就学生来讲，"课外"仍然是阅读的主战场：睡觉前、晚自习后、周末休闲时……如果学生能把碎片化时间利用起来主动阅读，养成好的读书习惯就不成问题。

导读课是我们将学生引入阅读殿堂的"秘密武器"，好的导读课能给学生阅读的仪式感，能够针对一本书激发一个兴趣点，还能让学生体验到一种共读的乐趣。一书在手，首先映入眼帘的是封面，封面往往是书中主要场景的缩影，教师要引导观察，不仅引发学生猜想，让他们产生阅读期待，还要让学生形成对书的整体印象。教师还可以拓展介绍该书的其他信息，如获奖情况、名人和媒体的评价以及本书的特别之处等，使学生对其了解更全面，产生更大的阅读兴趣。在每一节导读课上，我们会让孩子观察封面，对封面进行提问，观察环衬说出自己的感觉，试读目录分享自己的猜测，孩子们的好奇心、求知欲在观察、提问、想象、猜测的过程中一点点地被激发出来；一节导读课上完后，孩子们往往在课间都舍不得休息，还沉浸在书的世界里；晚上就寝前，我们的住宿生都有"枕边一本书"的习惯。就这样，课间读一会儿，晚自习写完作业读一会儿，睡前再读一会儿，孩子们利用碎片化的时间读完了一本又一本经典书籍。

（二）巧用 APP，提高阅读量

心理学家通过调查发现，人们总是更倾向于完成更容易、更接近的目标（例如短期目标），因为可以不断获得成就感。我们使用的这款叫"阅伴"的 APP 把一本书分成了好几个关卡，孩子在阅读过程中每次只读完 20—30 页就可以进行线上闯关，孩子们花 2—3 分钟时间做完 15 道线上的选择题，既能检测自己的阅读效果，也能获得一种游戏体验。每一次闯关的成功都能给学生莫大的激励，闯关不成功也会促使学生去查看错题，回读并进一步优化自己的阅读过程。孩子们觉得读书就是一件很简单自然的事情，只要认真读了，闯关都能成功，闯关的情况和累计的字数一目了然，孩子们既能通过闯关的排名和周围的同学竞争，也能通过累计的阅读字数不断挑战自我。通过这种方式，我们在两年多的时间里共读了四十多本书，平均阅读量超过了两百万字，部分学生的阅读量已经达到五百万字，是《语文课程标准》规定课外阅读量的十倍。我们相信，在学生的课外阅读方面，量的积累一定能够带来质的飞跃。

（三）融入阅读策略，实现高效阅读

古人云"学而不思则罔，思而不学则殆"，读书加上主动思考才能称为有

效阅读。为了实现学生的高效阅读，我们设计了丰富多彩的阅读活动，在活动中潜藏策略，学生完成的是阅读活动，在活动过程中建构的是阅读策略。比如在共读《爱德华的奇妙之旅》这本书时，一开始我们先让孩子们回忆自己已经读过的几本以"兔子"为主题的书，然后把书名和主人公的名字写出来；在阅读的过程中，我们一边读一边猜测主人公爱德华接下来的命运；在读完整本书以后，我们让孩子们讨论"我更像故事中的谁"，在这个过程中，孩子们会自觉地把书中的人物形象再梳理一遍，同时在阅读的过程中寻找自己，并用图文并茂的方式列出自己的依据。在这些过程中，孩子们不自觉地就学会了提问、联结、推测、内容重构等阅读策略，久而久之，养成了边读书边思考的习惯，实现了高效阅读。

对二十一世纪国际学校的孩子们来讲，阅读是像吃饭、睡觉一样自然的事情。学校给孩子们提供了广阔的平台和丰富的活动，以保证让每一个孩子参与其中。每年开学前，学校会给每个班级配备丰富的、适合孩子年龄段的新书，每个教室里现有的图书数量都在三百本以上，一间间教室就是一个个小图书馆；学期初，我们会举行读书节活动，每个年级选择共读的主题，孩子们一起阅读，并用自己喜欢的方式（写绘、诵读、演讲、表演剧情等）在班级、年级乃至整个学部进行分享和展示；学期中，年级组会组织类似图书漂流、好书推荐、好书分享等活动，以活动促阅读，让孩子们把自主读书和互动分享相结合；每学期期末，我们会评选"金牌书童""银牌书童""铜牌书童"和"优秀书童"等在阅读方面表现优秀的个人，还会评选出"书香班级""书香年级"等优秀的集体。广阔的平台和多样化的活动激发了学生的阅读兴趣，让我们的学校真正成为"书香校园"，阅读、悦读融为一体，生机蓬勃，蔚然成风。

小学阶段是孩子们养成阅读习惯的重要时期，每一个孩子阅读的背后都伴随着老师们关切的身影。我们知道：一个儿童读者，也将会是一个终身阅读者；帮助一个孩子亲近书本爱上阅读，就是送给他一份珍贵的礼物，这份礼物，足以让他享用一生。

学生"动"起来，课堂"活"起来

——小组合作助推学生成长

小学部　宋泽茹

"人生就像射箭，梦想就像箭靶子，如果连箭靶子也找不到的话，你每天拉弓有什么意义？"这是 2019 年暑期热映电影《银河补习班》中的主人公马飞的爸爸马皓文一贯坚持的教育理念，他利用工作给马飞演示连通器原理；带他到野外草地体会"草色遥看近却无"的意境，告诉他真感情即是好文章；在洪水来临的危急关头，耐心引导他不惧不畏，从容应对，终化险为夷；他带马飞爬到山顶上看航展，领略天地间的辽阔，一睹飞机的雄姿。马飞因此也学会了在生活中解读课本上的知识，在思考中将知识串联，在体验里读懂生命的意义，天赋潜能得到彻底释放。

其实，在教育里，给予孩子充分的信任与支持，培养孩子的学习兴趣及独立思考的能力，才是最重要的。真正的人生难题，不会像考卷那样，会自动跳出 A、B、C、D 四个选项，且永远只有一种标准答案，而是会有 E、F、G、H 等的岔路，甚至能蹦出 X、Y、Z 等变异。所以，教育更不应该是千篇一律，成绩并不能代表一切，教会孩子如何成为一个有独立思考能力的人，才是最重要的。

转回到学校教育，"以学生发展为中心"课程理念下的课堂教学，应是教师积极引导，学生主动学习，师生互动，课堂气氛活跃、愉悦的教学。新课程提倡自主、探究、合作的学习方法，主张让学生在感兴趣的活动中学习锻炼，在自主学习中培养独立思考的能力，在探究学习中培养解决问题的能力，在合作学习中提高合作交流的能力。那么，落实"以教师为主导，以学生为主体"的教育思想，要把转变学生的学习方式作为重要的着眼点，以尊重学生学习方式的独特性和个性化作为基本信条，从而重建教、学、师生关系等概念。一堂课能否体现新课标的新理念，主要也是看是否体现了"以生为本"的思想，表现在是否发挥了学生的主动性，只有让学生"动"起来，课堂才会真正地"活"起来。

新型师生关系强调：教师和学生之间围绕学习开展更为平等的、包容性的对话，形成反思型的学习群体，给学生发言的机会，并倾听他们的声音。学习同伴关系需要在课堂上构建学习共同体，学生们愿意并且能够互相支持、互相学习。那么，小组合作学习可以为学生练习自我评价和同伴评价提供机会，因为合作经常需要小组成员承担不同的任务，同时需要这些成员共同努力，最终取得某种成果。

合作学习的基本理念是以教学目标为导向，以异质小组为基本组织形式，以教学各动态因素的互动合作为动力资源，以团体成绩为奖励依据的一种教学活动和策略体系。合作学习一般采用异质分组，将全班学生依其学业水平、能力倾向、个性特征、性别、爱好等方面的差异组成若干个组内异质、组间同质的学习小组，坚持公平性、竞争性、合作性、互补性、固定性等原则，使各个小组处于大体均衡的水平上，以便促进组内成员对学习任务和学业竞赛参与的积极性和主动性。

开展合作学习，要注重培养学生的合作技能，让学生学会倾听、讨论、表达、组织和评价。小组成员之间要相互尊重、相互理解，要善于倾听组员的发言，在倾听的过程中要有自己的思维和价值取向；当遇到不同见解时，要等对方说完，再补充或提出反对意见；对组员的精彩见解和独立观点，要积极地鼓励；遇到较大的困难和分歧时，要心平气和，学会反思，共同解决问题。

小组合作学习要顺利实施并取得一定的效果，成员之间必须要有合理的分工，各自承担起分配到的任务，在分工中合作，在合作中分工。一般小组成员以3—6人为宜，可以设置小组长、记录员、检查员、报告员等岗位，明确职责，并共同建立小组管理机制。

有效合作的第一步就是要善于质疑。古人说："学贵有疑，小疑则小进，大疑则大进。"所以我们努力将质疑引进课堂，提问不是教师的专利，质疑应成为学生自身发展的需要。可以从以下三方面入手：首先，创设质疑氛围。让学生敢于提问，使学生因疑生趣，因疑生奇，因疑生智。第二，教师要引导质疑。要知道"提出问题比解决问题要重要"，可以采用设问、制造悬念、演示、游戏等方法，让学生寻找疑点，大胆质疑。第三，教师要引导学生讨论、争辩，开展师生之间的平等对话，并让学生主动答疑。

学生们积极地"动"起来了，课堂自然就"活"起来了。那这种"活"还需要我们给予持续不断的动力。巧用激励评价就是为学生输送动力的重要源泉。具体评价方式可以分为学生自评、组内互评、组际互评、教师点评。我们可以利用各类评价量表使学生学会自评与互评，量表内各类评价项目对应着合作学习的目标与规则，采取多项打分制，使评价结果清晰可见。比如组内成员自评表中，根据自己在小组合作中的表现按照总是、有时、很少进行自评打分，自评项目包括"我很愿意与其他组员进行合作""在合作中，我能明确自己的责任和承担的角色"等；在小组自评表中，对小组整体表现从 0—5 分进行赋分，自评项目包括"我们每个组员都积极参与合作活动""我们都明确各自的责任和所承担的角色"等。组间互评表中分别对合作活动中的报告人和各个小组成员进行评价，比如"报告内容代表的是全组合作后的综合意见""任务的完成及良好的成绩来源于彼此的合作"等。评价量表的使用让学生在开展合作学习后适当地"静下来"，通过反思、总结，更好地落实学习目标。

除学生评价外，教师的评价也至关重要，教师在进行总结性评价时有以下几点需要注意：第一，按照合作学习规则认真、详细地评价各个小组合作学习活动中的优点和缺点；第二，教师的点评和提问要有针对性和开放性，能够激发起学生对于合作学习活动中的总结与反思；第三，教师要肯定每个小组成员的努力，使学生知道是通过他们自己的努力才使小组获得这样的成果；第四，教师要对表现好的小组进行奖励，激起其他小组的竞争意识，激励学生在以后的合作学习活动中付出更多的努力，获得更好的成果。就教师的点评而言，更是要告别单调的"很好""真棒"等模糊性评价，教师可以通过探究性问题激励学生的反思和自我评价。可以从思考收获、寻找证据、与他人合作、克服障碍、任务调整五个方面结合学生的想法和行动进行提问，比如，"今天的合作让你学到了什么？你现在能解决哪些新的问题？"等，这样的点评将使师生互动更加高效。

总之，教无定法，贵在有效。新课程中提倡的合作学习为基础教育打开了一片自由发展、蓬勃向上的新天地，使我们的教育教学都能开辟出真正体现素质教育思想的新思路。让学生"动"起来，是全面发展学生能力的重要方面，也是向课堂要效益的重要途径，是素质教育在课堂行动的具体体现。我们相信：让学生"动"起来，让课堂"活"起来，将是教学中一个永恒的话题，它将在教学中不断地得到完善，并逐步发挥其越来越重要的作用。

教学有"抓手"，好课不用愁

小学部　赵龙

上学期学校开展了教学专项诊断，也正是凭借这样一次参加诊断的机会，让我第一次真实清晰地了解了学生是否真正喜爱我的科学课，喜爱我科学课的哪些方面，我的科学课有哪些需要继续改进的地方。

当我拿到学生给我的分数和评语时，作为被评价者，我心中很是忐忑，犹豫了良久才敢打开这份"诊断报告"，结果让我惊讶。我清晰地记得当时眼眶湿了，眼泪止不住流了下来。原来我在学生们眼中是这个样子的："讲课非常有趣""我最喜欢这位老师，他不仅会给我们讲书本上的基础知识，还会进行很多拓展，让我们懂得更多""老师把科学知识讲得生动有趣""科学课上最喜欢的就是老师会给我们讲很多航天拓展内容""赵老师会考虑我们喜欢什么，对什么感兴趣，您是我们最喜欢的老师""赵老师是我的偶像，赵老师的航天拓展很有意思，是我认为最厉害的老师"……

满屏的惊喜与感动瞬间袭来，一时间让我有点儿招架不住，但兴奋之余，我开始反思：我是一个有激情的人，上课时会比较忘我，能通过自己的情绪来感染和带动孩子们，喜欢和孩子们打成一片。但除此之外，我的课堂上真正吸引孩子的又是什么呢？孩子们在我的课堂上除了获取科学知识外，又能有哪些收获呢？

我把学生的评价看了一遍又一遍，不断反思之后，我恍然大悟，原来，我在课堂上使用的"抓手"成了我的制胜法宝，也正是有了这件法宝，我的学生们才真正喜欢上了我的科学课！

为什么课堂要有"抓手"？我理解的"抓手"是学生愿意坐在课堂学习的理由，能够开阔眼界的机会，一份敢于憧憬未来的自信。我们在备课时，能够最直接获取基本教学信息的就是教材,但教材只是给了我们一个方向,一个框架,一个思路而已,如果我们完全依赖或按照教材去授课,那么学生只会达到温饱的水平。所以,我们需要站在更高的位置去审视我们的课堂,去准备我们的教学,为了给学生呈现更充实更有高度的课堂,我们就需要"抓手"了。

我校秉承"做豪迈的中国人"的教育理念,以培养"具有中国灵魂、国际视野"的学生为培养目标,何为豪迈?正直、务实、探索、自强!所以我选择的"抓手"就是航天!有了这样一个"抓手",我的课堂绝不会枯燥,而且学生在我的课堂上会学到更多、听到更多、思考更多!接下来我来讲述一下我是如何利用航天"抓手"来开展教学的:

课堂案例一:《种子的萌发》

"同学们!你们看过《火星救援》这部电影么?男主被遗落在火星,没有放弃,果断开始在火星上种庄稼,结果还成功了,那么问题来了:一粒种子无论是在火星上种下去还是在地球上种下去,种子萌发所需的条件是否一样呢?"接下来,我便通过设计对比实验来和学生一起验证:种子萌发的条件是什么?实验结束,学生得到结论:种子萌发需要空气、适量水分、适宜的温度。之后,我继续拓展,《火星救援》虽是一部科幻电影,但里面的科学知识却是有据可查的,你们自己检索一下人类在太空的种菜史是怎样的?同学们发现国际空间站、天宫二号、嫦娥四号等都先后开展了太空种菜实验。那么,我们为什么要做这项实验呢?如果我们今后移民火星,需要你携带第一批植物前往火星,你会携带什么植物?为什么?一系列的追问,一系列的拓展,层层递进,层层深挖,到这儿我觉得这节课才真正"活"了起来。

课堂案例二:《光的反射》

"中国珠峰测量队再次成功登顶,测量得到珠峰的最新高度 8848.86 米,那你们知道珠峰的身高是怎么测量出来的吗?测量队员为什么要在峰顶插一个觇标?学完这节课你就能解决这些问题了!"于是,我们通过科学实验探究光的反射原理,学生们得出结论:入射角 = 反射角,反射光也按直线传播。紧接着,学生开始尝试解释生活中光的反射现象(汽车后视镜,潜水艇的潜望镜,洗漱照镜子等），再回到课前的问题：珠峰是怎样测量的？我们没有那么长的尺子，测量队是如何测量的？此时需要给学生搭建"脚手架"——勾股定理。如果我们知道一个三角形的斜边，再通过北斗卫星等定位就可以知道邻边的长度，利用勾股定理，另一条边也就是珠峰的高度就知道了。但我们都知道，实验只做一次不行，我们需要多组数据，所以珠峰测量时会在不同位置向珠峰顶端发射光束，来收集多组数据。最后，你们知道吗，利用光的反射，我们不只能测量地球上的物体，地月距离也是利用了光的反射原理进行测量的，比如中国的天琴计划……

上面两个案例，就是我利用航天"抓手"来设计的教学，有了这样的"抓手"，学生会始终主动参与到课堂教学中，而不只是被动接受知识，最终的效果就是学生能主动运用科学知识去解决自己感兴趣的问题，这样学习才会真正有效果。

经过一段时间的探索之后，我又发现，学生对航天的兴趣与日俱增，但学生学到的航天知识过于片面化，兴趣有余但系统性不足，甚至很多学生都不认识校园里长期摆放的长征五号运载火箭模型。我觉得这又是一个契机，可以借此为学生提供航天主题式科普教育。所以我开始着手设计一系列的航天主题课：探秘月球——从阿波罗到嫦娥五号，太空之眼——从 GPS 到中国北斗，太空巴士——从东方一号到神舟十四号，太空豪宅——从礼炮到中国的天宫，探秘火星——从水手四号到天问一号……通过一个个主题式航天科普教育，让学生对航天的了解不止于片面的兴趣，更可以织成一张网，让自己的航天知识更加系统起来。这样，学生学习航天的兴趣不仅仅在我的科学课上，回到家还会持续关注航天的动态、航天的相关知识。很多学生经常回家后会给我发来一些和航天相关的新闻和视频，甚至还能发表一些自己的见解。

与此同时，我考虑到我校学生大部分是住宿生，每天能够回家关注航天新闻和热点的学生很少。2021 年和 2022 年是航天大年，嫦娥五号、天问一号、羲和号、夸父一号、天和核心舱、神舟飞船、天舟飞船、问天梦天实验舱等，无一不彰显中国航天人自强不息的探索精神。我国跻身航天强国之列也是因为中国有千千万万敢于突破、敢于创新的航天人，这是我们中国的航天精神，也是我们 21 世纪学子应该感到骄傲和自豪的航天精神。于是，每当中国航天有发射任务时，我都会提前向班主任发送直播等链接，并且鼓励学生课间来我的教室观看直播。令我印象最深刻的是，学生在我的教室观看长征五号携带天和核心舱发射成功的那一瞬间，他们激动地手舞足蹈，发自内心地为祖国、为中国航天鼓掌。这一刻，胜过千言万语，每个人心中都在高声呼喊着祖国的名字，每个人都为身为中国人而自豪。

教育教学工作其实很"简单"，只要我们用心去备课、用激情去上课，就一定能成为一名好教师。教师心中一定要有学生。学生在你的课堂上能学到什么，真的会影响到一个孩子的一生，你的一言一行，每一次启发可能都会为学生开启一个不一样的未来。所以，教育不只发生在课内，更发生在任何地方、任何时刻，只要我们心中时刻想着学生，想着祖国的未来，让人民满意的教育一定会如期而至！

高效课堂三部曲

小学部　李翠玲

"双减"来了，整个社会都在关注这个话题，众说纷纭。这么多年，教育一直在做加法，效果怎么样呢？真是到了该做"减法"的时候了。"双减"之下，教学如何做到提质增效？课堂高效是关键。

一、教师备课要充分

教师备课备什么？首先要了解学情，做到眼中有人；其次目标要清晰，师生要达成；最后，单元要整合，任务要明确。

（一）教师眼中要有人

教师要了解学情，尤其是小班化教学，教师完全可以做到对每一个孩子了如指掌。只有清楚每一个孩子的学习风格，才能为他准备合适的学习资源；只有掌握每一个孩子的学习路径，才能为孩子提供合适的工具、策略和方法。比如有的孩子上课总是不听讲，不能轻易地认为他不想学习，也许是因为他已经都会了；有的孩子作业完成得一塌糊涂，不要武断地认为他态度不端正，也许他已经尽心尽力。只有了解孩子，才能因材施教。高效课堂要从研究孩子开始！

（二）师生心中有目标

学习目标要可操作、可达成、可评价。关于情感态度、价值观目标，有的老师视为可有可无，但从长远来看，培养学生的兴趣，让学生对学科产生热爱，才是激发学生学习内驱力的基础。教师心中有目标，就会进行逆向设计，以始为终；学生心中有目标，就会主动去探索，化被动为主动。

（三）单元整体设计

单元设计不论是自然单元，还是构建单元，都要做到整体把握。关注素养，关注本质，关注知识。以学科素养发展为核心，明确本单元学生应掌握的学科核心内容、应形成的学科思想方法和价值观念、应发展的学科关键能力，体现素养发展的整体性和进阶。教师要聚焦单元学习主题，整体规划教学结构，系统设计教与学的活动，明确课时安排，突出学科素养发展的关键。

二、课堂教学，以学生为主体

我校是典型的小班化教学。如果按照传统的讲授式教学，完全不能发挥我们小班化教学的优势。以讲授为主的课堂，24 个人和 42 个人不会有太大的区别，如何才能发挥小班化教学的优势，提高课堂效率呢？我在课堂上努力做到"三不讲"——学生会的不讲，学生能自己解决的不讲，学生能讲的我不讲。在课堂上，学生是学习的主人，教师是合作者和引领者。

合作学习是课堂学习的主要形式，在我的课堂上合作交流的环节占有很大比重。当大家独立思考没有结果时，小组合作一起讨论；当我们共同解决完问题时，同桌两人相互说说，加深记忆；当部分同学有困难时，互助小组一帮一。很多教师认为合作交流只适合那些学习优秀的同学，对于那些学习有困难的同学，合作交流就是浪费时间，其实不然。我们不妨用逆向思维来想一想，为什么会出现"后进生"，为什么有的孩子学习困难？多数是因为他们对所学的内容不感兴趣，或者找不到学习的乐趣，老师讲，他们听着听着就走神了，认为听课是给老师听的，作业是给家长做的，处处都是被动接受。多让孩子参与交流，也许刚开始他并不能为大家出谋划策，但是他是小组的一员，他要承担一定的任务，他要参与进去，慢慢地他就会成为学习的主人，学习的内驱动力就会生成，学习也就会由被动变为主动。

及时评价也是高效课堂的催化剂。我的课堂上常用的评价方式有学生自评、生生互评、教师评价、师生共评等。评价中多带些鼓励，评价时针对性要强，比如"你的讲解真清晰，你的方法很独特，你观察得很仔细等"。评价能使学生越来越自信，勇于挑战更多的未知。在科技日新月异的时代，学生面对未来，未知的因素有很多，我们就是要培养勇于面对未知的一代新人。

三、课后作业要分层

课堂上要解决"学会"的问题，但是"学会"不等于"会做"，课后作业是必要的，它是课堂教学活动的必要补充，帮助学生巩固知识，形成能力，养成习惯。在"双减"背景下，3 年级每科的作业不能超过 20 分钟，越是时间短，就越要精打细算。把作业分为基础层和提升层，学生自主选择。作业分层减少了很多学生的畏惧心理，他们可以根据自己的能力去选择适合自己的作业。作业分层也提升了很多学生的学习兴趣，因为作业中有了更大的挑战性，挑战成功后，他们会获得成就感，这种成就感会助力孩子在探索的道路上越走越远！

精心备课、合作学习、作业分层，三部曲奏响"双减"背景下的和谐乐章。以学生为本，减负提效，让教育回归到正常的轨道，我们一直在努力！

PEBL 助力学生以学术能力扛起社会责任

高中部　刘亦柠

　　从 2019 年 9 月起，在高中部的学术研讨中就基于之前的 PBL（Project Based Learning）经验引入了 PEBL 的概念。在马伟勋副校长的带领下，我们成功申报并开展了北京市教育科学规划 2019 年度课题——"项目式、体验式学习下（PEBL）的高中英语教学实践研究"，并于 2021 年 6 月完成了中期自检。其中凌艳老师任副组长，孙莉、吴蕾、付东鸣、刘冰洁、史旭楠等其他课题组成员均为相关学科年级负责人，均有丰富的一线英语教学经验和见解。课题组针对 PEBL 式英语教学创设的相关情境和实施的教学环节，结合学生的反馈思考，提炼出对相关学科具有普适性和借鉴意义的项目式教学策略与体验情境，进一步促进相关学科的 PEBL 课堂模式建设。

　　2020 年 9 月起，高中部以学科为单位展开了全体教师的 PEBL 课堂设计相关培训。在经历了一系列细致的调研调查之后，费尔蒙特学校老师 Christian 基于项目设计的 7 个核心要素（Challenging Problem or Question 具有挑战性的问题，Sustained Inquiry 持续的探究，Authenticity 真实性，Student Voice & Choice 学生的选择和观点，Reflection 反思，Critique & Revision 评论和反思，Public Product 公共产品）展开了从理论到方法的培训，并给出了各个学科的项目设计实例，这为老师们提供了设计教学项目的脚手架。老师们分阶段以学科为单位进行了教学项目设计。各个学科组按照要求在 Moodle 平台上分阶段进行了 PEBL 教学项目设计的提交。11 名教师代表学科组进行了 PEBL 教学项目设计分享会的汇报。全体高中部教师根据量规为各学科组的项目进行了评价。自此，各学科组都开发出了针对不同学段的 PEBL 学习项目。2021 年春季学期，高中部三大教研组 16 个备课组累计开展 PEBL 主题公开课 40 余节，涌现了一大批优质课，极大地提高了课堂效率，有效地增强了课堂互动和学习乐趣。

PEBL 不止发生在课堂中，其在课外的延伸也是老师们关注、引导的重点。为此，高中部组建了教师团队并召开了学生课题研究启动会，并在 Moodle 上创建了学生课题研究课程。各位指导老师上传学生每周的课题研究日志和指导记录表以及研究中所形成的学生课题的开题报告、研究报告、实践报告。学部为指导教师们申请开设学术文献库账户，便于查询文献。同时召开了四次指导教师的专题会议，为学生和指导老师们提供了开题报告撰写的相关学习资料，提供了如何进行实验实施以及实验结果分析的相关学习资料并明确了要求。学部顺利组织了开题报告学生汇报会并进行了开题报告的评价和反馈，之后还组织了学生实验实施和结果分析学生汇报会。学生们的研究成果最终以"研究论文成果集 + 研究成果的推广应用 + 课题展示海报 + 课题研究答辩会"的形式呈现。

在学生的项目研究过程中涌现出很多与社会问题密切相关的课题，例如"网络暴力与校园暴力的原因的相关研究""照亮自闭儿童的世界——缓解自闭症与其带来的并发症状的方法总结与创新的研究"等。学生在把社区、社会问题当作研究课题进行学习、研讨的过程中，不仅明显提升了综合学术能力，更培养了社会责任感。在这样的学术氛围中学生养成了发现问题→用科学方法论解释→寻找并学习科学工具→解决问题的习惯。学生的研究成果也在 NAQT（学术超级碗）、CTB（全球华人创新研究挑战赛）等赛事中获全国金奖。以下为王习森同学参与的一项课题，引发了师生的共鸣。

源起

2019 年 9 月份，刚刚步入高一的我们进入了忙碌的阶段，熙熙攘攘的人群使食堂变得很拥堵，有的同学甚至因为要赶作业而不吃东西。面对大家对食堂排队的抱怨，我意识到了排队造成时间浪费的严重性。恰逢学校召集我们进行 PEBL 教学项目研究的探讨，我们小组便选择了这个题目，想要通过综合应用所学知识，来解决这个问题。

我们小组在成立初期便列下了详细的项目规划，计划在前三周对问题进行调研，四周到七周进行试验数据采集，完成论文与报告的书写，八周至九周进行实践，后续的时间进行观察、提升和产出完整的实践报告。从调研、宣传到论文写作，我们每个人有着清晰的分工。通过每一周的例行会议推进，项目得以有条不紊地进行。

融合与创新

在此过程中，我们将实践和理论紧密结合，形成有效反馈。我们进行了调查问卷的设计与发放。在导师刘亦柠老师的指导下，我们不断修改问卷的措辞，并按照学号对同学们进行了分层随机抽样调查。我们一共发放了 100 多份调查问卷，调查结果显示超过半数的同学表示他们的平均排队时间在五分钟以上，而超过半数的同学认为排队的情况不容乐观。意识到了解决问题的迫切性，我们进行了头脑风暴，讨论了不同的解决方案。

在每一个方案里，"错峰出行"都是解决问题的关键。考虑到成本、技术等原因，我们放弃了原本的通过安装智能摄像机和设计算法来对排队进行建模的方案，而改用了通过实地采集排队数据，进行统计学建模的方法。我们运用到微积分课上的知识，假设最优的队伍长度就是平均长度，通过积分中值定理，求出了不同队伍的推荐长度。在实践中，我们考虑到了心理学上的从众心理和经济学上的机会成本，人性化地设计了推荐线，其机制为"推荐线内的同学来排队，线外的同学晚一些再加入队伍"，从而帮助同学们进行科学的决策。通过这样的方法，我们小组完成了原创的方案，实现了零成本的排队路线优化。

产出与成长

在完成项目的过程中，我们撰写了一篇具有较强学术性的论文并完成了实践报告，同时设计了展板并制作了成果宣传展示视频。每一位成员都成长了许多。我们带着项目参加了 CTB 华人创新大挑战。"你们的推荐线的想法很有创新性"，一名答辩的评委如是说道，《针对中国高中食堂排队的识别与优化》也入围了全国赛，成为了决赛前 20% 的项目。

　　PEBL 带给我的影响是多方面的。它锻炼了我的探索精神，让我自信地在实验室中进行探索，在学科竞赛里遨游。它的跨学科特性融合了我对于不同学科原本单一、孤立的理解，也助力了我在考试中的表现。它为我铺垫了提升领导力的道路，让我意识到自我实现无法脱离社区贡献。这也是我之后更多地去参加志愿活动、运行公益社团的起点。

让作业华丽转身

小学部　欧沛

在《透析作业》一书中，笔者将作业界定为学校教师依据一定目的布置给学生并且利用非教学时间完成的任务。既然是"利用非教学时间完成"，势必会占用孩子玩耍休息的时间，所以如果老师说"今天没有作业"，孩子们一定会高兴地跳起来。近些年来，作业不仅成为孩子们的"挑战"，更是成了一些家长的负担。网络上不乏这样的新闻："盘点父母辅导孩子，写作业被逼疯名场面""985博士妈妈辅导小学女儿写作业崩溃大哭！"或是"有一种痛叫做辅导孩子作业"。

2021年7月24日，中共中央办公厅、国务院办公厅印发了《关于进一步减轻义务教育阶段学生作业负担和校外培训负担的意见》，其中提到要"全面压减作业总量和时长，减轻学生过重作业负担"。有的作业及作业量的确已经成为学生的负担，制约了学生的发展。

然而如果问老师"作业是否很重要？"许多老师会说："作业当然非常重要！作业可以巩固学习内容，检测学生的学习情况或是拓展学习知识，也能够帮助老师在学生作业中发现问题，进而改进教学。"2001年，美国学者Epstein将作业功能总结为十个方面，即练习、预习、参与、个性发展、亲子关系、家长—教师沟通、同伴交往、政策制度、公共关系和惩罚。

我们不禁产生了一个疑问：作业既然重要，怎么有的作业反而制约了学生的发展？为什么老师的"好心"学生却不愿意接受？究其原因，主要在于以下几点。

首先，许多传统的作业并没有经过老师设计，随意性较强。也许是几页练习册，也许是背课文，抑或是计算刷题，这样的作业大量充斥在孩子的课余时间中，孩子成了机器人，每天从事着机械操练，这样的作业当然让孩子提不起兴趣。

其次，没有统筹作业量。单独问每一位老师自己布置的作业量，大家都会说不需要太多时间，但是各科作业放到一起，可能就会占据过长的时间。

第三，布置超越孩子能力的作业。为什么许多作业需要家长的辅导？因为超出了孩子的能力，布置的作业应该适合孩子的水平。只要孩子调动了思维，就能独立完成。

最后，作业不够个性化。每一个孩子的学习情况并不相同，然而都拿着同一份作业，这样的安排，就很难满足孩子的个性化需求，更不要谈什么效果了。

由此看来，双减之"减轻义务教育阶段作业负担"非常有必要。作为教育者，我们也不希望孩子在接触学习之初，就因为"做作业"的烦恼而阻挠了学生成为"积极的终身学习者"。

据此，我在工作中与团队一直在研究，我们到底应该如何做才能在减轻学生作业负担的同时还能提升学习效果。

紧紧把握学习目标

在教学中，教育者旨在基于真实的学习情境下，培养学生的独立学习能力。因此，我们的教学起点是学生的"学习目标"。我们反对只关注"知识与技能"的课堂，鼓励关注孩子的"理解"和知识迁移的能力。因此在教学改革中，我们首先着眼于未来，首先思考："学会并理解了这些内容，孩子能解决什么问题？完成什么项目？"基于这样的"迁移目标"，我们再反推课堂的设计。

作业就是课堂设计的一环，指向学习目标的最终达成，然而传统的作业仅仅关注了"知识与技能"目标，忽视了孩子的理解以及知识迁移能力的提升。

图一　作业"对家人表达爱"

以 2 年级上学期英语学习单元"I Love My Family"为例，其中一个学习目标就是"我知道如何向家人表达爱"。这样的目标属于迁移目标，并不是只学习了"father、mother、brother、sister"这样的词汇就能实现的。因此老师给孩子提供了这样一个"我爱家人的表现"任务单，孩子们在课堂上思考自己能用什么样的方式表达对家人的爱？并进行绘画和书写，课后的作业就是"实践你的计划"。这样的作业，并不是用对或错评价，而是一种表现性的任务，脱离了机械枯燥的练习，直指学习目标的达成，更是能将所有老师都应关注的"育人目标"在生活中落实。

由"让我做作业"转变为"我为课堂贡献资源"

作业一定是学习过程之后才做吗？以 2 年级上学期英语学习单元"Where I Live（我住在哪里）"为例，本单元其中一个小主题为"Arts in the City"（城市中的艺术），在学习这个小主题的前一个周末，孩子获得了这样的一份作业，旨在鼓励他们积极为课堂贡献资源："Please find the arts in the city, take pictures and send them to the teacher（请寻找城市中的艺术，并拍照发给老师）"，孩子们有的拍公园的雕塑，有的拍自己的艺术创意，有的拍故宫的城墙。在学习这个主题时，我将孩子们发给我的照片制作为一个名为"Arts in the City"的视频，用于本课时主题的导入，并引出核心问题："Where can we find arts？（我们在哪里能发现艺术？）"，孩子据此讨论，发现其实艺术无处不在，只要我们努力去观察，就会发现美，然后我将著名雕塑家奥古斯特·罗丹的名言——"生活中从不缺少美，而是缺少发现美的眼睛"告诉他们。这样的作业，学生不再是课堂内容的被动接受者，转而与老师一起成为了课堂内容的建设者，学生的学习热情更加高涨；这样的作业，因为关注到学生真实的生活，深受孩子们的喜爱。

图二　寻找家中的艺术

图三　寻找户外的艺术

用作业丰富孩子们的课余生活

"双减"政策下，把机械无效作业占据的课余时间还给了孩子。然而，我们仍需要思考如何帮助孩子科学利用课余时间。政策中谈到，课余时间要开展适宜的体育锻炼，开展阅读和文艺活动。为更好地帮助孩子们拥有丰富的业余生活，我所在的年级老师们从本学期开始每天发布体育作业，并从周一到周四发布艺术鉴赏作业，孩子自愿选择，旨在帮助孩子在课余时间积极锻炼，增强体质，并了解艺术、提升审美。

体育作业的运动示范视频大多来自本年级学生，孩子们更愿意关注。对于坚持运动的孩子，进行班级宣传，鼓励他们做运动小达人。

周一晚，音乐唐老师带来的是音乐小课堂，孩子们会了解到贝多芬、俞伯牙等有关音乐的故事，也会了解到诸如谱号、休止符等音乐知识。周二是尹老师带来的西方美术名画鉴赏，孩子们通过视频了解了许多画家以及他们作品，如法国著名画家爱德华·马奈的作品《男孩与狗》、法国画家阿尔伯特·马尔凯的作品《新桥夜景》以及挪威著名画家蒙克创作的油画《呐喊》。周三是由书法张老师带来的书法鉴赏，孩子们会了解到汉字的演变、仓颉造字的故事以及王羲之吃墨等故事，也能学习到一些书写汉字的技巧。周四是由樊老师带来的中国画鉴赏，孩子们能欣赏到唐代仕女画稀世珍品《捣练图卷》、宋代婴戏图代表作品《蕉荫击球图》或是清代人物肖像作品《果亲王允礼像》。

提升学生的时间管理能力

有时候一个孩子在完成作业时耗时过多，也不仅仅是作业设计和作业量的问题。许多家长反映自己的孩子做作业时非常不专心，拖拖拉拉，导致一整晚都完成不了作业。为了更好地帮助孩子规划时间，年级组为学生设计了"我的时间管理手册"。学生们每天计时完成作业，并根据完成质量为自己评分。这样的方式每一天都在帮助学生提升"自我效能感"，关注不同时长自己究竟能够完成多少作业，以及自己的作业质量究竟如何，逐步提升学生的时间管理能力。

图四　时间管理手册

作为教育者，我们的职责之一就是让作业为学生的成长助力，而绝对不是成为学生学习的阻碍，我们要让传统的作业华丽转身。我们要让作业成为课堂的延续，实现学习的理解和迁移目标；我们要让作业成为学生贡献课堂资源的机会，真正让学生把握住学习主动权；我们要让作业成为美育的载体，关注育人；我们要以作业为载体，提升孩子的时间管理能力。

作业离开书桌，怎样布置才能让学生
真正"学会思考"？

小学部　王冲

2021 年秋天，随着"双减"落地，作为教师的我开始思索：怎样让小学低年级的同学们在没有书写任务的情况下有更多的收获？怎样才能让他们体会到学习与探索的乐趣？当作业离开了书桌，脱离了传统的单一练习模式，融进更多社会行为的时候，是否也将成为孩子们真正"学会思考"的开始？

"我是校园小记者"

2 年级的第一个学习主题是"重返校园"，同学们在经历了 1 年级"我的校园"主题学习后，已经对学校有了初步的认识，如何让学生在新学期同一主题下知识结构有一个"螺旋式上升"，对我们的"校园"有一个更深层次的了解和探究呢？

在课堂上，同学们学习了与"校园"相关的文本后，教师设计了一个校园采访活动——"我是校园小记者"。孩子们化身为校园电台的小记者，在前测中了解学校各部门的负责人和他们的基本职责，根据已有信息，提出自己想进一步了解的内容，提前准备好问题，制作邀请函，与被采访对象约定采访时间，然后带领自己的采访团队分工合作，在预定时间开展采访活动。

在分组合作以及采访过程中，孩子们完成了部编版 2 年级语文教材第五单元口语交际《商量》的相关作业内容。在学生的日常生活中，总会遇到需要别人帮助，自己拿不定主意或者与其他同学意见不一致的情况，这时候就要与别人商量解决问题。

校园小记者采访活动贴近学生生活实际，教师可以通过实际采访的前期准备工作，适时调动学生的生活经验和情感体验，引导学生积极思考，主动尝试自己解决问题。采访活动后，师生共同总结采访的经验与技巧：与人商量时，如何把自己的想法说清楚，做到语气诚恳、感情真挚。同学们还可以相互交流讨论，小组合作，提出改进建议，不断优化自己的方案，最终取得理想的效果。

中英文校内研学

在 2 年级的阅读课上，师生共读绘本故事《环游世界做苹果派》。阅读后，教师按照以往经验，大多会推荐一系列相关书籍作为课后拓展的学习任务。但是长期来看，固定的阅读方式对学生没有新鲜感和吸引力，不利于学生保持长久的阅读兴趣。

本学年，教师结合各班情况，设计了"Travel around the world——Highlights of today"中英文校内研学活动，各班同学可以选择一个国家来进行了解、探知和介绍，内容包罗万象，比如文化、习俗、特色美食、代表性建筑等，大家还在外教老师的带领下体验特色体育活动。

孩子们暂时不能开展校外研学活动，这是一个足不出户而游遍世界、增长见闻的好机会。综合班的同学在老师的辅助下介绍我们的祖国——中国。双语班利用每班一个专职外教的有利条件，尽量选择外教老师的祖国和家乡来介绍。于是，在中教和外教老师的帮助下，同学们开始兴趣盎然地制作活动海报，招募各个项目组成员，开展充满传统元素或异域风情的特色活动，玩得不亦乐乎。

同学们在课后服务时间，与老师一起制作海报，利用 iPad 查找信息，思考不同国家的亮点，设置创意活动，在体验各国文化的同时，提高英语口语交际能力，进行趣味体育锻炼，完成了比阅读几本书更为丰富的知识积累和能力训练，这也为同学们后续开展自主探索世界打开了知识的大门。

巧用识字手册

对于1、2年级的同学来说，识字与写字依然是语文学习的基础和重点内容。教师精心设计了各个主题下的识字手册。识字手册由"识字通关卡""日积月累"和"语文加油站"组成。"识字通关卡"包括了"词语的出处""通关秘籍""通关藏宝图""词语金钥匙"和"自我评价"版块。通关秘籍和藏宝图帮助学生以多种方式梳理识字方法，获得"词语金钥匙"是同学们进入下一关"日积月累"的关键步骤，学生需要把整个单元的重点字词分类组合，全部呈现出来。这个环节能够帮助学生更好地理解词语，并学会在不同语境中的运用。

除了基本字词外，教师还为学有余力的同学准备了"日积月累"大礼包，包括成语接龙、歇后语大全、猜字谜、象形字与会意字等版块；为鼓励同学们更好地使用识字手册，教师在教室里布置了"识字飞行棋"，孩子们的个性化名牌在每闯过一关后，就可以向前飞行一步，3到5步后会有一个加油站，学生可以获得积分卡奖励，获得积分卡后，可以在学校的奖品兑换中心和班级礼品店换取心仪的小奖品。同学们为了获得更多的奖励，自由结组，相互帮助，以团体或小组参与到识字活动中来，积极寻找高效的识字方法，创编富有童趣的歌谣和故事，还帮助其他同学共同进步！

"我是小小朗读者"

1、2年级的同学正处在学习语言的黄金期，有效利用这段时间会让同学们在语言表达方面快速发展。教师以部编版语文教材为基础，对课后有背诵要求的篇目在学习课文的当天留下自愿创编动作任务。第二天，请有表演意愿的同学在课前展示，并及时给予鼓励。男同学们带来了说唱版《场景歌》和《孙悟空打妖怪》，女同学结合舞蹈课学习的动作，带来了优美动听的《植物妈妈有办法》和《田家四季歌》。

学校组织丰富多彩的活动，极大地激发了学生们的参与热情。多年来，学校在每年4月举办清明诗会，10月组织读书节朗诵展示活动，有特长、有展示意愿的同学都可以报名参与。每学期，各年级组织故事大会，学校举办"世纪演说家"活动，年级组开展换班讲故事，各班展开艺术节海选。在大大小小的活动中，同学们学习中华经典，寻找最适合自己的表现形式，同时增强了民族自豪感和文化自信，激发了学生对祖国语言文字的学习和热爱，对继承和弘扬中华优秀传统文化具有重要意义。

"双减"之下，学生的学业压力大大减轻，小学低段同学没有书写作业任务，但是教师精心设计的各项文娱活动一样可以帮助同学们把课本中的知识内容梳理清楚，引导学生主动思考，保证学生一课一课学扎实，在形式多样的活动中逐步提升语文素养，提高语文学习能力，从而获得全面发展。

"三个一切"，让校园体育赛事更加人性化

体育组　崔广坤

我每次去圆弧楼（行政楼）三层都会看到"一切为了学生，为了一切学生，为了学生的一切"这句话，我就把"三个一切"运用到教学活动中，让校园体育赛事更加人性化。

"三个一切"和"四个一"

2018 年 6 月，范校长在我校体育老师专题会议上提出了"四个一"的发展目标，即"一项好技能，一个好身体，一个好习惯，一个好未来"，目的是让每一个孩子能够掌握一项运动技能，养成一个良好的运动习惯，达到锻炼身体的目的。全体体育教师认真学习范校长的讲话内容，深刻领会精神实质，经过研讨一致认为，想要让孩子们养成良好的运动习惯，首先是让孩子们体验到运动带来的乐趣，如果学生没有参加比赛的机会，孩子们又如何真正体会到运动的乐趣？没有乐趣，孩子们又怎么会爱上体育，养成良好的运动习惯？

体育组经过研讨决定以体育赛事为出发点，积极开展班级的、年级的、学校的体育赛事，让每一个孩子都能够有机会参与丰富多彩的比赛中，享受运动带来的乐趣，孩子们就会爱上运动，养成运动的好习惯，最终形成积极乐观的生活态度。我以我校篮球赛事为例。体育组老师对我校学生进行了大量的问卷调查，统计学生们喜欢参加哪些篮球赛事。调查统计后，根据学生们的诉求与建议，结合我校实际特点，我们设计出了一系列篮球赛事：3 月份篮球技巧大赛，5 月份至 7 月份"世纪杯"篮球联赛，10 月份篮球 3V3 对抗赛，11 月份三分球大赛，12 月份 1V1 球王争霸赛，女子投篮大赛以及各年级的全明星周末赛。

经典赛事，全新面孔

在举办各项赛事的时候，我们都充分考虑了孩子们的诉求，以满足学生诉求为出发点来组织每一项赛事活动。以本届世纪杯篮球赛为例，在举办本届"世纪杯"篮球赛前，我们对不同年级的学生做了大量问卷调查，统计出孩子们的诉求与建议，例如，要求让老师执裁而不是高年级学生执裁，以免出现漏判错判；比赛现场配备现场解说、现场DJ，比赛直播等。在孩子们的诉求与建议下，今年的"世纪杯"篮球赛又做出了哪些改变呢？

首先，体育组保留了原有的海报条幅等宣传品，在此基础上我们又在微信公众号中进行文字与视频宣传。其次，开幕式更加规范隆重。今年的重大创新之处在于我们引进了我国目前比较专业的篮球直播平台"我奥篮球"，孩子们在比赛结束后可以通过直播平台查看自己的比赛数据和精彩集锦，家长也可以随时随地通过手机直接观看孩子们的现场比赛。除此之外，每天比赛结束后我们还在体育组公众号上及时地进行新闻推送，目的就是让家长和外界能够看到我校学生丰富多彩的体育活动，更多地了解孩子们的体育动态。今年的比赛现场气氛异常火爆，有孩子们自发组织的现场音乐DJ、现场篮球解说、开场舞表演等节目，同时也加入了正规的篮球入场仪式和总决赛升旗仪式等环节。

比赛最后我们通过直播平台分析出了孩子们各项比赛数据：球员的场均得分、场均篮板、场均助攻等，也因此评出了各年级的"得分王""篮板王""抢断王"等奖项。

在比赛中收获教育的果实

通过比赛数据结果分析，我们可以看出，2019年我校初高中学生的报名人数、上场人数、得分人数和2018年相比均有了显著提高，这在一定程度上反映了我校学生对篮球赛事的关注度和参与度均有大幅度提高的事实。原因很显然，我们充分了解了学生的诉求后，再来组织各项活动，赛事就变得更加人性化，孩子们就更容易参与到活动中去，从而对体育产生兴趣。

我想跟大家分享其中一场比赛。初一年级半决赛，场上两个班的队员实力相当，打得难舍难分，以21:21打进加时赛。场下两个班啦啦队的加油呐喊声更是振奋人心！看过这场比赛的老师应该记得，5 班拼尽了全力，也拼到了最后一秒，最终却没有挺进决赛。但是比赛结束后，我看到这样一幕，5 班的球员们主动走到 4 班球员面前握手拥抱、相互致敬。这一画面让我想起了 2018 年 12 月份白岩松在"未来教育大会"上提到的一段故事：2012 年伦敦奥运会主题是"激励一代人"。在奥组委答记者问的时候，有一位记者问道："体育如何激励一代人？"当时奥组委委员这样回答："体育教会了孩子们如何在规则下去赢，也教会孩子们如何有尊严和体面地输。"

我之所以对这个回答印象深刻，是因为我相信这个回答说清了体育的本质和价值。我相信，这场比赛对于这两个班级的孩子来说，将是一次难忘的回忆，更是一次完美的教育。在比赛中，像这样有教育价值的瞬间还有很多很多，正是这些无数个美好的瞬间，本届"世纪杯"篮球赛给孩子们带来了以下教育价值与意义。

1. 赛制改革和激烈的比赛环境，促进了学生速度、耐力、灵敏度、协调性等多方面素质的全面发展。

2. 比赛中正规的入场式和裁判判罚培养了孩子们严格的组织纪律性和规则意识。总决赛升旗仪式培养了孩子们的爱国主义和集体主义精神。

3. 篮球是一种精神，不管成功或失败，它代表的是一种顽强、不达目的誓不言弃的精神，有助于培养孩子们不屈不挠、勇往直前的意志品质。

积极反馈，蓄势待发

比赛结束后，我们收到了在比赛中担任不同角色的学生和老师们的反馈：

初二参赛学生海强："本次篮球赛有了'我奥篮球'直播系统，我的父母看到了比赛直播，从而了解了更全面的我。总决赛加入了升旗仪式和啦啦队表演，比赛更有仪式感，也让我们在体育赛事中感受到了爱国情怀。"

初中总决赛开场舞表演者李同："非常有幸参加本届篮球赛的开场舞表演，不仅展示了我喜爱的街舞，也为初中部的篮球赛增添了一份乐趣。感谢老师和学校提供了这次展示自我的机会，祝愿我们的篮球赛事越办越好！"

高二啦啦队陈思、胡艺："班级的每一场比赛我们都会过去加油，其实在场下有时候我们比在场上的队员还要激动，所以我们觉得这是一个非常能够体现班级凝聚力的赛事。"

　　高二班主任印老师："本次比赛让孩子们学到了很多，比如团队合作精神，不抛弃不放弃，相互支持、相互鼓励。同时，本届篮球赛也大大增强了我们的班级凝聚力和孩子们的集体意识。"

　　本届"世纪杯"篮球赛我们以"三个一切"作为教育理念，以满足学生诉求为出发点，精心设计了比赛的各个环节，使得本届篮球赛更加人性化。从学生和老师的评价中，我们也可以看出比赛取得了一定的成绩和很好的反响。但是，对于我校"四个一"的发展目标来说，这些还不够，我们还有更高的追求，因为我们相信"没有最好，只有更好"。所以，作为体育老师，我们会不断激发自己的潜能，为孩子们开展更多有教育意义、更加人性化的体育课堂和校园体育赛事。

抓常态　促长效

——好身体的"养成记"

体育组　逯春玉

达·芬奇说过："运动是一切生命的源泉。"伟大的政治家毛泽东也有言："文明其精神，野蛮其体魄。"身体虚弱，它将永远无法培养有活力的灵魂和智慧。拥有健康的体魄、完美的人格，才会有辉煌的人生，成为国家的希望。

王明是我校初三年级的一名学生，一个外表看起来斯斯文文戴着眼镜的小女孩，刚看到她的人很难把"酷爱体育运动"这样的描述和她联系在一起。可是，她非常喜爱体育运动，体育成绩出类拔萃，中考测试项项满分，在海淀区田径运动会上，她每年都能拿到满意的成绩。王明的好身体和锻炼习惯可不是与生俱来的，据孩子自述，她小学的时候身体素质很差，对运动并无太大兴趣，自从初中进入我们学校后，每天坚持跑早操，在体育老师的带领下，她努力上好每一节体育课，孩子的身体状况开始不断产生微妙的变化，身体素质越来越好了，她也情不自禁地爱上了体育运动，这正是真实的"好身体养成记"。在二十一世纪国际学校，像王明这样的孩子，还有很多，他们的好身体到底是如何养成的呢？

2016年初，范胜武校长对我校学生提出了"四个一"工程，即"一个好身体、一项好技能、一个好习惯、一个好未来"，以此来帮助孩子们走得更高更远。在建设"运动型、健康型校园"的道路上，体育组的老师们在主管领导秦元升副校长的带领下确立了我校"增强体质、享受乐趣、健全人格、锤炼意志"的四位一体化体育目标，由此可见，让孩子拥有一个好身体成为学校教育的重中之重。正是有这样的目标指引，在学科组老师们的齐心协力下，坚持抓好每一个早操、带好每一个课间操、组织好每一次训练、上好每一节常态课，以此来促进全校学生身体素质的不断提升。

坚持每天早操、早训练制度，提高锻炼质量

早操和早训练是二十一世纪国际学校校园的一道独特风景线，不管严寒酷暑，每天上演，雷打不动。清晨6点，迎接第一缕阳光的是各个运动队训练的孩子们，随着老师的一声哨响，孩子们立马进入训练状态，操场上呈现一片欢腾的景象。目前我校的早训练有篮球、足球、排球、网球、武术、田径、羽毛球七大项，共12个梯队。400余名学生每天坚持早训练1小时，有考评、有记录，学期末有表彰。每学期、每学年，学科组的老师们会集体做好各个运动队的训练计划，坚持做到有的放矢。早操跑步是养成好身体的"马拉松"工程，全校跑步共分为四个时间段：早上6：20—6：35初三年级，6：35—6：45高中年级，6：45—6：55初一、初二年级，6：55—7：10小学各年级，每个学部校长为总负责人，各年级主任为各年级的第一负责人，各班导师为各班的第一责任人，各班体委为导师的小助手，配合导师进行组织工作，层层把关，责任到位，做到整个跑道无死角。从小学到高中，学生经过12年循序渐进、持之以恒的练习，自然会养成晨练的好习惯。李佳同学是我校小学直升初中的一名学生，她在中考结束后说："之前，跑步对于我来说是一件很折磨人的事，倘若有任何可以逃脱的借口，我一定会放松要求，选择偷懒。可经过几年的坚持，现在我喜欢上了跑步，一天不跑身体就不舒服，我喜欢跑完步后的酣畅淋漓，现在感觉身体棒棒的！中考体育我得了满分，真的很开心。"李佳同学的经历也是学校千百个孩子的真实写照。

上好每一个课间操，让锻炼真实地发生

课间操是让学生劳逸结合、锻炼身体的好活动。然而，传统课间操时间较短，内容单一，学生缺乏兴趣，出工不出力，运动负荷也小，达不到应有的锻炼效果。为了改变这种状况，根据我校的实际情况，体育学科组对大课间进行了合理的规划和设计，通过大课间实现了四个"结合"与"提高"，即"与一项体育技能相结合、与兴趣爱好相结合、与学校特色及场地相结合、与实际情况相结合；提高运动强度、心肺功能、肢体协调及班级集体荣誉感"。并采取

广播操与竞技比赛相结合的形式，进而达到锻炼的实效性。小学及中学体育组共创编了十余套孩子们喜欢的广播操，与时俱进，音乐动感，动作时尚，大大提高了孩子们的锻炼热情。根据对各个年级学生身体素质的测试结果分析，结合实施方案，我们也有针对性地在课间操里加入了相应的身体素质训练内容，如小学部的跳绳、折返跑，中学部的投掷、跳跃等，运动效果大大加强。

上好常态课，坚持"课课练"和"天天练"相结合

"全面锻炼学生的身体，增强学生的体质"虽然不能作为体育课程教学的首要目标，但仍然是课程教学的一项重要目标。为此，我们学科组在课程教学中保证完成《大纲》规定的内容基础上，坚持"课课练"，每节课都抽出一定的时间来提高学生的身体素质。"课课练"一是要坚持不懈，二是要有计划，三是要注意因人而异、循序渐进。练习的内容主要是《体质评价标准》中的测试内容，以及《国家体育锻炼标准》中的内容。

为了尽快提高学生的身体素质，利用现有条件，在不增加学生负担的基础上探索有效的练习途径。体育学科组制定了在课间操后全体学生进行2分钟素质练习的制度，这就是我校的"天天练"。"天天练"是以速度、耐力、灵巧、弹跳为主的素质练习，如立位体前屈、俯卧撑、立卧撑、立定跳远、跳绳、投掷、仰卧起坐，50m、400m、斜身引体、蛙跳、台阶跑，使练习内容与体育课教学及《国家体育锻炼标准》《体质评价标准》相结合。另外，我们在一周3节体育课中专门抽出指定的时间进行身体素质练习，主要为《国家体育锻炼标准》规定的内容，由体育老师负责，要求课课有记录。学生个人体质成绩有记录，班级体质总成绩及变化有记录，体育老师是任课班级体质监测的第一责任人，"达标"情况汇总表上报年级和学部，结果与带班老师的业绩挂钩，并由体育组在学校宣传窗上公布各班达标情况。这样一来，不仅调动了全体教师的积极性，而且也在学生中形成了一种无形的竞争机制，既增强了学生的集体荣誉感，又提高了学生的身体素质。

"好身体养成"效果呈现

实践证明，我们为提升学生身体素质而采取的措施是可行的、有效的，短

短几年，全校学生的身体素质得到了全面提高。

近三年全校学生体质健康数据变化如下表所示：

年份	及格率（%）	良好率（%）	优秀率（%）
2017—2018	26.35	41.81	29.72
2018—2019	25.14	34.75	39.11
2020—2021	20.81	31.73	46.55

由此可见，学生整体的身体素质在不断提升，且优秀率大幅度提高。

我校小学 5 年级学生参加海淀区体质健康测试赛成绩优异，且我校连续两年被评为"十佳学校"。

年份	平均分	优秀率（%）	海淀区排名	奖项
2017	92.96	50	5	十佳学校
2018	101.38	56.4	2	十佳学校
2021	94.63	54.3	7	

5 年级学生的体质抽测为海淀区的随机抽测行为，全校学生人人均可能被抽中，而且随抽随测，几乎没有练习时间，看的就是平时训练的功底，获得"十佳学校"的荣誉正是我们长期坚持训练的成绩体现。

体育中考现场考试满分为 30 分，我校学生通过每天坚持锻炼，体育中考成绩连续三年高出海淀区平均分。

年份	海淀区平均分	我校平均分
2017—2018	27.82	28.5
2018—2019	28.12	28.5
2020—2021	27.5	28.6

长期持之以恒的锻炼让好身体的养成教育常态化，渗透在每一次晨跑、每一个大课间、每一次体育课中，它带来的是孩子们身体素质的逐渐提升。无论严寒酷暑，学生们坚持每天早上 6 点起床参加早训练实为不易，但孩子们坚持下来了，老师们坚持下来了，家长们也看到了这种养成教育的意义所在。正如范胜武校长说的那样："尽管短期内，我们可能看不到什么效益，看不到这样的举措对学校发展有何作用，但我们是对学生的身体负责，对他们的未来负责，这是作为教育人，我们应有的情怀。"

让音乐浸润孩子的心灵

小学部　孟繁乔

随着教育改革的不断推进，培养孩子的综合素质已经成为家长和老师的普遍共识。在"双减"政策的支持和引导下，孩子们的课外时间被文化课绝对占据的处境正在转变，教育市场正在发生着巨大的变化。"双减"政策，回归了教育初衷，让孩子按成长规律健康地成长，这也是音乐老师做好全面美育工作的好机会。作为"非学科类"教育的音乐将会受到学校与社会越来越高的重视，学生可以投入到音乐学习的时间将会越来越多。作为美育工作的具体实施者和推进者，到底该怎么做才能真正做到"立德树人""以美育人"，这值得我们深思。

确立发展目标，积极探索新模式

这次的"双减"政策，看似是减少了学生的一些不必要的学习负担和家长的焦虑，但我们老师却丝毫不能放松，可以说是肩上的担子变重了。随着政策的实施，随着音乐教育的比重越来越大，学校将"立足教研、助推减负、提质增效"作为重要发展目标，积极探索新模式。每位音乐教师都从思想上明确责任，从能力上完善自身，充分结合美学、教育学、心理学、音乐学等多类学科协同合作，将音乐课堂落实，提高学校音乐教育的效果，从课堂教学的角度去探索真正的"以美育人"，做好准备迎接接下来更具挑战性的工作。

落实集体备课制度，为打造高效课堂打好基础

我们的集体备课制度不走形式、不走过场，备课组督促教师认真查阅资料，细致调查研究，精心制作课件。在此基础上，备课组根据教学计划安排教学内容，确定教学重点，研究教学过程中可能出现的问题并进行内部试讲。教研组成员集体钻研教材、吃透课标、探讨教法，充分发挥教研组团队优势，互相帮助，资源共享。

另外，备课组全面落实我校"青蓝对"师带徒活动，新老教师互相听评课、磨课，帮助青年教师快速成长，完成由学生到教师的角色转变。同时，老教师不断吸收新鲜血液，学习并融合新理念、全新的课堂模式与信息技术应用。通过取长补短、互相学习，备课组教师集体成长，让课堂更高效，也让学生更热爱艺术课堂。

重视课程改革，打造高效课堂，守好"双减"主阵地

我们加大教研教改力度，着力提高课堂效率和教育教学质量。以高效为标准，以提高课堂教育质量为核心，以示范课、展示课、汇报课为载体，扎实推进学科教研，促进教师专业化发展。老师们发挥聪明才智打造高效课堂，形成了各具特色的教学模式，让学生快乐、高效地学习。艺术课程与国家教育教学紧密结合，严格按照教育部的课程标准设定课程。结合我校学生的特点，小学部音乐学科为孩子们提供了包含钢琴、唱歌、戏剧、舞蹈四门音乐公选课，让孩子们可以充分地根据自身兴趣、天赋、技能进行选课，有针对性地了解、学习各艺术学科的知识与技能，为"美育"教育的贯彻执行提供了广阔的平台。

跨学科融合性课堂，提高学校音乐教育的效果

乔布斯曾经说过："只有科技是不够的，科技要与艺术相结合才能产生激动人心的结果。"沃尔特曾经说过："人们需要具备跨学科的知识和能力来创造性地将科学、技术、工程、艺术和数学结合在一起。"我认为中小学生的学习需要去实践、想象、观察、思考、拓展、探索、表演，需要将知识的输入与输

出紧密结合，激发和培养学生的兴趣，并帮助和引导学生了解自己的兴趣是非常重要的。因此，多学科融合型课堂在艺术课堂中得以体现。音乐与戏剧、音乐与舞蹈、合唱与戏剧、戏剧与美术等跨学科课堂模式，两位老师同上一节课，为孩子们的艺术学习打开了新的大门。不同学科的两位老师围绕课堂学习内容，通过不同思维方式和不同的视角，引导学生探索音乐魅力，这样多学科教学也为学生提供了全面的课堂表演呈现形式，让孩子们乐在其中。

以音乐与戏剧融合性课堂——《咏鹅》为例，为了实现合唱教学的预期效果，让学生能够了解自己在合唱中所扮演的角色，并充分发挥出他们的主动性与创造性，进而更加牢固地掌握音乐基础知识、提升音乐素养，我们在合唱教学时，采取对比教学的手段。让学生可以利用合唱与独唱的方式感受合唱的魅力与美感，利用立体感的渲染作用，让他们感知合唱的意境。在教学过程中，按照循序渐进的原则，结合小学生的知识接受能力，让学生结合合成训练计划来逐渐提高自己的音乐素养。教师在教学时必须要让学生了解一定的合唱技巧，可以通过改编某一音乐作品的方式来进行教学。此外，在合唱训练中应用情境教学法也是一种有效的策略。教师通过创设带有某种情绪色彩的具体情境，激发学生的学习积极性，并尽可能地将音乐融入所创设的情境中去，提升教学的趣味性。

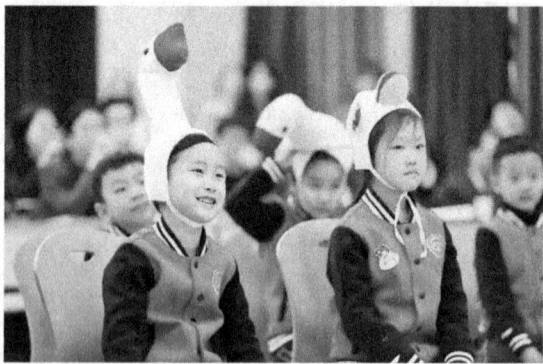

建立能与"音乐课堂"相呼应的"音乐学科课后服务"

学生积累了演唱、演奏等基本功之后，音乐老师在"课后服务"的时间进行巩固，同时对学生进行音乐与相关文化、音乐的风格流派等方面的培养，以此来促进学生音乐能力的提高与音乐兴趣的扩大。

　　我校小学部"十大活动"中涵盖了音乐、戏剧等多种艺术学科的主题演出，例如新年音乐会、世纪好声音大赛、戏剧节、艺术节、器乐专场音乐会、声乐专场音乐会、舞蹈专场演出等。除此之外，我校在每天放学后为孩子们提供了百余种兴趣班，其中也包含声乐、乐理、舞蹈、小提琴、钢琴、尤克里里、二胡等兴趣课；合唱社团、戏剧社团、高低年级舞蹈社团等为孩子们提供了协同合作的舞台，塑造了他们的舞台表现力，这三个社团的学生更是一举斩获国际、市级、区级艺术展演大奖。

　　"双减"回归教育的本源，关注学生的个性化成长，提升学生的综合素质。作为美育工作的具体实施者和推动者，音乐老师肩上的责任变得更加重大。我们为学生成长助力，为学生发展铺路，希望能在每个二十一世纪学子的脸上看到纯真、灿烂的笑容。

学习成长共同体：三人行必有我师

高中部　付海燕　张新俊

莎士比亚说过这样一句名言："如果做好心理准备，一切准备都已经完成。"对待"双减"提升工作，兼顾学生全面发展和学习成绩的提高，高中部课后服务精益求精，"双减"之下谋双赢。为了更好地落实"双减"政策，促进学生多元化、个性化发展，高中部以更高的视角，更宽的领域，开展课后服务活动，助推学生全面而有个性的发展。而 MLC（Mutual Learning Camp 学生成长共同体）活动更好地为学生提供了课后服务平台，"三人行必有我师"，大家携手一起迈向学习共同体未来。

高中部 MLC 活动内容丰富，包括学科学术类、艺术类、辩论类、申请规划类、志愿服务类、社会调研类、实践探究类、实验研究类、体育运动类等共60 个专题学习组。MLC 活动发扬和传承"学长来啦"的优良传统，充分激发学生的主观能动性，推广优秀的经验、方法、技巧，拓展学生活动平台，给更多优秀学生一展身手的机会。同时，在丰富和充实学生课余生活情况下，快速提升自我、增强自信，发挥"生生相授"的优越性，解决老师无法涉及或顾及的问题，解决学生在学术素养、活动规划、申请策略、运动、艺术方面等方面遇到的困惑，挖掘学生亮点，减轻家长和学生的压力。

学习的本质是学习主体不断发现问题、解决问题的感知过程。在这个过程中，学习者主动将周围环境的变化与自身已有的认知结构进行管理，最终突破原有的认识，重新构建认知体系和行为目标。在学习过程中，打破老师和学生这种角色的不平等性，尽可能释放学生之间的主观能动性，充分尊重学生的多元化发展和培养内在兴趣等多方面诉求，在互相平等、彼此倾听、分工明确、目标一致的前提下共同学习、共同成长，形成学生之间互教互学、互帮互助，在此过程中学生变得更强大。我们是如何在实践中达成这样的目的，如何为学生提供优质的课后服务的？

学校领导高度重视，给予大力支持

MLC 共同学习小组活动现如今已进行了四期。每次活动学部都召开专题会议，马校长从活动意义、预期效果、教师工作职责、导师职责等方面提出了具体要求与希望。学部经过充分调研和准备，有序组织和开展了宣传、组织、选课、分组等工作。其间学部领导也高度重视，多次以大会、小组会议等形式亲力督导，同时，也给予了资源上的倾斜支持。

活动的"四个确保"

确保方向：确保活动主题积极健康、贴近学生实际；确保氛围：确保小组有良好的氛围，和谐民主、积极向上；确保效率：30—60 分钟的时间，要求学长提前备好课；确保效果：学习上的提升和进步、活动上的变化和成长。

以学生为中心

活动采取"以学生为中心"的教学理念，改变传统上以教师为主体的教学理念，教师们则统统"隐身"。学部集中优势教师和教育资源投入 MLC 共同学习小组活动中，设置小组负责人制度，且在负责人中挑选较为有号召力和威望度的学长担任，为 MLC 活动打下坚实基础。MLC 活动为生生间搭建了一座心灵知识沟通的桥梁。MLC 共同学习小组活动打破班级、学科、年级等多层限制，最大限度保障小组学生之间有共同兴趣、共同爱好、共同语言，让所有学生在学习课堂上能够大胆自信地展示自我。知识的甘泉，主动畅饮好于被动灌溉。在 MLC 的模式下，学生们是绝对的主角，自主选择、自主表达、自主吸收、自主探索，老师们只在必要时给予帮助和指导。

双向选择

根据学生基础水平，再次细化学科目标，实现小组负责人和学生双向选择，达到最优效果。

监督检查机制

由学习部成员对 MLC 活动小组进行活动检查。检查学生负责人的活动准备情况，学员参与情况、活动效果等，并在期末给予奖励，从多维度促进MLC活动的开展。

定期分享，角色多元

定期开展小组分享有利于开展竞争的合作，还可以将小组成果分享给大家，激发创新，开拓思维。

MLC活动使学生收获颇多，感触颇深。担任了"学生导师"的雷佳楠同学说："MLC就像是一个循环，老师们把知识传授给同学们，同学们又在其中加入自己的理解，通过分享、表达，实现上一届与下一届之间的传承，让所学变得愈发丰富了起来。"

学生导师和学员都有长足的进步，在教与学的互动中磨炼本领，更不囿于"导师"或是"学员"的身份。在MLC活动中，这一组的"学生导师"可以是另一个组的学员，"教授者"与"学习者"的角色不再固定，成员们在流动的角色身份中各取所需，求知的过程本身得到了最高尊重。"三人行必有我师"，大家在相互学习中共同成长。

例如，MLC活动中IPAD绘画软件学习小组成员，他们本身有着对艺术的美好追求。在MLC活动中，成员间不但相互学习各种绘画软件，交流绘画技法，还利用学会的软件进行艺术创作。MLC活动为他们彼此提供了艺术交流的平台，打开了学生的视野。人如水，江河之水，汇合而流。思想交融，则能碰撞智慧的火花，丰富生活的色彩，为他们今后艺术创作奠定基础。

MLC活动形式多样，内容丰富，以德为先，以智为本，以体为径，以美为核，以劳育为重。在MLC活动中融入"综合""实践"和"思考"，生生间开展丰富多彩的"五育"活动，为学生提供更多学习和发展空间，促进其全面健康成长，让学生真正成为学习的主人。

学习成长共同体活动作为高中部一项优质的课后服务，让我们的教育更有广度、更有温度。

一以贯之，由美食陪伴孩子一路成长

——厨艺课中的劳动教育浅析

德育处　苏万书

北京市二十一世纪国际学校，在重视学生文化课的同时，也特别重视同学们的劳动教育。孩子们通过自己的双手，制作美食，增加对劳动的认知和兴趣，进而对中国博大精深的传统饮食文化有更深入的了解和学习。所以，早在2014年，范校长和各位校领导就非常有前瞻性地决定投入逾百万元巨资建造了专业的厨艺教室，配备先进的信息化设备，购置全套的厨艺配套设施和厨房用具，就是要让同学们在专业、舒适、整洁的厨艺教室里，学习中国饮食文化，本着中西结合、南北融合、由浅入深、从易到难的原则，亲手制作各种菜品，着重培养同学们对美食和烹饪的理解和热爱，"热爱美食、热爱生活"绝不仅仅是厨艺课的口号，而是一种理念、一项技能、一种生活态度。通过厨艺课程的学习，培养孩子们的动手能力和劳动技能。通过分组劳动，培养孩子们团结、互助、分享的优秀品质，学习统筹能力，强化规则意识。通过亲手制作中华美食，了解中国源远流长的传统饮食文化，进一步加深理解中国五千年文明的博大精深，增强身为中国人的民族自豪感和自信心。

小学：基础学习，激发兴趣

针对小学5、6年级孩子的特点，我们开设了选课走班和兴趣班两种模式，让更多的小学生能有机会进入厨艺教室。专门为他们设计课堂内容，从最基础的厨艺出发，引领孩子们完成简单的菜品制作，激发孩子们的劳动积极性。在做菜的过程中，我们会要求孩子们认真完成擦桌子、洗碗、扫地等任务，让孩子们在学校里和小伙伴们一起学会动手完成力所能及的家务类活动，把劳动变成一种快乐体验，使厨艺课变成好吃又好玩的一门劳动课，孩子们也更加喜欢厨艺课。

初中：选课走班，逐步掌握

步入初中，孩子们学习能力大大增强，针对这个年龄段孩子的特点，我们增加了厨艺课劳动技能的难度，从菜品选择、课堂内容、动手能力等各方面全面加强，利用每周一次的厨艺课，力争让同学们更多地掌握基本的烹饪技艺。我们还会要求孩子们周末在家时把厨艺课所学内容给家人呈现出来，这一点得到了广大家长的高度认可。初二年级褚天然同学的妈妈写了这样一段感慨：

"孩子的厨艺课是我们全家都非常喜欢的课程。疫情期间，孩子居家学习，线上厨艺课不仅满足了我们家'小吃货'的口腹之欲，也帮助我们家解决了做菜'选择障碍'的实际问题。厨艺课老师的厨艺可谓高超且实用，既有门道，又接地气，可见老师备课的良苦用心。

"设置厨艺课听似娱乐，看似无奇，但实际上蕴含着深刻的生活文化。孩子在烹饪过程中，领略中国和国际饮食文化，学习体会精益求精的工匠精神，品味了解食材的天然特点，尝试创造新奇多变的特色菜肴。总之，厨艺课极大地锻炼了孩子们的动手能力，不但能在周末给我们做一道好吃的菜，而且家务也做得有模有样！感谢学校开设的厨艺课，给孩子打开了一扇热爱生活的文化之门。"

为了激发学生对于劳动的重视，更加深刻地理解动手能力的重要性，初中部还举办了慈善拍卖会，孩子们的厨艺作品通过拍卖体现价值，学生能直观地认识技术劳动成果的价值，建立起一种对劳动成果的自信心。

高三：必修课程，鼓励创新

即将毕业的高三学生面临着出国深造、独立生活的压力，厨艺不仅能慰藉他们在异乡的胃，更能锻炼他们独立生活的技能。对高三学生，我们的要求是"毕业时要能做出一桌荤素搭配、营养均衡、凉热兼备、造型美观的丰盛年夜饭"。基于这个要求，我们把厨艺课列为高三的必修课，精心设计课堂内容，从食材选择、前期准备、菜品制作到后期总结，孩子们全程深度参与各个环节，扎实地学习厨艺劳动技能，使之变成一技之长，在留学期间担当起中国传统饮食文化的传承者和传播者的责任！居家学习期间，高三学生聂怡凡写下了这样的感受："高一的时候看着高三学长学姐们成群结伴地去厨艺教室，开心地拿着做好的食物回到教学楼的时候，厨艺课成了我高中三年最期待的课程之一。终于自己到了高三，迎来了厨艺课，但是由于疫情原因，我们只能在家里学习厨艺。厨艺课上，苏老师教给我们各种不同的烹饪方式，蒸、炒、煎、炸、焖、炖……而且还有很多做饭小妙招，比如怎样在炒虾时保留虾仁的色泽和脆爽劲道的口感；在给菜焯水的时候怎样让蔬菜保持原有的翠绿色；教授我们正确地使用刀具……这些都是我在之前没有关注到的。厨艺课上，经常能听到同学们向苏老师提出各种各样的问题，苏老师都会耐心讲解，让同学们都能完成属于自己的菜品。每次厨艺课结束后，都能看到自己和同学们的朋友圈出现一桌子丰盛的饭菜：家常红烧肉、孔雀开屏鱼、排骨豆角焖面、海鲜酸辣汤、广式腊肠饭、清炒虾仁……这些都是我们在厨艺课学到的美食！

"作为即将毕业出国留学的高三学生，做饭是我们必需的技能。厨艺课真的让我们有很大的收获，它教给我们的不仅是一项必备的劳动技能，还是一份感动，在以后的生活里也是最能慰藉心灵的至美滋味！感谢厨艺课！"

小小厨房提供了一方教育的天地。老子说："治大国若烹小鲜。"希望厨艺课程中蕴含的劳动教育价值，能帮助学生们建立勤劳的品格、精益求精的态度、独立自主的能力，培养一颗热爱生活的心！

STEAM 课程：以劳促智赢未来

高中部　焦扬

2020 年 7 月，教育部印发《大中小学劳动教育指导纲要（试行）》通知，明确指出，劳动教育是发挥劳动的育人功能，要强调学生全身心参与，手脑并用，亲历实际的劳动过程；要在充分发挥传统劳动工艺项目育人功能的同时，紧跟科技发展和产业变革，体现时代要求；还要充分发挥学生的主动性、积极性，鼓励创新创造。

在新时期国家创新型经济发展战略的大背景下，我们提倡创造性地劳动，通过提升劳动的科技含量提高生产力，从"中国制造"迈向"中国智造"，因而，从教育层面来讲，STEAM 课程在培养学生运用跨学科知识，创造性地解决生产生活中的问题，为科教兴国准备新生力量，具有不可估量的价值。

STEAM 课程在我校落地开花

STEAM 课程贯穿了 Science（科学）、Technology（技术）、Engineering（工程）、Arts（艺术）、Mathematics（数学）等学科，旨在引导学生的探究、合作和批判性思维意识。多年的课堂教学经验表明，学习不仅要通过自学或教师讲授习得抽象知识，更要让学生用脑、用心、动手参与学习过程。STEAM 教育倡导跨学科知识运用、启发式教学、团队协作共同完成挑战。其最为核心的特点就是融会贯通各学科知识，培养学生跨学科知识应用能力，并体现了我校一直倡导的劳动教育。

作为国际学校，我校高中毕业生将来要进入国外大学求学，如果动手能力不足，学生不仅无法适应高中阶段的 AP、A-Level 等国际化考试，也无法适应国外高校的理科实验课程。范胜武校长了解实情后，STEAM 教学应运而生，并且从理念上更贴近我校倡导的劳动教育。

在校长的引领和支持下，从 2013 年开始，高中学部开始着手让孩子们发挥主观能动性的小项目。2014 年，参加高二年级 AP 物理课程的李思媛非常喜欢电路方面的应用，她尝试制作了太阳能小车，一个学期结束后，当她把成品展示给同学们时，这个平日沉稳的孩子难以掩饰内心的兴奋；马国雄同学，他用手机和 iPad 制作了简易版全息投影，非常兴奋地解释其工作原理，学生们纷纷迎上前来问东问西，现场气氛非常热烈。

在范校长和学部领导的支持下，老师们经过多年研究与探讨，终于群策群力，把零星不成系统的项目发展成为现在的 STEAM 课程，项目也从最初的几个发展为现在实施过的三十余种课程，包括香水设计与品牌营销、高阶数学与电子工程、电子控制技术、工业设计、丝路印象、商科实践与运用、法医化学、防冻剂制作、学校沙盘展板项目、3D 打印制作等。今年，老师们群策群力，开设了新增课程：疫情下的中国经济、月球基地能源系统设计、用科学的角度观测疫情防控、密室逃脱、科学实验 DIY 制作、我是保险精算师……

STEAM 课堂异彩纷呈

（一）人脸识别课程

人脸识别，是基于人的脸部特征信息进行身份识别的一种生物识别技术。人脸识别系统主要包括四个组成部分，分别为人脸图像采集及检测、人脸图像预处理、人脸图像特征提取以及匹配与识别。2020 年被英国帝国理工大学录取的崔子杰回忆说："自己在学习过程中需要使用 python 语言，在编程过程中他提高了自己解决问题的能力，感受到了自己的成长。"

（二）VR 制作课程

"校园漫游"VR 制作项目是通过自建服务器实现虚拟现实漫游的先进校园参观方式。学生使用专业软件，建立热点，将鱼眼和全景相机所拍摄的图像通过特殊处理，以链接的形式通过网络传播，致力于为用户提供远程的、个性化的、浸入式的体验和多种参观路线。一位学生说："在这个学期的全景课程拍摄和制作过程当中，我最大的一个感受，无论是工作还是学习，或是世间的各种事，都有着许多相通的道理，比如有些在外行眼中难以做到的事情，假如你肯用心去学习,你就会发现这件事情比你之前所想象的要简单得多。"

（三）香薰课程

任课老师盛蕾老师说:"香薰项目组第一节课,当我看见孩子们一双双期待的眼睛,一张张认真的脸,我知道我做了一件正确的事。项目实施过程中,我发现孩子的热忱程度远超出我的想象,认真程度远大于我的预估。"

（四）Scratch 游戏编程

Scratch 是麻省理工学院开发的一套电脑程序开发平台,即使用户从未学过编程,也能利用预先设计好的积木式的模件来完成程序设计。Scratch 游戏制作尽显学生的创新思维,被美国加州大学洛杉矶分校录取的 2018 届毕业生张竞吾同学当年参与此项目时,在技术方面剖析了游戏编程的核心和开发中的困难,通过开发者的全方位展示和其他师生的体验,在学部掀起一股学习编程的热潮。

（五）电子控制技术课程

电子控制技术课堂上,老师给学生们分别介绍了物理课堂上简单电路图和真实电路图的差别,教会学生读图分析电路,让学生使用电烙铁、松香等工具,从最简单的六位电子钟、心形灯到有几百个零件、1000 多个焊点的广州塔。一位同学回忆说:"我花费了三节课的时间尝试用不同的方法连接音源线、电源线,最终完成了音响。我学会了不随意放弃,在遇到困难时,寻找问题、解决问题才是应该做的,在未来的学习生活中更应如此。"

STEAM 课程:"以劳促智"赢未来

STEAM 课程最初仅仅是一个很玄幻的高大上的概念,而经过师生的共同努力,STEAM 在学校已经不是一个虚幻的概念了,它的核心在于:贯穿打通学科壁垒,让学生体会挫折从而享受成功,获得一个真实的、与生活更加贴近的学习体验。这是 STEAM 教学的魅力所在。二十一世纪国际学校将继续前行,为培养更为全面的人才,为体现我校的劳动教育而继续努力!

指向学科核心素养的一贯制英语课程体系

高中部　孙莉

为了培养全面发展的人，北京市二十一世纪国际学校从学生成长需求出发，整合中外教育教学资源，确立"弘扬中华文化精髓，中西课程优势互补，适合学生未来发展"的课程定位，构建十二年一贯制立体课程体系——"世纪课程"。十二年一贯制英语课程就是其中之一，该项目成立以来，我们一直在思考以下几个问题：什么样的英语课程才是适合学生发展的？什么样的英语课堂才是学生最热爱的？什么样的英语老师才是学生最喜欢的？

带着这些疑问，我们也采访了在我校就读十二年的学生代表，从他们的回答中，我们总结了几个关键词：情境教学、课程引领、活动育人。学生期待在不同的学段采取不同的教学方式，在趣味中学习并积累知识，同时配以针对性的训练，达到一定的质变。值得骄傲的是，从小学直升高中的学生百分之百进入到 top50 的学校。他们的成长过程，也越发地使我们感受到十二年一贯制英语课程的意义所在。

一、学科建设的价值

学科价值导向即学生通过一贯制英语课程体系的学习，能在语言能力、学习能力、思维品质和文化意识等不同维度得到全面发展。这也是符合新课标对核心素养的具体要求。为了实现我们的价值导向，我们需要秉持开放性、整体性和发展性这三大原则，拒绝"闭门造车"，在英语课程体系建构过程中充分考虑学生、家长、教师的需求以及学校领导、课程指导专家的意见，同时保证课程设计、课程实施与课程评价等环节的连贯性。我们也一直坚信一贯制英课程建设绝不是一劳永逸的，我们一定要尊重学生的认知规律，它是一个动态发展的过程。

二、学科建设的路径

（一）课程体系的搭建

英语课程体系的建立是最核心的部分。根据我们目前所开设的课程，可以分为英语必修、选修和活动课程，逐步实现英语直通车一站式服务的目标。在这个框架下面，近几年我们一直秉持顶层设计的原则，重点设计十二年一贯制英语课程图谱，以能力为导向，细化听说读写各项目标，同时明确具体的阅读量和词汇量，目前已完成 5.0 版，我们还在不断完善中。

（二）师资团队的建设

全校英语老师海归比例 78%，平均年龄 32 岁，可以说是相当年轻的一支队伍，为了打造一支最具价值的教师团队，近几年我们进行了一系列校内外培训，不断给老师们赋能。通过校内培训修炼内功，实现层级培训，大到每月一次的大学科组培训交流会，小到师徒结对一对一辅导，旨在以课促研，点面结合。在教研方面我们主要以项目研究为抓手，鼓励老师们成为研究型、专家型教师。同时，在学校领导的大力支持下借助外力，邀请专家进校园做讲座的同时，给老师们创造条件"走出去"学习，具体培训内容更专业、更精准、更多样。另外，我们承办并参加了各种大型课赛和展示课活动，给老师们提供了更多的展示平台。

（三）教材资源的整合和贯通

在国家教材使用的基础上，补充了相关拓展材料以及分级阅读材料，旨在既满足学生的认知规律，也能达到一贯制的衔接。通过加强教研，对课标进行逐条研讨，逐步实现学生英语核心素养的培养。2021 年我们针对拓展材料的使用反馈进行了调研，从学生和教师的反馈来看，拓展材料既能满足学生的学习需求，也能让老师们有更好的抓手。

（四）课堂模式的打造

我们一直致力于特色课堂模式的沉淀和完善，比如我们的子项目：英语阅读课程，全体老师做了大量的努力，从书单的选定到阅读课程的设计，从对阅读和词汇进行量化到设计相应的考核方式；同时根据阅读课案例分析，落实项目研究成果，推荐优秀老师就各学段阅读课及实施方案做经验分享，不断完善阅读课堂模式。

（五）评价体系的衔接

在这方面我们做了很多尝试，其中包括过程性评价的研讨，根据我们的教学目标，实行跨学段诊断来检测我们的教学效果，并对诊断结果进行详细分析，反向指导我们的教学和学科建设等，接下来需要我们研讨出一套能体现学生持续发展的更系统的评价和测评体系。

三、学科氛围的营造

（一）英语阅读工程

英语阅读是语言输入的重要途径，也是英语教学的重中之重。各学段除了我们开设的阅读课外，还开展了丰富多彩的阅读活动，比如课外阅读分享、师生共读一本书、项目式阅读、英语演讲、演绎名著、品味经典等。另外，值得欣喜的是高中部还利用 Moodle 平台搭建了线上图书馆，老师们整理上传了近千本分级阅读书，共分为 14 个级别，每本书后会配以相应的测试，实现线上阅读量的统计，形成竞争机制，营造阅读氛围。在师生的共同努力下，大部分学生对阅读的重视程度日益提高，全校的阅读氛围逐年提升。

（二）英文朗读工程

语言需要输出和练习，朗读工程是我们常抓不懈的重点工作之一。其中常规动作就是我们晨读和晚读，要求学生大声读出来；不同的学段还开展了诗歌朗诵；利用 APP 进行跟读配音训练，以及唐诗英诵、朗读会、英文演讲等活动，效果显著。

（三）英语活动和竞赛

我们一直传承并落实着一系列英语活动和竞赛，每个学段，每个年级都设计并安排了具体的英语活动和竞赛，固化了一套十二年一贯制的英语活动体系，旨在通过活动育全人。老师们根据具体的英语活动和竞赛进行专业上的指导，助力学生取得优异的成绩，在打造孩子能力的同时，为孩子们的申请达到锦上添花的作用。为此，我们也还在不断完善并开拓更多的展示学生才能的平台。

（四）跨学科融合的实现

十二年一贯制英语课程的建设过程中，除了进行跨学段纵向衔接的同时，也一直致力于跨学科的横向关联，我们努力将多学科在英语课堂上进行融合，也做了很多的尝试，形成了丰富的教学资源。近两年，新课标要求我们要从英语教学走向英语教育，我们也不断地将思政德育融入我们的英语课堂当中，实现我校秉持的"铸就中国灵魂"的理念。

四、学科品牌的打造

（一）优质的英语课堂

打造高效课堂一直是我们坚持的理念，我们通过"一课一研"不断提升我们英语课堂质量，充分发挥小班化教学的优势，努力打造"以学生为中心"的课堂，通过每年的学生满意度调查，孩子们对我们的英语课堂认可度非常高。

（二）优秀的英语教师团队

在学校文化的浸润下，组建了一群具备较强专业素养和教学能力的英语教师团队，每位老师都极具使命感和责任心，通过大家的努力，老师们在各项课赛中崭露头角，也赢得了学生、家长、学校和社会的高度认可，这是提升我校英语学科品牌最重要的保障。

（三）优异的英语教学质量

如果说前两个是打造学科品牌的内核，教学质量就是最外显的部分，其中英语成绩尤为亮眼，小学、初中每年参加区统测，成绩较突出，远高于区平均水平。高中近几年的托福标化成绩屡创新高，为学生申请奠定了良好的语言基础。同时检测教学质量的另一个方面就是我们的竞赛和活动，在师生的共同努力下，孩子们屡屡在国家和国际大赛中获得大奖。充分展示了我们的教育教学实力，树立了过硬的英语学科品牌。

（四）我们的共同愿景

开篇抛出来的三个问题都是从学生的角度提出的，试问一下，对于英语学科，英语老师来说，通过我们的十二年一贯制英语课程，到底可以培养出什么样的英语人才呢？

我们认为一定要秉持"做豪迈中国人"的校训，努力做一个跨文化交流者、阅读者、思辨者和创造者，这也是英语学科核心素养的意义所在。就像范校长一直叮嘱老师们的一句话——"我们培养的不只是孩子们的十二年，更是他们的一生"，这十二年会是孩子们人生中最天真烂漫、最美好的年华。希望以后的十年，二十年，会因为这十二年变得更加美好灿烂。

从零到优，课后服务助力学生全面发展

小学部　苗智文

北京市二十一世纪国际学校小学部课后服务课程走过了近二十个年头，历经了多个发展阶段。从无到有，从有到优，从优到特，是小学部主体课程良好的补充。经过老师们多年的努力，已经形成了一道独特的课堂风景线。该课程旨在根据学生的不同需求，培养学习兴趣，关注个性发展。在学科学习、艺术学习、体育锻炼、劳动技能等方面提供给学生主体课程之外的学习环境。在"双减"背景下，关注学生综合能力发展，五育并举，培养具有知识技能和生活技能的优秀少年。

一、1.0版：从无到有的兴趣班

"双减"政策之前，大部分公立学校都是下午3：30放学回家，主要依赖家长课后辅导作业。当家长在外面给孩子报班学习特长的时候，北京市二十一世纪国际学校的兴趣班就已经开始开设了，包含学科学习和艺术类、体育类学习，满足当时在校学生不用外出报名学习的需求，课程的开设较为完整和规范，保持了学校课程建设的先进性。

二、2.0版：从有到优的选修课程

根据学校发展的需要，老师们不断地完善这项工作，运用高科技，提高服务水平和效率，且行且思，加大课程落实力度，开始着手进行以下几项改革：

建设选课云平台。学校搭建选课云平台，技术老师后台绑定课程，学生拥有独立的账号和密码，专时专用报名，报名后人数和名单一目了然，信息技术的使用大大提高了老师们的工作效率。

规范课程内容。老师们为每一项课程制定课程特色介绍和详细的课程教学计划安排，保证每次课程的教学有落地、有效果。

高端课程招标。部分课程校内老师没有能力完成，同时学生有学习需求，寻找校外资源对选修课程进行补充教学就迫在眉睫。

教学成果展示。学部为了关注选修课程的教学情况，学科类学习设计期末测评，检测一学期的学习情况和教学效果。同时，学部各项活动中为选修课学习成果汇报搭建平台，例如书画展览、节目表演等形式给孩子们展示的空间，同时学生的学习成果和老师的教学情况得以显现。

制定检查和评价制度。学部开始设计检查和评价制度。管理团队每日检查落实到人，每周汇总整体情况并反思，每学期学生满意度评价，并一对一的与评价中反映出来问题的课程老师进行沟通、改进或淘汰。

三、3.0版：从优到特的课后服务

经过了多年的探索，北京市二十一世纪国际学校小学部已经拥有了独特的课后服务课程体系，"双减"的到来对这项工作提出了更高、更细致的要求，如何真正为每一个学生量身定制课程，满足儿童在不同发展期的需要，解决家长的实际需求，学校进一步对课后服务课程进行了整体的规划和改进。

（一）全面规划校园资源
在学部领导的带领下，盘活了所有教师资源和教室资源，将时间、地点、人员进行整合优化，确保满足学生的个性化课后服务需求。

（二）优化检查和评价制度
在现有的检查评价制度基础之上进行优化和更新。学科检查和兴趣课程检查两手抓，每天落实到人，检察人员在当天检查之后第一时间记录和汇报情况，如有紧急问题需要跟上课老师和班主任第一时间沟通，同时，负责人需要上传检查记录和实时照片，所有教职员工都可以看到每日的课程完成情况。同时，期末延续学生满意度打分，针对评价当中反映出来的问题一对一进行解决，优胜劣汰，保证每一项课程的教学效果。

（三）合理分配校内外师资力量

分班上课。高端课程通过招标团队老师打分进行选拔，每年更新。同时针对学生水平不一致的情况进行分班分层上课，力求让每一个学生都学有所获。

（四）每个课后服务班都建立微信群

授课教师与班主任在学生报名后进行沟通，进行大量的准备工作，建立课程微信群，加入所有报名学生，在群中公示课程的介绍和教学进度计划安排，让家长了解教学内容。同时加大家校沟通力度，让家长每天都能看到学生的学习情况和收获。

（五）为外聘课程配备助教

为了细致地做好家校沟通工作，学校为每一个外聘课程配备校内教师助教。助教老师的工作职责是负责每次课程的点名、记录，同时发送学习内容和学生学习照片，遇到问题负责与家长沟通学生上课情况，为家长答疑。

目前小学部课后服务分为四大领域，分别是语言与交际、数学与科技、体育与健康和艺术与审美，每一位老师、每一个孩子都在认真、开心地参与课后服务课程的学习，在校园里形成一道亮丽的课堂风景。未来的课程建设中，老师们将继续把课后服务这项工作做好。

在常规管理中坚持最高标准，保证老师们的上课状态及学生学习状态。每次课程的家校沟通要落实到每一个人，延续前期的优势；高端课程的设计关注每一个个体发展的个性需求，例如数学思维训练课程、英语拓展练习课程、语文高效写作课程、演讲与口才课程等，真正做到为学生综合能力发展服务；不满足于短期内取得的成果，随时根据社会的变化、学生的需求、市场的更新来调整我们的课程"产品"，打造一个主体课程之外，对孩子和家长都有很强吸引力的名片！

无论是课程建设初期 1.0 版本的从无到有、中期发展 2.0 版本的从有到优，还是"双减"之后 3.0 版本的从优到特，北京市二十一世纪国际学校全体老师会继续潜心钻研，继续升级课程，减轻学生学习的负担，在课后服务时间段，让孩子们受到最好的课程教学服务，而且是为每一个个体发展量身定做的教学服务！

激发兴趣，学以致用：地理作业设计"六步走"

初中部　朱琳

在"双减"政策下，提高作业设计质量是减轻学生作业负担、实现减负增效的关键，是解决作业问题的前提条件。作业设计是整个作业过程的起点与前提保障，为保证地理作业的实用性与趣味性，初中地理教研组的老师们精心设计了地理作业设计的"六步走"：

第一步，结合学习目标，确定作业目标；第二步，设计作业内容；第三步，作业布置与说明；第四步，作业评价与反馈；第五步，作业统计与分析；第六步，优秀作业表彰与展示。

多彩地球仪，将知识"用起来"

以十一国庆作业"制作地球仪"为例，本节课的学习目标是能够识别并说出地球仪的基本结构；运用地球仪，知道纬线和经线、纬度和经度的划分；能够比较和归纳纬线和经线、纬度和经度的特点。作业目标是通过制作地球仪，熟练掌握地球仪的结构；通过绘制经纬线，对其特点和经纬度的划分有更清晰的认识；会利用地球仪演示地球的自转。

不难看出，学习目标更加注重知识的识记与理解，而作业目标更加注重对知识的理解与应用。因此作业目标与学习目标两者相互补充和促进，以实现整体的课程目标。作业内容是根据第一章第一节所学内容，参考课本第5页活动题，制作地球仪。要求：1.制作材料不限。2.地球仪要有支架、底座，可以自转。3.标出北极、南极、赤道，标注特殊纬线和至少两条经线。4.标明自己的班级、姓名,十一假期返校时将作品带回学校。在内容设计上应该做到:基于作业目标设计作业内容;保证本体性知识准确;表述清晰无歧义;符合该学段学生的身心特点。作业布置时向学生说明作业意图并回答学生关于作业的疑问,以提高作业的完成效果。在作业评价上,根据评价标准设计地球仪打分表,对于作业的每一项进行打分,让学生知道自己作业存在的问题。最后,将打分表的数据进行统计与分析,这样教师能够通过作业目标完成度捕捉到学生在学习中存在的知识盲点。学生在日常作业中表现出来的问题是最真实的,因此及时反馈作业问题并与学生沟通出错的原因是至关重要的。根据出现的问题反思自己的教学,改进后续的教学和作业设计,是日常作业的主要价值之一。为了鼓励学生更加重视学科作业,地理组老师还设计了优秀名单海报,在年级宣传屏进行公示。在教学楼作业走廊举办优秀作业展,对一等奖作业进行展示,同学们可以参观并交流学习。学生对于自己的作业被围观与讨论这件事儿感到非常骄傲,且极大地提高了学生完成作业的积极性,对于地理学科的兴趣也在一点点提高。

创意地形图,这样的作业"走心了"

在"地形图的判读"这一节,学习目标是:会在等高线地形图上识别山峰、山脊、山谷等,判读山坡的陡缓,估算海拔与相对高度等。作业目标是会绘制等高线地形图并能够识别山峰、山脊、山谷等山体部位,判别山坡的陡缓;能在实体地形中识别山体部位。作业内容是参照课本 P26 活动题要求,制作立体地形模型,并在 A4 纸上画出其相应的等高线地形图。作业要求:1. 体现多种山体部位。2. 体现坡度陡缓。3. 等高线地形图与立体模型对应。4. 等高线地形图标注海拔数值。5. 整洁美观,创意突出。相对于书面作业而言,以动手操作类作业作为课时练习,可以让学生在巩固学习目标的同时,更强调了对知识的实际应用,符合"学习对生活有用的地理"的课程目标。学生选择了橡皮泥、轻黏土、泡沫、硬纸板、加了色素的面粉等作为制作立体地形模型的原材料,创意十足,作业用心程度可见一斑!

平面图设计，活用身边的学习资源

学生在周末或假期可以充分发挥课外时空资源的优势，去完成一些在学校难以实现的动手操作类作业。平时在学校的课时作业依然可以充分利用现有资源，充分挖掘作业价值。以"地图的阅读"这节课为例，为了能够让学生达成以下作业目标：1. 熟练运用地图的三要素，学会选择合适的比例尺，并会换算图上距离。2. 练习在地图中查找所需信息。3. 学会观察身边事物，学会合作的作业目标，地理老师布置了"平面图设计"的作业，要求是：（1）1—2组学生绘制本教室平面图，3—5组学生绘制学校操场平面图。（2）选择合适的比例尺，在A4纸上铺满绘制。（3）实地距离可以现场测量，可以咨询体育老师。（4）组内成员测量、设计、制图分工明确。本次作业借助即将举行的学校运动会，解决了学生对于操场的观察与场地的测量等问题。在作业评价时，通过小组评价与教师评价两种评价方式，既能发现作业中存在的问题，让学生落实学习目标，又能作为很好的教学素材，及时强化巩固知识点。

脑洞有多大，世界就有多大

经过一系列的创意作业，孩子们对地理作业的兴趣越来越高，完成度也越来越好。在第二单元"大洲与大洋"一课中，孩子们设计的"创意世界地图"作业再次惊艳亮相。作业内容是结合"大洲与大洋"所学内容，在A4纸上用能够体现各大洲地理特色的元素或者你喜欢的图案，设计一幅既保证科学性，又富有创意的世界地图。要求：1. 大洲与大洋的相对位置正确。2. 大洲与大洋的轮廓比较准确。3. 创意突出，画面整洁美观。孩子们的创意五花八门，有的用树叶、豆类或不同的颜色来区分大洲与大洋；有的加入了最能代表当地地理环境的特色元素，比如非洲黑色人种、巴西足球、俄罗斯套娃、亚洲象等；还有的选择了动物主题的创意世界地图。当这些作业展出时，也吸引了初二、初三年级的学生前来观赏。疫情形势下，孩子们无法走出国门，创意世界地图为孩子们打开了一扇看世界、了解世界的窗户。

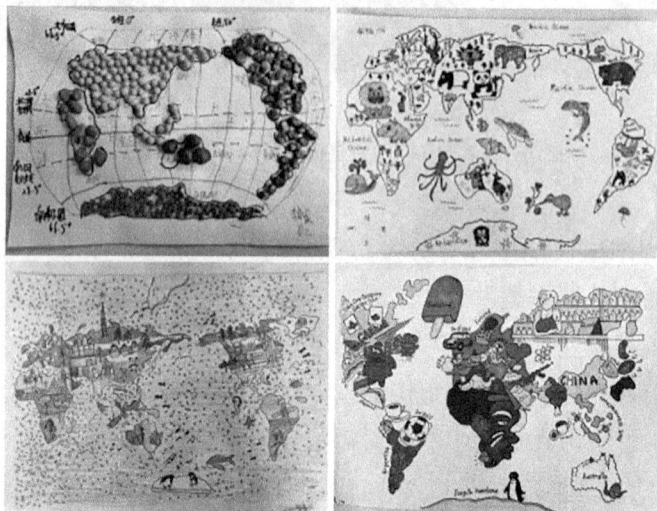

老师设计作业的初心，是希望学生通过作业巩固学习目标，还能发挥其潜移默化的教育价值，比如培养学生自主管理时间、解决问题和创新实践的能力等。与此同时，地理作为初一年级的新授科目，在第一学期让学生快速建立起学习兴趣至关重要，而这些创意作业对于提高学生对地理学科的学习兴趣、培养学生自身发展的能力无疑是起到了重要作用。

精心设计，作业讲评课也高效

初中部　李羊洋

提及课堂教学质量和效率的提高，总是绕不开我们对一堂好课定义的讨论。课堂规范有秩序、学生有所得、引人深思、高效达成学习目标……如果从不同的角度来评价课堂的成功与失败，我们可以对教师的前期准备、中期实践、后期评价反思提出许多要求。但如果说有什么至关重要的一个环节、一个步骤，能达到牵一发而动全身的功效，那我想，一定是我们的课堂教学设计。我相信，如果课堂教学设计合情合理，许多我们在课堂中发生的不那么顺利的瞬间是可以得到改善甚至是避免的。

一线教师一定知道，我们在实际的课堂中存在着一种特别容易让学生"犯困"的课型，至少积累两天的量就不得不涉及这个内容，并且不能拖得太久，恐学生难寻记忆，也不便轻易调换它在一个单元里授课的顺序。

这种课型就是作业讲评课。

作业讲评课，俗称"讲题"，从传统的经验来看十分容易变成教师的"一言堂"。台上，英语老师慷慨激昂、振振有词，用逻辑和语法大"杀"四方。这样上课，正是语文名师程红兵所说的"教师带着教材（知识点）走向学生"。很多时候我们习惯于落入这样讲题的"甜蜜陷阱"中，因为自己讲题速度快，不耽误时间，干货满满，要是等学生站起来结结巴巴读完句子再读题，再分析如何解题，我们已经讲完好多道题了。可是，能在一节课短短四十分钟内把一套试卷、几个大题、几十道小题都囫囵讲完，是"高效"地完成了任务，还是学生真正有所收获呢？所谓的不耽误时间，究竟是为了不耽误学生的学习时间，还是为了自己的教学进度，而忽视了学生理解和吸收的速度呢？我们的"干货"，是否能如愿以偿地传递给学生？我们如何把讲评课，设计成真正基于学生、针对学情的课堂呢？

基于我对以上问题的思考和对学生的了解，我做了两种效果不错的尝试。

第一种是练习册的作业讲评课，以人教版英语教材 8 年级上第二单元配套的《同步学练测》为例。我选取的这次作业实例是根据课堂所学挑选的练习册当中的部分题目，批改完以后，我对同学们的错题进行了集中统计，发现普遍做错的题目对应了几大语法点，分别是：逻辑连词的使用，何时用动名词作主语，"回家"的翻译方式，英文中表示"其他"这一概念的四组词的辨析。在课堂上我跟同学们一起讨论了这四个语法项目的易错点和重难点。

逻辑连词的使用。英文当中，对于逻辑连词的使用，最容易犯迷糊的就是把成对出现的逻辑连词写在同一句话里，这与我们说中文是不一样的。"因为"与"所以"，"尽管"与"但是"，在一个英文句子里，只能留下一个。所以需要学生同时观察两个逻辑部分，并举例。同时写下意思对应的中文和英文句子在白板上，学生能更加直观地意识到两种语言的区别。这种通过观察而自己形成的认知，会让学生产生更深刻的印象。另外，通过我平时对学生作业的观察，我发现学生在自己写句子时，"因为"几乎总下意识地翻译为 because，"但是"也基本上都译作 but。我向每位学生征集更多的说法，再补充一些新的单词，通过同伴之间的分享学习，取之于民，用之于民，而非我一股脑儿地告诉他们，从而达到积极地扩充他们表达单词库的目标。

何时用动名词作主语。首先要厘清的概念是，动作虽然往往由动词来表达，但我们可以使它具备名词性，从而能做句子的主语。学生在这儿犯错率太高了，必须从根本上解释到位，让他们真正理解为何要用动名词的形式。然后，摘抄几句学生作业中典型的错误句子，让他们自己来修改。学生对于改错往往是乐在其中。

"回家"的翻译方式。这是重灾区。我先向学生展示几种常见的错误，再让他们思考到底如何组合这几个易错词。初期的尝试五花八门，但渐渐地，他们意识到了正确的表达方式。

"其他"这一概念的四组词辨析。学生很难理解英文中表示"其他"的这组词其中的区别，因此我必须使用大量定义和举例来进行解释说明，这也是我本节课花最多时间处理的。首先，我让学生做了第一组"前测"练习，通过几道题的语境让学生感受这四组词的区别。

第一组：前测（节选）

1.This cake is delicious! Can I have_____ piece, please?

A.other　B. another　C. others　D. the other

2.The supermarket is on _____ side of the street.

A. other　B. another　C. the other　D. others

然后进入讲授与讨论环节，这部分我要求学生做笔记。然后，我计时让学生完成第二组题，进行讨论与讲解。

第二组：第一遍练（节选）

1.There's no _____ way to do it.

A.other　B.the other　C.another　D.others

2.Where are _____ boys?

A. the other　B. the others　C. others　D. another

最后作为作业和加强巩固，让学生完成第三组题。

第三组：第二遍练（节选）

11.He has two sons. One is a doctor, _____is a student. He is now studying at _____ university.

A.another; a　B. the other; an　C. the other; a　D. another; an

12.We have ten foreign students in our school. One is from America, _____ is from Australia and all _____ students are from England.

A.another; the others　B.one; another　C. another; the other　D. one; other's

第二天核对答案后，我让学生统计一下自己的错误率是否有下降，几乎每位学生都高高举起了自己的手，而从他们脸上，我能看到认同的神情。下课询问他们的意见，他们表示比较喜欢这种方式，能看到自己明显的进步。学生对于学习的获得感和成就感是非常重视的，这将有利于提升他们对这个学科的兴趣，从而有更多的收获，这是良性的循环。

总结一下作业讲评时比较完整的任务链是：前测，让学生意识到自己理解不透彻的地方——清晰的语法易错点讨论和讲解——形成规则，记笔记——做第一组题——讨论这组题，再次意识到易错点，记笔记——当晚做第二组题为作业——讲评作业，统计正确率的提高并让学生意识到自己的进步。

另一种类似的课型是单元练习题讲评课，单元练习题即以单元为整体设计的一套综合性作业。此处仍然以一套真实的单元练习题为例。在练习题中，学生将了解到自己对语法、语境、语句、情感的理解与运用能力。完成后的讲评课，学生既拿到了教师详细批改的练习，还拿到了一份与之配套的学案，对于不同的题型教师进行了不同的脚手架设计。这样做是基于教师对学生错题的统计结果。我发现每道出现错误的题往往只涉及部分学生，让全班一起听别人的错误，大多数时候是浪费时间的。但是，如果老师把每道错题背后的知识点或逻辑分析过程呈现在学案上给予每位学生，他们可以自由地、有选择地、有详有略地进行查漏补缺。接下来通过一些例子进行说明：

语法的脚手架

考查冠词

（1）不定冠词 a/an：泛指，不具体指哪一个，也可以泛指一类。

*难点：在单数可数名词前使用"一个"时，这个词的第一个音是元音，则用 _____；第一个音是辅音时，则用 _____。

*练习：一所大学 ____ university 一个小时 ____ hour 一把伞 ____ umbrella

（2）定冠词 the：特指，具体指前文提过的某物，或说话双方都心知肚明的某物，或世界上独一无二的事物。

*练习：in _____ society/world/Internet, _____ sun/moon/earth

由一道小小的题目，梳理出这个语法点的重难点，让学生参与到总结的过程中，并且教师给学生搜集若干易出错的例子，让学生进行更深一层的理解与运用。

完形填空的逻辑分析

完形填空对学生的理解能力有很大挑战，对于语句的分析不仅仅是把句意翻译出来，还往往与作者的情感或价值观变化相关，对初中生是有难度的。教师可以和学生一起梳理出文章的双线，即情节发展线和情感发展线，以两个角度交叉帮助学生对文章的把握。同时，除了提供解题思路，也要积累高频完形填空的词汇，帮助学生通过经验的积累来提高解题能力和理解能力。

阅读理解的解题方法

阅读理解是最适合做思维导图的。选取的文章往往逻辑性很强，学生可以在一次次的梳理中掌握不同文体作者的思维方式，并且积累大量高频的阅读词汇，这些词汇是学生阅读理解能力的基础。通过思维导图的制作，学生能从内容上全面、透彻地理解文章。但是除了积累语言和阅读之外，还应该掌握一定的答题技巧。阅读理解部分的答题中，往往只是一部分学生会出现问题，应该给他们自己阅读和思考的时间。教师需要做的，是通过对学生错误的分析、预判，用简练的语言，把题目分析呈现给学生。出现错题的学生通过自主阅读教师精准、直击要害的分析，往往能顺利地领悟其中关键。这样，不同答题情况的学生，选择适合自己优化的内容进行学习，在同一个空间和时间中，达到共赢。

一节课的成败，有时候往往与当堂的气氛关联，每当我精心打磨并呈现了一节自认为不错的课时，孩子们在下课的时候也觉得时间过得似乎比平时快一些，学习的枯燥感似乎也没那么明显了。而在那些气氛不那么热烈的时候，我们也许也该想想，是不是在最初的教学设计上，可以做一些努力呢？即使是作业讲评课，我们也可以想办法，让它成为让学生受益的一节高效的好课。

优秀毕业生、优秀教师风采

牛津学姐朱宇璇：以柔弱肩膀扛起远大志向

朱宇璇（2018 届）
录取学校：
美国康奈尔大学
英国牛津大学

朱宇璇以 AP 6 门满分，托福、ACT、SATII 等十分优异的成绩，被常春藤名校康奈尔大学 Cornell University（ED）录取，并收到了英国伦敦大学学院的无条件录取通知书！之后，在通过牛津大学面试后，她再次得到这所世界顶尖学府的青睐，成为本届毕业生中的佼佼者！

初中毕业的她以优异的中考成绩被二十一世纪国际学校录取，由传统教育走上国际教育道路，在短短几年时间内，她实现华丽转身，成功冲刺几所世界名校，她到底有何与众不同？

人物画像

她没有一丝一毫的张扬，沉稳、内敛，说话细语柔声。手握几大名校录取通知书的她并没有那么激动，而是将目光放到了十年、二十年之后，"我到底要走哪个方向？在鱼与熊掌不可兼得的情况下，我该做何选择才能不违初心，才能为学弟学妹带来更多激励作用？"

访谈

采访者：牛津大学的面试难吗？你感觉与其他大学有何不同？

朱宇璇：我是在班主任办公室面试的，对方是两位工程学院的资深教授。他们用笔记本的摄像头环顾四周，确定没有他人在场，才开始面试。其实这更像是一场笔试，非常严谨，他们现场出题，考查数学、物理等专业知识，我需要现场解答。题目的难度非常高，我刚开始有些紧张，解得有些磕磕绊绊，但在教授的指导下，最终都顺利解出来了。从这场面试中，我感觉牛津大学非常注重学生的基本功，要求我们具备扎实的专业知识和能力。还好，在这几年的学习中，我遇到的老师水平都非常高，而我自己也学得很踏实。

采访者：为何会选择工程专业呢？什么时候确定了方向？

朱宇璇：2008年汶川地震时，我刚刚8岁。清楚地记得，那废墟中伸出的紧握铅笔的小手，那在担架上敬礼的男孩，那隆起腰背保护襁褓婴儿的伟大母亲……当时，我一次次热泪盈眶，在悲痛的同时，受到了很大的震动。为什么我们的房子那么不堪一击？当时幼小的我，就有了一个模糊的理想，我要设计结实的、防震的房子让人们来居住！再加上我姥爷一生都在从事土木工作，所以，后来我就逐渐确定了这个方向。

采访者：当时为什么会选择我校？在学习中有什么独特的方法吗？

朱宇璇：我是开学后一周才入校的，走出国留学这条路我决定得比较晚。当时考察了好几所知名的国际学校，但我一眼就看中了这里。虽然我们的校园环境没有那么大，也没有那么多五花八门的社团之类，但我一来就感觉这里的教学氛围比较浓厚。老师会关注每一位学生，而学生也都比较勤勉、踏实，师生关系、同学关系都很融洽。这氛围与我本身的气质十分契合，所以虽然家长还有所犹豫，但我毅然决然地留了下来。

在平时学习、学校申请上，我有一些话要分享给学弟学妹们：扎扎实实地学好基本知识，不要想那么多，只要你前期的准备做足了，被录取是水到渠成的事。

相较于其他同学，我唯一的优势就是比较注重学习效率，所有学习任务都在课上、自习时间尽早完成，晚上回到宿舍就不会再学习了。保证了充足的休息与睡眠，才能以更好的精神状态应对第二天的学习任务，提高上课的效率。

申请学校时，我完全是 DIY 独立申请的，文书全部由自己撰写，并在学校留学服务中心老师的指导下修改、完成。我认为我最大的优势是尽早开始准备，提前考试，提前进行文书写作，为后续修改预留了充足的时间。我的主文书前后修改了 12 版，几乎每一位老师都帮助过我。在 ED 申请截止前最后一周，我还疯狂地求助于外教，请他们帮我字斟句酌地筛查文书的用词，力求做到最好。

侧记

班主任李志鹏老师说道：

朱宇璇的内心非常强大，她自强、自律。两年多来，她除了出境参加 ACT 考试外，没有请过一次假、没有缺席过一次晨练，用她自己的话说就是："要给同学们树立榜样，要培养自己的意志，以便应对未来不可预知的挑战。"所以，她作为我校主力队员赴韩国参加全球奥林匹亚竞赛，并与队友在"我爱我的祖国"全英文演讲时战胜来自美国、韩国、新加坡等国家的 22 支队伍赢得冠军，真是水到渠成。

其实，朱宇璇最让人骄傲的不是她全优的学业成绩、连续两年一等奖学金获得者的至高荣誉以及多门满分的 AP 成绩，而是她在求学过程中所体现出来的自信、拼搏、创新的精神与品质。高一时，我曾让学生分组探究 Pre-Calculus 当中的部分知识。朱宇璇主动请缨担任组长，并充分发掘组员优势，利用智能软件，制作出效果极佳的微课，这充分证明了她的能力。

最让人欣慰的是她的感恩情怀。高二时，她因为智齿疼痛只能吃流食，出于关爱我给她买了一些牛奶和松软的蛋糕，这件事让她感动不已。事后，朱宇璇就经常给老师们带一些她亲手烘焙的点心。前不久她还自己缝制了一个漂亮的小手包送给我的女儿。我曾在生日时收到过她的一封祝福信，其中一句话真是让我终生难忘——"老师，祝您的身体像递增函数一样越来越高，愿您的好心情像极限一样趋于无穷大，愿您的工作像平滑的曲线一样越来越顺利！"

朱宇璇被录取是情理中的事。她很早就确定了方向，又有着极强的自律性和自觉性，走的每一步又都是那么笃实、淡定，所以，我们一点也不意外。

同时，我们老师在课程设置上，根据每个学生的特点都做好了短期、长期的规划。针对她，我们在高一就开设了英语之外的 AP 类课程，因为要让她

"吃饱"。高一刚结束时，就开始让她接触高强度的 ACT 考试课程。在高二考托福时，她其实也遇到了瓶颈期，老师们就对症下药，每次考完试帮她分析出错原因。

同时，她的文书和推荐信，老师们也都花费了大量的心血。她的文书，在我们的打磨下，形成了两三版互补的内容，共同提交给大学。每一版都不是泛泛的爱好兴趣之类，而是帮她拔高到"有情怀"的境界，这让对方对她有了深入而全面的了解。

朱宇璇爸爸电话采访：

听到这个消息真的非常激动，在拿到康奈尔的 offer 时，我第一时间给李志鹏老师打电话，感动得流下了热泪！没有任何课外辅导班的帮助，没有任何中介机构的参与，是学校的精心培养让她拿到了这样的好成绩。再次接到牛津大学的 offer，我们更是高兴得无以言表。

学校教学上的悉心培育自不必说，成熟的国际教育体系已经给孩子们营造了良好的环境。更让我感动的是，领导、老师们一以贯之的育人理念，让我们家朱宇璇有了很大的变化。她原来不太善于自我表达，刚一入学，老师们就发现了她的这点不足，一次次鼓励她参加各种演讲比赛、朗诵比赛，还让她参加名校教育展，为渴望了解学校的家长们答疑解惑。这不仅提高了她的自信心和表达能力，而且让她越来越开朗，与同学们打成了一片，拥有了一段难忘的高中生涯。

作为家长，我也分享自己的一点心得：一定要给孩子民主、宽松的成长氛围，但是在关键的十字路口，要帮他们把好关。朱宇璇其实是内心很有主见的孩子，我们从小就在各方面尊重她的选择，不会强迫她做任何事。但是在幼升小、小升初、初升高时，我们都经过了各方考察，甚至返回老家，这一切，都是为了让她找到能提高自身综合素质的环境。一来二十一世纪学校，孩子就看中了这里笃实奋进的氛围和完善的教育模式。看着她坚定而清亮的眼神，我们也觉得，就是这里了！

牛津大学学长陈哲远：喜欢文科的理科生

陈哲远（2021 届）

录取学校：

英国牛津大学

美国弗吉尼亚大学

英国帝国理工学院

英国伦敦大学学院

……

牛津大学物理系、帝国理工学院物理系、弗吉尼亚大学哲学系……申请季，英、美两个国家的顶尖学府都向他伸出了橄榄枝。自律、专注、沉稳，他是同学们眼中的"天才型"学习者，乐于分享知识的他被全年级称作"陈老师"；理性、执着、追寻，他说自己是"喜欢文科的理科生"，愿在清醒中一路探索外部世界与内心世界，寻找自己的价值，并享受这个过程本身。

双方向＋跨专业，合理规划，收获多份名校 offer

早春的一个晚上，推开国际楼某间小自习室的门，一群围坐在白板旁的高中生映入眼帘。他们正聚精会神地听课，饶有兴致。白板上布满了一个个哲学概念，逻辑清晰的箭头和连线串起了它们，旁边还有一处简笔勾勒的西西弗斯，正在将巨石推向山顶。站在白板旁将知识点娓娓道来的这位分享者，正是2021届高三学长陈哲远。

这个毕业季，已经有十几所世界名校敞开大门等待着他：英国牛津大学、帝国理工学院、圣安德鲁斯大学、伦敦大学学院、美国弗吉尼亚大学、加州大学圣塔芭芭拉分校、杜兰大学、科罗拉多学院、马卡莱斯特学院……五所英国"G5超级精英大学"中有三所都对他表示欢迎，美国方向的录取院校也全部都是TOP 50或顶尖文理学院，涉及的专业横跨文、理，且以高难度的物理和哲学为主。提起自己优异的成绩，陈哲远的语气永远都是那样低调、温和，他把自己的成功归结为合理而清晰的规划：

"英美两国虽然风格不太一样，但也有很多共同之处，在整个申请季有很多的材料都是非常有用的，比如用ACT、AP、托福等标化成绩进行双方向的申请，同时也充分利用英美两国都认可的竞赛和活动来递交给自己心仪的院校。"针对很多学弟学妹们关于"AP能否申请英国方向"的疑问，他解释道："虽然A-level作为英国的本土项目具有一定的优势，但从我自己的经验来看，用AP成绩申请英国学校也是完全可以的，只要认真准备、合理规划，一样也能申到诸如牛津这类顶尖院校。"

谈及专业的选择，陈哲远回忆道："很小的时候家里就给我买了非常多的科学书籍，在阅读中我感受到了对物理的兴趣，对物理的喜爱中其实有一份使命感在里面。同时在阅读中，我也发现了哲学的魅力。'人类因为理性而伟大，但也因为知道理性的局限而成熟。'是哲学让我看到了科学的局限性，跳出唯科学主义的角度，更清晰地看待世界。"除了阅读之外，许多活动也成了促成他专业兴趣的催化剂。班主任曾说他像一块海绵，总能从不同的事物中充分吸收自己想要的知识，而他自己也正是在这种将知识内化的自觉中摸索出了适合自己的方向。陈哲远和伙伴们创建学习组织FLAW Academy，这是他向大家分享AP物理知识的视频课程画面。他说，与不同学科知识碰撞的过程，也是让自己更好地理解世界的过程。

文理兼爱，走过漫长的自我探索

热爱物理，又钟情于哲学与文学；理性严谨，又保持着感性的敏锐。申请季的每个经历者都曾踏上关于自我探索的未知远航，陈哲远这个"矛盾体"也不例外。他的沉稳与踏实中包裹着一份倔强，坚持对现实中的自己真实，也对文书中的自己真实。他说:"整个申请季的经历对我来说就是一个一直在思考、一直在成长、逐渐走向成熟的过程。真正的文书写作并不是从落笔的那一刻开始的。当你开始对自己内心进行认知和探索,开始对这个世界、对你的专业、对周围的种种事物进行积极的思考,你的文书写作其实就开始了。"他认为整个文书写作的过程是目前人生中思考自己最多的一段时间,也是获得成长最多的一段时间。

申请季给了陈哲远大量阅读的契机,也对他进行了一次次恒心的试炼。在对严肃文学、专业科普等书籍一本又一本的阅读当中,在与经验丰富的老师、颇有见地的朋友们一场又一场的聊天当中,他的文书改了一稿又一稿……也许艰辛难耐,但新的思考与新的成长就在这样反复的推翻与重建当中破土而出。"我得到了对这个世界更全面的理解,对自己专业更深刻的看法,以及更明白了自己想要什么、是一个怎样的人。"

神话里的西西弗斯不因能将巨石推上山顶而伟大,他的伟大只因他永不放弃的抗争与永远向上的姿态。申请季的毕业生们也是一样,最闪耀的不是一纸文书换来的一纸录取,而是在与文书"胶着"的状态中沉淀出的那个崭新的自己。

专注力:优秀学生的"超能力"

"天才型选手"是大家提起陈哲远的一个高频词。当被问起如何看待这样的夸赞时,陈哲远说:"我自己其实并不是很认同这种说法,或许像被牛津录取这样的事情算是某种成功吧,但我把它归结为自身长时间的知识积累和思维锻炼。其实我小学的时候一开始也不是'天才',也有过考70多分这样的经历,所以我觉得在日积月累中提升学习能力,才是最重要的。"他的自律和良好的学习习惯也被同学们公认——"十次经过教室门口,有八九次都能看到他在那里非常专注地学习",一位学弟这样描述对陈哲远的印象。

极高的学习效率和过人的专注力背后究竟有什么秘诀呢?

陈哲远首先提到的是课堂效率。"如果能在课堂上高效地吸收信息、掌握知识的话,就没有必要再去花费额外的课外时间去学习了,这其实是一种劳逸结合的手段。专注于课堂的习惯是可以培养的,比如当你能坚持一个月当中都认真听讲,一方面你会锻炼几十分钟聚精会神的能力,另一方面也会获得很大的成就感,这是一种正反馈。"对于自己的工作时间、学习时间以及娱乐时间,他有着清晰的区分:"学着去切换专注学习模式和自由放松模式是很有必要的,在这个过程中学会对'两个世界',即'学习/工作世界'和个人的内心生活世界进行区分,这是特别重要的。"

除了课堂上的专注,几年如一日地对自己热爱的专业保持投入,也是一种专注。陈哲远说:"我觉得每个人都可以去发掘一些自己真正想要做的事,当你因此而找到信念感和责任感,同样也会驱使自己专注于要做的事情。"

越过压力与琐碎,守住"诗和远方"

"不能辜负他人对自己的期盼,也不能辜负自己。"采访中的陈哲远反复提起这句话。在奔向"诗和远方"的留学路上,难免会有许多压力与琐碎,但"信念"两个字就是他越过这些压力与琐碎的最大支持。对于这一点,陈哲远的解答显得理性而有诗意:

"我知道我有自己的诗和远方,但面对所谓'眼前的苟且'也要坚持住。我觉得整个成长的过程,或者说是克服困难、克服压力、逐渐向上的过程,其实是很愉快的。萨特所说的'存在主义'提到,存在先于本质,你自己做了什么决定着你是谁,你的价值是由你自己去创造、去寻找,因此一个人要对自己所有的经历负责。对于我来说,尝试从不同角度去理解这个多变的世界就是我的目标,它是一种'价值理性'。在学习的过程中不断了解新鲜事物,这本身就会带来极大的满足感。学习不仅仅能增进一个人的自信,还能感受到自己作为一个正向的生命个体,通过不断地吸收将外部世界变成自己的内部世界,并成为心灵中的一部分,这就是一种成长的快乐。"

寄语校园

"我们教学楼二层教室旁有一个小书吧,大家常常一起在那里自习、讨论或者准备 presentation……这是校园里让我印象蛮深刻的地方之一。"时间的车轮向前，载着青春年少的孩子们度过美好的校园时光，也即将开往世界的下一站。牛津大学学长陈哲远也为学弟学妹们送上自己真挚的祝福：

"如果我们把人生比作一场开往远方目的地的旅途，我想说的是，沿途的风景也很美丽，希望大家能够去看看这些风景，欣赏身边的美好。"

牛津学长王习森：从首届"周恩来班"走出的"全能王"

王习森（2022 届）

录取学校：

英国牛津大学

美国范德堡大学

北卡罗莱纳大学教堂山分校（环境科学与信息科学双专业本硕连读）

弗吉尼亚大学

佐治亚理工大学

加州大学伯克利分校

加州大学洛杉矶分校

伊利诺伊大学香槟分校

明德学院

哈弗福德学院

香港科技大学

······

最后，他选择了牛津大学工程专业

他的录取，来自不同国家和地区，包含不同方向的专业，覆盖综合大学、文理学院。

他有扎实的标化成绩，他是学生会主席，锦绣传说社、SEA Academy 社等社团社长，D&S 英文辩论社副社长。

他与小伙伴创建蔚明教育科技公司，帮用户匹配合适的专业，建立相同专业用户社群，帮助大家为未来的大学专业选择做好充分的准备。

他参加含金量极高的学术竞赛，物理、生物、化学、经济学等大奖成绩亮眼：

● 2021 丘成桐中学科学奖全球优胜奖（计算机）

● 2021PUPC 普林斯顿大学物理竞赛全球优胜奖（Honorable Mention）

● 2021 "物理杯" 美国高中物理思维挑战全国金奖

● 2021NEC 全美经济学挑战赛全国个人总分奖银奖、全国赛区 QT 个人荣誉奖

● 2021 约翰霍普金斯数学竞赛个人银奖、团队银奖

● 2021 加拿大化学思维挑战赛全球杰出奖、中国区金奖

● 2021SIN 物理竞赛全球前 150 奖

● 2020JSOC 加拿大科学青少年奥林匹克竞赛金奖

● 2020HOSA 全球赛 ATC 物理全球第九

● 2020HOSA 全国赛备稿全国第二

● 2020HWeek 商业模拟第三（小组组长）

● 2020 星火小程序计划全国巡演、小组组长

● 2019 澳大利亚国家化学竞赛一等奖

● 2019 澳大利亚化学奥林匹克竞赛全国金奖

● 2019NSDA 辩论赛多次区域晋级、优秀辩手

● 2019—2020 美国学术十项全能北方赛区个人总分第一名 / 多项单独奖项

● 2019CTB 全国前 20% 小组组长

……

"周恩来班" 绘就人生底色，他为中华之崛起而读书

4 年级时，王习森转入二十一世纪国际学校，成为首届 "周恩来班" 的一员。他们远赴江苏淮安走访周总理故居，奔赴天津南开中学周恩来邓颖超纪念馆，了解伟人事迹。在各种主题班会、周总理诞辰等纪念活动中，习森深受鼓

舞，被总理"为中华之崛起而读书"的信念所感召，并立志也成为学成报国的新时代青年。在毕业之际，他向心中的偶像周总理和未来的自己写下了一封信："从小学到高中，学习之外，我参加不同的项目，领导不同的倡议，承担更多的社会责任。您的形象在我心中越发清晰，高山仰止。我想像您一样把中国的友谊用力洒向世界，像您一样扎根人民，为了人民，像您一样胸怀理想，为了祖国的强大而奋斗不已。"

"周恩来班"的成长经历，为他未来的发展描绘了人生底色。总理的形象仿佛一座明亮的灯塔，指引着他不断前行。

在锦绣传说社团，他带领社员化身"战贫小标兵"

锦绣传说社团是由 2018 届学姐曹雅涵创立的，旨在保护非物质文化遗产——蜡染，并让贵州丹寨的染娘们回到家乡，边经营"妈妈工坊"边照顾老人孩子。传承到王习森这里，他将社团做成了系统化工程，从接手时的 4 人扩大到了 40 人，并且在初中、成都分校成立了分社。社团形成了成熟的体系，具备了义卖、外联、实践、宣传等独立的部门，部门之间定位明确，分工清楚。

邀请专业技师为染娘培训手艺；联系销售渠道帮染娘增加收入；组织校内外义卖筹集善款；邀请非遗大家举办公益活动，向北京市民普及苗族文化；动员同学们动手制作蜡染工艺品，学习民族文化；深入贵州苗寨，了解公益活动到底为当地百姓生活带来了哪些改变……社团活动丰富多元，有条不紊。在 2021 年的一次校园义卖中，社团筹集了近 2 万元善款，分发给农户购买树苗和化肥，种植蓝靛草（蜡染原料）；建设农户小作坊，让农户可在家建缸染布；购买蜡染工具材料。

很多同学爱叫王习森为"王老板"，他以出色的布局思维、组织能力、策划能力，将社团盘活做大，让更多染娘回归幸福安康，也让社会看到了这项非遗文化的魅力。"用商业化的方式从事公益活动，让更多人从我们的帮助中真正获益，从而改变生活现状"，这位"实干派"领导将社团与社会紧密联结起来，以高效有力的方式让多方受益。

学习部副部长—社联部部长—学生会主席，"创新"与 "负责"让他的成长路径越来越宽

刚开始时，他是学习部的成员，负责管理高中的书吧、组织各种比赛、协调场地、人员等；到第二年成了学习部副部长，他开创新的项目，去尝试做更多的事情；第三年经过竞选成为社联部部长，他从自己社团的运营者成了其他社团的赋能者，为他们提供资源，用创新的方式助力宣传，促进社团之间的沟通协作，他的视角从保障社团的发展升级到保障每一位学生的利益；后来，他成为了学生会主席，在不同场合的演讲中，他反复提到"创新"和"负责"的重要性，鼓励同学们带着创新的热情和高度负责的态度去从事各种社团活动和社会实践，因为正是这种精神帮助他一步步拓宽了视野，走到了更大的发展平台上。

后来，在统筹学生会整体工作的同时，他走上了"创业"的道路。因为对同龄人选择大学专业时的迷茫和纠结感同身受，习森和小伙伴们成立了蔚明教育科技公司，帮助用户为未来的大学专业选择做好充分的准备；当他发现很多同学科研热情很高，都在寻找渠道发表论文，他便创建了一个高中生论文发表平台 SEA Academy，由有经验的学长学姐督促学弟学妹做研究，并对他们的成果进行审核，将优秀论文编纂成每学期一期的期刊，这是我校第一个由学生自主创办的学术性期刊；申请季后，他与同学又开启了新的项目，架起赞助商与学校社团之间的桥梁……习森马不停蹄一路开挂，所做的事情早已突破了学校围栏，积极融入了社会的发展。从他和这群学生身上，我们看到了未来社会的更多可能性，如新的职业、新的人际交往模式、新的前景……

从辩论赛中获得一张宝贵的"名片"

2018 年，在第二届海淀区中学生主题辩论赛中，王习森作为第一梯队辩手与学姐学长们一起，携手北京市上地实验中学，献上了一场巅峰对决。身为一辩的王习森开篇立论言简意赅、逻辑清晰，立论兼具实例与高度，获得专家高度认可。

2019 年，第二届"中关村杯"国际中学生华语辩论邀请赛在我校举行，

王习森再次作为主力队员征战赛场，最终我校赢得亚军。

经过在中文辩论赛中的历练，王习森提升了辩论技巧，积累了"实战"经验。进入初三后，他开始尝试英文辩论，在更广阔的网络平台上，遭遇更强劲的对手，以开阔的视野去结识更多有趣的灵魂。在汇丰银行全国演讲比赛中，他获得一等奖。在英语老师的鼓励和支持下，他在班级获得很多即兴演讲的机会和比赛，进一步锻炼了表达能力。在 HOSA 生物与健康未来领袖挑战赛全国赛中他拿下了第二名。在 NSDA 新年邀请赛中获得大奖。他的比赛足迹遍布各大城市，演讲口才、逻辑思辨能力、大局观，成为闪亮的名片，帮助他不断拓宽自己的发展道路。

"跨界研究"妙不可言，他一举拿下"丘成桐中学科学奖"计算机优胜奖

王习森的录取专业跨度很大，他是一名正宗的"斜杠青年"，在"跨学科"的研究中，发现了无穷的乐趣。例如，因为对物理和计算机都很感兴趣，他便寻找到一个有机融合的领域：机器学习与力学中的"双摆"。尝试用计算机这个高精确度的技术去模拟自然界中的混沌运动——"双摆"，并找到专业的模型，再运用统计学的知识去计算，最终写出了一篇 20 多页的英文论文 *White Noise Tests on the LSTM Model Trained with Double Pendulum*（《针对双单摆训练的长短记忆网络（LSTM）的白噪音测试》），发表到了第五届机械、电子和计算机工程国际会议里，并被录入专业期刊。在吕润卿老师的建议下，他带着这篇论文参加了"丘赛"，在清华大学答辩两次之后，取得了全球前十的名次，一举拿下了"丘成桐中学科学奖"计算机优胜奖。

据悉，这项竞赛是国际著名华人数学大师丘成桐教授于 2008 年发起的面向全球中学生的科学竞赛项目。从最初单纯的"中学数学奖"，发展为数学、物理、化学、生物、计算机、经济金融建模六大学科齐头并进的中学生科学竞赛奖项，在国内外具有重要影响力，素有"中国青年诺奖"之称，参赛队伍覆盖了全国 30 个省、市、自治区，和北美、英国、新加坡等多个海外地区。过去 13 年来，超过半数获奖学生先后进入清华、北大、哈佛、耶鲁等中外名校就读。

在这个过程中，计算机刘亦柠老师、物理唐艳坤老师发挥了重要的作用。

在计算机上模拟测试、寻找模型、探讨问题时，刘老师带领习森向专业领域更深、更远的地方走去。每周二、周四，习森与爱好物理的同学们便找唐老师学习更广阔、更扎实的专业知识。他说："老师们这些额外的付出，是我和同学们在中学时代便能在研究领域取得一定成绩的重要原因。"

王习森的科研项目不仅专业跨度大，而且纷纷瞄准了社会问题。他习惯用研究的态度观察生活，并利用专业知识去解决生活中出现的难题。他曾从食堂吃饭排队问题出发，成立项目小组研究问题，运用统计学、微积分、心理学、计算机、经济学等知识进行严谨分析，做出《低效——中国学校食堂排队现象的本质和优化》研究成果。他通过计算机接触到人工智能领域，进而通过卷积神经网络搭建了一个程序，用来寻找走失儿童。此外，他还着眼于校门口拥堵现象、自动驾驶中的网络安全等问题进行研究。这些不仅体现了他高超的学术水平，而且彰显了他脚踏实地的科研态度。"让科技助力公益项目"，是他在实践中凝练的"真经"。

学业、实践"双优"，来自百分百的努力与出色的多线程工作能力

他标化成绩托福达到了 118 分，AP11 门 5 分，ACT35 分。为什么他的活动那么多，还能取得这么耀眼的学业成绩呢？难道在时间上不会产生冲突吗？

这一方面是因为他提前规划学业路径，额外付出了很多努力。他提前进入备考状态，初三便在老师的支持下，每周末额外学习 8 个小时英语，初三托福首考便达到了 106 分。在和同学们的一起努力下，他的托福最终定格在了 118 分。我校系统化的 ACT 课程帮他夯实了学业基础，他也会单独练习很长时间，所以首考拿到了 33 分，二考便达到了 35 分。

另外，还因为他善于"一箭双雕"。他的学业成绩与实践活动并不是割裂的，而是融会贯通、相互补充的。例如他当时正在准备 AP 生物考试，便趁热打铁参加了一项国际生物竞赛，节省了专门备赛的时间。在辩论赛中他深入了解了很多社会学议题，产生了浓厚的兴趣，所以便申请了弗吉尼亚大学的社会学专业；在备考 AP 计算机时发现了这门学科的乐趣，进而成立了 AI 与逻辑艺术社；在科研中发现同学们遇到的困境，便创立了 SEA Academy 平台。

他的经历不止这些。在他的电脑里，分门别类存放着很多资料，每天的日程排得很紧张。研究论文、计算机社团教材、社团活动方案、线上公司策划

思路、演讲材料、上课资料、文书、申请材料、MLC 讲义……十分庞杂。另外他还自学了俄语、法语;他走南闯北去不同城市参加 NSDA 英文辩论赛,获得诸多奖项;他爱好写作,与同学一起创作 6 万余字的小说,发表在起点中文网;寒暑假,他带领锦绣传说社团成员前往贵州丹寨考察情况,为后续社团发展拓宽思路……这位高中生的多线程工作能力甚至远远超过了很多成年人。他说:"我校的第一位牛津学姐朱宇璇给我留下了深刻的印象,当时她在分享时说半小时能完成 4 节课的作业,我就在想,我是否也能做到?"提前介入,提高效率,是他在学业方面取得优异成绩的关键点。做好时间规划,合理分配精力,是他同时统筹多项工作的秘诀。

九年时光,他在师生多方合力下"孵化"理想

在九年的成长中,老师、同学和丰富多彩的活动,为王习森提供了温暖且营养充足的环境,"孵化"了他一个个理想。从小学到高中,一路走来,班主任、导师、任科老师等多方合力,培养了王习森阳光温暖、外向独立的个性。"周恩来班"的老师引导他树立了远大志向。初中的导师陪伴他平稳度过青春期;高中导师刘亦柠帮他明晰规划升学路线,带他进入计算机领域,为他策划修改文书;史旭楠老师辅导他英语学习,帮他及时调整备考心态;唐艳坤老师为他辅导物理竞赛、准备牛津大学面试;年级组长吕润卿挖掘资源帮他联系实习单位,并竭尽全力从各个细节帮他申请大学……太多的老师给习森留下终生难忘的记忆。他们对教育事业的一腔热情,毫无保留地为学生奉献所有的精神也给他树立了积极的榜样,成为他的"精神领袖"。

与同学们轰轰烈烈开展的一系列实践活动,充分实现了他的价值,帮他找到了无数条通向未来的路径。辩论赛中的唇枪舌剑、社团活动时的团结协作、走访丹寨时的内心震撼、集体科研时的专注投入、参加竞赛时的刺激紧张、创业中的兴奋不已……全都有同学们陪伴左右,这一段青春是如此绚烂多彩、充满意义。

他的成长轨迹被一个个高光时刻点亮,除了自身的天赋和努力之外,每一个高光背后又有着学校长久的铺垫和努力。在名家大师进校园活动中,奥运竞走冠军王丽萍为同学们带来精彩励志讲座,王习森参与互动环节,近距离接触体育明星,奥运健儿坚忍不拔的体育精神触动着他稚嫩的心灵。在上巳节笔会

中，他在老师带领下品味传统文化，感受华夏文明的源远流长。在采访我校家长——奔赴武汉支援抗疫一线的小学家长时，他聆听惊心动魄的战疫经历，为白衣战士的舍己为人而震撼，为我国全民一心的团结而感动。在各种校园对外交流中，王习森作为志愿者，为来宾讲解校园文化，侃侃而谈、阳光自信的面貌给学校增添了光彩……

九年时光过去，王习森脸上的稚嫩悄然褪去，我们送给祖国的是一名成绩优异、综合素养高超的全面发展的人才。他的未来，让我们拭目以待！

最后，他想感谢祖国的安定环境，感谢学校的教育体制，感谢那些不仅教书而且育人的恩师们，感谢身边可爱的同学与朋友们，感谢一直支持他的家人。习森的任何成功都离不开他们的支持、鼓励与陪伴。

王米拉：我用"做饭"打动了剑桥招生官

王米拉（2022届）

录取学校：

美国范德堡大学

英国剑桥大学

英国华威大学

2021年12月16日，美国范德堡大学（U.S.NEWS美国排名第14）offer如约而至；2022年1月25日，英国剑桥大学（TIMES英国排名第3）抛来橄榄枝！

文书启示录

都说海外大学录取是门玄学，在申请热情持续升温、标化成绩不断拔高的内卷现实中，王米拉却"任性"地赢了！当问起"制胜法宝"时，她想了想，说："文书。"

提交的文书千篇一律，有趣的灵魂万里挑一。

大家都想知道，这篇决定"生死存亡"的主文书到底写了啥，才能如此成功地吸引招生官浏览上千份申请时稀缺的注意力，她笑着说："我就写了做饭这一件事……"

米拉真的喜欢做饭。打进入高中，她开始更认真地去做这件事情，成立了"今天恰什么食验室"社团，经常跟朋友们一块儿去厨艺教室举办不同主题的活动。去年端午节，她和小伙伴教外教包粽子，这件美好的事情直接转化成灵感，触发她在外教课上写下了第一篇文书初稿。

当她静下心来仔细打磨这篇文书时，突然发现，做饭虽然稀松平常，但却是一个特别体现她个人性格特点的事情。

疫情居家期间，米拉有一半的网课是在厨房中度过的，这有助于她缓解压力，提高效率。于是，文书的开篇便语出惊人——"我非常感谢物理老师没有在疫情网课期间要求我打开摄像头，不然他会发现，他在讲'波'的时候，我在揉面……"脚韧带受伤手术后的她，为了来访的好友，开心地在厨房里单脚蹦来蹦去给朋友准备拿手好菜；青春期叛逆时，给妈妈做一道爱吃的清炒豌豆尖就代表对母亲讲的那句"谢谢您……"米拉觉得，做饭对于她是一件非常重要的事情，不仅影响了她的性格，也成为她与别人沟通的桥梁，更是她向这个世界表达爱的独特方式。

米拉深知，英美大学申请跟国内大学申请不一样：它不是一场考试决定你最后能去哪儿，而是对申请者一个更全面的审核。语言成绩是第一关，托福、AP、SAT/ACT 等标化成绩和竞赛已经说明了申请者的学术能力，接下来最重要的就是文书。例如美国方向申请的主文书，650 个字，申请者要向大学呈现出一个立体、鲜活、独特、真实的自己。

米拉总结道："美国方向的主文书拼的就是个人特色，你是个喜欢思考的人吗？你很活泼吗？你对生活有激情吗？这些都是大学希望从文书中看到的点。"在英国方向的文书中，米拉首先阐述了自己选择教育学的原因，然后介绍了自己做的三件事情："我没有列举看起来特别'高大上'的项目，也没有特别辉煌的成果，而是写了自己认真做过的几件小事，一是支教，二是将一个心理学理论运用到了自己的课堂上，让学生的表现更加积极……案例都是在阐释如何将心理学理论运用到教育上。"

都知道文书重要，文书要呈现一个真实、立体的自我，但一篇真正打动人的文书，背后一定是申请者最坦诚的心，以及基于认识自我、接纳自我后的自信。

能"抗压抗卷"的人，一定是了解自己的

听到被剑桥大学、范德堡大学录取，我们已经不自觉地把米拉想象成了"别人家的孩子""学霸级的存在"，而且，她一定处处彰显出自信的气质。

米拉的成绩确实是硬核的,但她却说:"我觉得,我不是一个任何时候都很自信的人。"

刚上高一那会儿,她其实挺不适应的,觉得学习任务量突然变大了许多,发现身边的朋友们忙着参加各种竞赛,一会儿 A 同学托福考出一个漂亮的分数,一会儿 B 同学国际竞赛拿了金奖……一开始,米拉并不知道自己该如何选择要走的路,所以也会跟着大家一起"卷入"各种国际竞赛。

几次尝试后,她决定放弃,一是"向现实妥协",因为发现自己对理科类竞赛并没有特别的天赋;二是"认清现实",因为她逐渐了解到,真正申请的时候,并不是所有大家参与得多、看起来光鲜的活动就一定会帮到自己,很多成功的申请案例反而找不出共通点。在跟很多学长学姐"取经"后,米拉发现,一些看起来"成绩一般"的申请者却能被很好的大学录取,原因就在于他/她在用心做一些自己喜欢的事情,事情并不需要惊天动地,但往往独具特色。

于是,米拉渐渐放下了焦虑。逼迫自己做一些既不喜欢又不擅长的东西是很难坚持下来的,不如去做让自己收获满足感和快乐的事情:参加"根与芽"环保社团,去山西支教,在学校 MLC 学习成长共同体中担任学长老师,参加商社和学生会活动……米拉的活动列表就是她高中三年的缩影,每一项活动都投入过心血,每一项活动都是认真努力做过的事情。

米拉说:"一个人在做他喜欢的事情时,就会是自信的样子。"其实,自信,也根源于一个人的自知。

感恩:二十一世纪的六年

回忆在二十一世纪国际学校度过的六年中学时光,米拉感触最深的是学校对学生不同个性的尊重,对学生社团活动的支持。很多听也没听过的小众社团,例如她自己的"做饭社团"、同学的"咖啡社团"……只要同学们真心热爱,坚持去做,学校就会尊重大家的想法,给予各种资源支持。

五年的校辩论队历练,也让米拉受益良多。自从初二加入校辩论队,她结识了许多优秀的学长学姐——胡宇慷、倪杉、童钰洁……他们携手并肩,舌战群儒,获得了第二届中关村杯亚军、中国少年说冠军、全球青少年图灵思辨邀请赛亚军等诸多荣誉。

而对于米拉来说,辩论给予她最宝贵的财富并不止于光鲜的成绩和荣誉,而是成长过程中拾起的珍贝。首先，辩论教会她在任何时候都保持辩证思考的习惯。其二，在准备各种辩题的过程中，她对自己未来的方向也逐渐清晰，申请教育专业的想法就是在这个过程中确立的。最后，也是最难能可贵的是，米拉在辩论队的五年历练中，逐渐意识到自己在辩论方面并非"天赋超群"，可她依然深爱辩论，享受这个过程，并且不断从中汲取着营养。

让米拉心怀感恩的还有她身边的老师。"从小到大，我几乎没有上过学科类的辅导班，所有的成绩，托福、AP 全是跟着学校老师慢慢学下来、考出来的。我觉得咱们学校老师对我学业上的关怀，让我在高中省下了非常多的时间和精力。"

回顾中学六年的成长，米拉说："希望大家从我的故事中学到一个道理：只做自己，只做你自己喜欢的事情。只要你用心，只要你够热爱，就能得到你想要的结果。我希望看到，大家可以把自己的爱好在这所学校里落地生根，成为你最宝贵的财富和最美好的回忆。"

布朗大学学长薛小康：藤校究竟期待什么人才？

薛小康（2021 届）
录取学校：
布朗大学
北卡大学教堂山分校
圣安德鲁斯大学

布朗大学，在中国大陆连续 11 年总录取率低于 10%。2021 年，录取率达到历史最低点，仅为 5.4%。可以看出，薛小康这份录取含金量极高。初一入读二十一世纪国际学校，6 年终成才，这位藤校"宠儿"有何秘籍？

小康身上有种独特的气质，他有着温文尔雅的谈吐，目光中闪烁的智慧又让你一下捉摸不透；他有着包容的胸怀，但具有独立思想的他会给初识者若即若离的距离感。他有诗人一样的浪漫，有士大夫一样的悲悯，有热血青年的远大志向，有锐利独到的批判思维，有孩子般的纯真赤忱，还有一丝哲学家般的孤独和困惑。他很复杂，却也很单纯，他仿佛穿了件外套，无形中吸引你想要走近他、仰慕他，但当你真正走近他，你却会在心里说，不要打扰他，要让他做自己。

藤校青睐什么人才？

AP11 门最高分，托福 112 分，SAT1480 分，ACT33 分，小康有着硬核的学术成绩。

除了这些硬实力，他在美国学术十项全能竞赛中获得四枚奖牌，担任校园电视台台长、学生会副会长、USAD 社社长、"根与芽"小组组长、北京中学生通讯社摄影部副部长……他向布朗大学补交了一系列材料：摄影作品集、围绕"风力发电"等环保类课题研究。最终，他拿到了这份理想的 offer。

由此推测，世界顶级名校青睐什么人才？学术成绩是进入决赛圈的"入场券"，入围之后，学生全面发展、个性独特、多元化综合素养则是重要的软实力。因为，顶级名校将学生作为一个整体的"人"来考量，硬实力、软实力超群，便会在未来拥有无限的发展潜力。

2015 年，薛小康来到北京，入读我校初一，从那时起，他开始关注环境问题，"这是我们以及后代无法回避的很现实的问题，我总想要做点什么来改变现状。"在斯坦福大学的夏校，他认真做调研，写出了一份关于空气污染的报告。

从小生长于美丽的海滨城市威海，习惯了蓝天白云、海风习习，在目睹父亲家乡因煤矿开采留下的环境难题后，他内心的紧迫感更加强烈。他用镜头去记录、呈现了人们很少关注的那些画面，做成了一本摄影集，他无声的呐喊全都藏在静默的图片里。

在高中，他成立了"根与芽"小组，带着社团成员们前往中关村捡烟头。他曾参与支教项目，为山西的小学生科普环保知识。他还曾计划与妈妈前往肯尼亚，去拍摄基贝拉贫民窟中的沼气设施和居民生活现状，后来因为疫情没有成行。他还长期在北京中学生通讯社实践，用镜头记录身边的生活。

心怀天下，先天下之忧而忧，薛小康有士大夫的情怀。这不仅体现在他申请的"环境研究"专业里，还体现在他爱好社会科学，关注人间百态的思维方式里。"万人都要将火熄灭，我一人独将此火高高举起。"老师说，海子的这句诗最能概括小康的特点。

从传统教育转到国际教育，他获得了足够的空间和自由，个性得以保护，在自己喜欢的道路上自在生长。面对这样的孩子，最聪明的教育就是放手、陪伴，让他们成为自己喜欢的样子。

他的多元化可以被复制吗？

布朗青睐多元化、善于独立思考的人才。小康的独立思考融入了他的士大夫情怀里。他的多元化真是让人意想不到。初中，他在自主管理学院发挥重要作用，策划学生活动、摄影宣传；高中，他担任校园电视台台长、学生会副主席，创立"根与芽"小组和 USAD 社团，带领社团成员们在疫情期间，在线上挑战美国学术十项全能竞赛，一举摘得 1 个经济银牌、1 个社会科学银牌、1 个数学金牌、1 个数学铜牌、1 个总分铜牌的佳绩。

他是个实干派，也是个独特的领导者，关键时刻能够独挑大梁，在不紧不慢、和风细雨的为人处世中，又能将很急很重的任务完成得很出色。可是你问他，自己有哪些优秀的特质能成为这样的领头羊，他又很谦虚地说："没啥，少说点、多做点就是了。"除此之外，他还爱好体育运动，在足球、网球场上，也总能看到他的身影，在情绪低落的时候，他会在运动和音乐中安抚自己。

细细品味不难发现，小康多元的才能、深邃的思想、独特的气质，来源于他持续广泛的阅读和思考。他从小喜欢古今中外的文史哲学类书籍，这不仅拓宽了他的知识面，而且也让他形成了笃实谦逊、悲天悯人、勇于挑战、负责到底的个性。

访谈中，他反复说的话是"我想要为社会做点什么"。"给学弟学妹的建议就是多读书。"至于如何提高阅读效率，他说，每个人的情况都不同，都要找到适合自己的高效的阅读方法。他内心的使命感又驱使他从实际出发，只要接手某一件事，就要做到最好。老师说，有一次要制定班规，让他来完成，没想到他用几天时间竟做出洋洋洒洒几千字的"法典"。

六年的二十一世纪国际学校就学生涯，学业以外，他做过很多事。游走于各个社团之间，他从没跟同学红过一次脸。所有的老师都评价他"温暖、包容、踏实、友善、学识深厚"，什么任务都可以很放心地交给他。所有的伙伴都喜欢他，敢"黑"他，欣赏他的坚定、多才且不随波逐流。

小康的多元化或许无法复制，但他喜爱阅读的习惯可以模仿，他的灵魂里散发着书香，这门爱好带领他涉猎了广泛的领域。他善于借助学校提供的平台和机会发出自己的光，这一点可以借鉴，或许后来的学弟学妹可以超越他。

坎坷申请路，他怎样与自己和解？

小康的申请路不是一帆风顺的，他光主文书就写了 30 多稿。他追求完美，想要在文书里向招生官表达真实的自我，但抽象的意象、朦胧的文风又让人读不懂。刘亦柠老师、留学服务中心的李一丁老师从多年的辅导经验出发，耐心地和他一起分析自我，不断地让他"再试一次"，从立意、结构、表述、风格、故事等方面反复打磨。英语老师刘冰洁、外教 Clay，一遍遍修改他的文书语言，精心打磨，陪着他走过了这段艰难的旅程。

小康说："在申请季过去的半年里，在繁星满天或阴沉暗郁的夜晚中，在宿舍喧闹的声音或地铁熙攘的人群中，各式各样的'主文书'始终陪伴着我，这个过程是纠结的。"随着时间的推移，他慢慢摸索到了将展示真实的自我和让大学招生官接纳结合起来的路径，"虽然直到最后，我仍然不敢说我走出了那个关于写作的漩涡，只不过我逐渐与其和解，走上了一条更可能有结果的路。"

小康的申请之路是坎坷的，他的规划、成绩、文书全靠自己和校内老师的努力，一路走来，他诚挚地感谢那些不分日夜、全情投入的老师们。星光不负赶路人，他用藤校的录取为自己的高中画上了圆满的句号。

"常春藤"学姐贴心分享"爬藤"秘籍

乐嘉怡（2020 届）

录取学校：

美国常春藤盟校达特茅斯学院

英国华威大学

    达特茅斯学院，一所被誉为美国最精致常春藤盟校的世界顶级学府，2020年该校在中国内地只录取 8 位学生，而初一入读我校的高三毕业生乐嘉怡以超强实力获得了这所名校的青睐，成为世界范围内极少数的"锦鲤"。究竟是什么让她脱颖而出，成功"爬藤"？

    与乐嘉怡相处过的老师和同学们对她有这样的印象：喜欢阅读与写作，善于自我反思，执着于经济学，爱好哲学，有着犀利的思想和独到的见解。同时，她的理科成绩也很突出，拥有理科生缜密的逻辑思维能力。独特的个性、成熟的人格、温暖的内心、热情的性格、大胆的魄力，乐嘉怡有着超越年龄的深邃，也有不断探寻自我的单纯。

    而在"爬藤秘籍"这个问题上，乐嘉怡只用了一个看似简单却非常不简单的词来概括自己成功的原因——主动。

主动挑战自己

    "爬藤"是挑战，但敢于迎接挑战，并不意味着一开始就拥有强劲实力。刚进入高中，乐嘉怡的理科成绩并不理想，她甚至回忆说，那时的数学成绩创下自己历史新低。虽然上课笔记做得详细完整，考试却总不尽如人意，于是她下决心改变现状，并将"改错"作为挑战自己的第一步。

别小看"改错"这件事，乐嘉怡将它做到了极致：不仅只是更正答案，还要认真记录每道题错解的过程，客观分析当时为什么写错的原因。她将这种方法介绍给同学，可是很少有人能像她一样坚持下来，日积月累，乐嘉怡用了十周的时间，终于从中受益，在期末考试中取得了自己满意的成绩，极大提升了自信。从此，她相信自己也可以"文理通吃"。以"改错"为"抓手"挑战自己，不仅适用于学科学习，也可以运用到语言学习中，例如雅思、托福。她说："大家要说服自己，我能行！哪怕是认真分析自己最愚蠢的错误，也能收获很多。"

主动寻求帮助

乐嘉怡说："希望学弟学妹们都能成为主动寻求帮助的人。学校的导师制对我提供了很大的帮助，我的导师在生活和学习等各方面会非常关照我，我愿意主动向他们倾诉压力和烦恼，他们因为非常了解我，会给出很有价值的建议和帮助。"

"我的托福最终考了119分，但你们不会想到，我一共来回考了九次！当我在101—109分段徘徊多次时，心理承受了巨大的煎熬和折磨，是我的导师坚持让我再试一次，并告诉我，要想拿到名校录取书，托福一定要上110的事实。在老师的鼓励下，我最终将自己的托福成绩从109成功提升到119，离满分仅差一分。如果不是我主动向老师寻求帮助，向他们敞开内心释放压力，我不可能取得这样的飞跃。"

除了老师的帮助，同伴间的互助也让乐嘉怡受益匪浅。她说："我所在的班级是高中的一个'全能班'，每一位同学都有特长，有任何活动，我们都能聚齐各方面人才。我也开始挖掘自己的特长，在活动中逐渐变得自信，变得想要站上舞台。在学习上，大家都慷慨无私地互帮互助，这是非常难能可贵的。任何一位同学考出好成绩，大家都会衷心祝贺；任何一位同学有不懂的问题，都有人主动去帮助解决，分享托福考试心得，讲解AP题目，从不吝啬。这种良性竞争的班级环境让我成长为更好的自己。

"我们不仅学术上互帮互助，还能彼此真诚交流。同学对我性格和心态的塑造产生了非常关键的影响，是他们的善良温暖，一次次让我突破心理障碍。

我们在一起聊性格聊心态，探讨哲学话题、分析社会现象，还有'开心果们'为我们带来欢乐……通过各种活动与自愿辅导功课的形式，我们把这种班级文化传承了下来，后面几届的学弟学妹们，也深受影响。非常感谢我的同学们给予我的所有帮助、引导和快乐，没有他们，我的成长之路也许会很艰难，是他们陪伴着我一起进步，一起见证了收获。"

主动了解自己

在二十一世纪国际学校的六年是乐嘉怡逐渐认识自我的六年。她回忆说："小学阶段，我是个懵懂、腼腆的学生，在学习上也没有太大的积极性。进入初中后，我赶上了第一届'选课走班'，初中的《世纪演说家》课程，包括后面一系列年级、校级演讲活动让我受益匪浅。学校持续性的活动让我找到了自信，并且让我意识到我是一个非常适合、非常享受公众演讲的人。学校提供的课程和平台也让我从之前一个默默无闻的女孩，逐渐找到了自己的价值。"

进入高中，乐嘉怡在自我认知方面更加积极。她说："主动学习的前提是能主动了解自己，时常自我反思一下，不要等到申请季再去问这些问题。自己为什么喜欢这个讨厌那个，为什么选这门课，为什么选择申请这所大学……经常问自己，如果我不这么做，会出现什么结果呢？如果缺少了某一样东西，我的人生还会变得精彩吗？"这种自我审视、自我反思的习惯让乐嘉怡在申请季能够从容不迫。留学申请主文书要求申请者用650词展示一个独一无二的自己，很多人在高三时还在焦虑，不知道自己是什么样的人，而乐嘉怡已经在之前对自己认知的基础上，进一步发掘自己真正的潜质，听取老师的意见，更加精准地为自己规划未来。她说："相信老师，在学校的每一天，他们会用心陪伴我们，了解我们成长中的点滴。在与老师的沟通中，我们完全可以敞开心扉，随时向他们倾诉。无论在价值观，还是对事情的宏观把握上，老师们都会站在更高的层次上为我们考虑。"申请季期间，乐嘉怡通过与老师的深入沟通，完成了一次自我认知的飞跃。她回忆说："我要特别感谢经济学老师，她仔细分析了我的性格和行为特征，认为细致、喜欢刨根问底、分析原理、追求完美方案的我非常适合学经济学，老师又引导我客观现实地分析文学和经济学的职业走向，我这才慢慢从之前对文学职业的幻想中走出来，发现自己更愿意从事经济学方向的工作，对我来说，这是一次重要的自我觉醒。"

主动探索世界

主动去探索世界，越早越好。这样，你会慢慢从无心到用心、从无知到睿智。

你感兴趣的任何事情都可以变成探索的对象，甚至是电子游戏。乐嘉怡曾对一位沉迷于电子游戏的学生说："其实并不是你喜欢玩游戏，而是你还不知道世界上有比玩游戏更有趣的事情。"很多人都喜欢玩游戏，但有人是不动脑子地玩，有人却会探索游戏中涉及的美工、文案、计算机编程等知识领域，把游戏变成学术项目，把爱好变成未来的专业。

进入高三申请季后，乐嘉怡发现自己与世界上优秀的同龄人还有很大差距。于是，她主动突破自己的阅读舒适区，涉猎更多类型的书，从小说延伸到了哲学、写作方针、社论、散文等。学姐说，能把书中读到的运用到生活中，可以加深自己对世界的了解，看清世界运转的规律，从中收获极大的快乐。自主学习应该是快乐的，自主学习也是了解世界最方便最有用的途径。

主动挑战自己、主动寻求帮助、主动了解自己、主动探索世界……就像乐嘉怡所说的那样：只有自带"发动机"，才会领跑人生赛道。

活跃达人童钰洁：如何等来这份"迟到"的录取

童钰洁（2021 届）

录取学校：

美国加州大学伯克利分校

美国纽约大学

美国华盛顿大学西雅图分校

英国伦敦大学学院

……

一份重磅的名校 offer，探究双面自我的漫长申请。

低谷、挣扎、释然、重生……

在一波三折的等待中成为一个完整的人。

高中集体重塑成长，五年辩论打磨个性，

灯光与掌声，孤独与沉淀，都是成长路上的礼物，

有幸不负，六载校园青春……

与"标签"和解的申请季，她变了……

加州伯克利放榜的那天，童钰洁醒得很早。她满心期盼，却又不敢点开邮箱。

国际辩论赛冠军、最佳辩手

学生会主席

校园活动 TOP1 达人

海淀最美中学生标兵

北京市"新时代好少年"

非遗艺术传人

颇具影响力的公益志愿者……

如果说校园里也有"超级巨星",那么被赋予众多优秀"标签"的童钰洁一定是其中响当当的一位。在大家眼中,她的优秀让名校录取变成一件"情理之中"的事,但这个申请季却像是和她开玩笑,最爱的学校迟迟没有放榜,内心又怀揣无数人的期盼,煎熬滋味中,她一遍又一遍地复盘着整个自己……

鼓起勇气点进去,电脑屏幕上似乎有小烟花。被录取了吗?她不敢相信,让朋友帮她读一遍邮件里的文字。

"你被加州伯克利录取了!"

那一刻,她情不自禁地欢呼尖叫,冲到操场,拥抱自己的朋友、拥抱自己亲爱的老师……没有人知道,那一刻的如释重负是多么的来之不易,那一份offer对她来说,不仅仅是一张梦校的入场券,更是自己的努力被认可的释放。

初一即来到二十一世纪国际学校的校园,她的活泼、热情、奋进、责任心和领导力让她几乎出色地完成了每一件交到她手里的任务,聚光灯照耀着她,她也用自己的光和热照耀着身边的人。申请季的不确定性给了无数优秀的孩子们以考验,或许是上天故意"苦其心志、劳其筋骨",在童钰洁这里,这种不确定显得更加漫长和严酷。

她渡了过来。

"我特别感谢我的家人、朋友、老师们,他们给我的关心恰到好处,给我支持与陪伴的同时没有给我压力和焦虑……有这么多人想着我、为我好,真的是一件特别幸福的事儿。"

成长的美妙正在于此。低落与煎熬孕育出成熟的花朵,它绽放得那么释然,那么动人。当加州伯克利、纽约大学、华盛顿大学、伦敦大学学院等的录取通知纷至沓来时,收到offer的那个女孩已是一个全新的自己。"标签"是不少优秀的孩子在成长中都要去面对的,谈起这个话题,童钰洁的回答让人觉得眼前一亮:

"成长当中被赋予的那些标签,可能是曾经的自己,也可能是现在的一部分自己,贴标签这样的事情完全怪不得任何人,毕竟标签确实能够代表了你的一部分特点,而我们也不能指望他人能够完完整整地了解自己。只有你因为

'标签'给自己设限的时候，它才可能带来一些负面的东西。从另一方面来说，我也很感激大家给我的这些期待，它们是一种成长的外力，推着我把事情做好，也让我发现自己原来可以做得这么好。"

中学时代即将落幕，世界的大门就在眼前敞开。六年，在这个巨大又多彩的舞台上，童钰洁收获过掌声和自信，也有过短暂的迷茫。如今，她收获的是一份成熟的蜕变，一份磨砺后的释然。

六年校园，这样的体验不一般

"看！她就是高中那个打辩论超厉害的……"

"戏剧比赛，童钰洁演了'鲁妈'，又获奖了！"

"童钰洁，我知道，我们的学生会会长，大家叫她'童大'！"

……

在校园里度过整整六年，童钰洁总是动力十足，忙且快乐着。她的性格当中有非常活泼的一面，戏剧、演说、辩论、曲艺、公益……各式各样的活动在她眼前如画卷一般展开，她也在一次又一次的挑战洗礼中变得更强大。朋友们说，她的抗压能力特别强，点子多，情商高，心肠暖，是校园的活动达人，TOP1活跃分子，走到哪里都有一种能引人注意的气场。而童钰洁对自己的解读却很"双面"：

"我的主文书有点特别，是一个寓言童话，里面有两个角色，一个总是外向活泼，一个常常安静内敛，其实Ta们都是不同面的我。活跃着的我，认识了很多好朋友，也学会了如何策划活动，如何承担起一个领导者的角色；独处时的我，能够更加地完善自己，为面临新挑战、进入新领域做充分的准备。当你变得更好，把事情做得更棒，也就会得到更多的机会，这是一个正向循环。"

六年以来，除了学习、技能等能力方面的增长，她说，二十一世纪国际学校赋予自己更多的是一些"软实力"，比如如何跟自己相处，如何跟别人相处等人际交往方面的能力，这些能力，都将印刻在自己的个性当中，伴随一生，受益一生。

而她成熟内敛的一面，更多是在高中阶段培养起来的。这个校园TOP 1活跃分子，在刚进入高中的时候，内心受到了很大的冲击："厉害的人有好多，与自己行事风格不一样的人也有好多。你会突然明白世界之大，也会从之前那种总想要掌控一切的执念里跳出来，重新审视自己。"

一个多元化又良性竞争的集体无疑是成长最好的催化剂。国际高中的环境也给了童钰洁更多向内探索自我的机会，在这里，她迎来了自己的"读书巅峰期"，更出落成了一个内外兼修的智者。

为什么而做公益？

公益类活动，往往是申请者在向名校展示自己的重头戏，因为它不仅可以体现领导力、社会责任感，也从耐力、恒心、创意等方面考验着一个人的综合素养。

高中的时候，童钰洁和妈妈资助了一个新疆的小妹妹，心地善良的她和家人一起，给这位新疆的小朋友捐款、通信……但这还远远不够。渐渐地，她萌生了亲自去看看这位新疆小妹妹的想法。于是，在一个十一假期，她和妈妈踏上了去往新疆的旅程。

在新疆的贫困地区，孩子们的生活条件震撼了童钰洁的内心。"我想通过一种更长远和有效的方式去帮助他们。从新疆回来，我就和朋友一起创办了公益订阅号 Dosobserver，把优质的教育资源和前沿知识分享给那里的孩子们。"

这项坚持下来的公益，在申请季给了童钰洁很大帮助。"但这项活动的动机绝对不是功利性的。我的初心，就是想要去帮助需要的人。"关于"为什么而做公益"这个问题，她有自己的想法："如果大家很在意申请当中的活动，尤其是公益，那么我建议大家，不要功利性地去营造某种人设。顺其自然地让事情发生，反而是更好的结果。"

从赛场"小白"到国际辩论冠军

"思维强大""辩论场上一打四"是学弟学妹们对童钰洁的评价。六年的二十一世纪国际学校的时光中，有整整五年她都在打辩论赛。国际赛冠军、全程最佳辩手……奖牌奖杯伴随着她的每一场征战，从初二起被选入校队，初次参与国际赛事便夺得团队冠军，"辩论"两个字就深深地刻在了她的中学生活里。

"当时还小，第一次跟随学长学姐去到赛场，压力巨大。放了很多'炮'，拖了很多后腿，但我们学校还是拿到了冠军。从那时起，我就突然觉得受到了肯定，下决心要把这件事儿做好。"

在二十一世纪国际学校的辩论队，童钰洁跟随老师和伙伴们"南征北战"，在海淀、北京、全国乃至国际的赛场上一次次夺得耀眼的成绩，攀上荣誉的顶峰，而她也从当初的那个辩论"小白"，成为了如今队里最年长的成员，担负起队长的重任，新一届的队员们在她的带领下继续创造着骄人的成绩。

童钰洁说，她喜欢辩论。五年时光，辩论不仅塑造了她出众的表达能力，让她总是能够简洁而有力地亮出自己的观点，也让自己成了一个更加自信的人。辩论也赋予她强大的思维："当你在为一个你本不认同的观点辩护，通过大量的资料和深入的思考，你会发现原来这个问题的背后还有这么多的道理和空间可以去探讨，自己原来的观点是那么狭隘，这个过程非常有意思。"

即将毕业的她，也送给自己心爱的辩论队员们一些内心的话："在每一届的同学中都能够遇到志同道合的朋友，一起头脑风暴，一起备赛比赛，真的非常不容易。希望大家能够喜欢辩论并且将它坚持下去，你会从中得到很多的益处。"

寄语校园

成长的最深感悟，也是童钰洁学姐最想对学弟学妹们说的话：

"不用听太多大道理，也不用听别人告诉你怎么活，我唯一希望大家采纳的是，多去尝试，多去培养自己独立思考的能力，这样在接受别人建议的时候才能够把选择权掌握在自己手里，实践者永远是你自己。"

计算机专业全美 TOP1：加州伯克利学姐的独家分享

于霄雯（2021届）
录取学校：
美国加州大学伯克利分校
英国帝国理工学院
美国加州大学圣芭芭拉分校

全美计算机专业四强院校之一青睐她，帝国理工学院向她送出 2 份 offer，计算机高端专业竞赛奖项拿到手软。在二十一世纪学校的 6 年时间里，于霄雯与计算机，与恩师、益友携手同行。

计算机专业，让她闪闪发光。她有严谨清晰的逻辑、全面发散的思维，有超强的专业素养，有知恩反哺的感恩之心，有以己所长服务大众的公民责任感。她就是被美国加州大学伯克利分校计算机专业录取的于霄雯。

加州伯克利的计算机专业排名全美第一，与麻省理工、斯坦福、卡内基梅隆一起被誉为计算机专业四强院校。同时，她还被加州大学圣芭芭拉分校、加州大学圣地亚哥分校、加州大学戴维斯分校、加州大学欧文分校等名校录取。

计算机"大拿"被"伯乐"发掘

最初接触计算机时，于霄雯惊讶地发现一个游戏的小程序竟能控制飞机模型在画布上的运动，于是她发现了计算机在未来无限的发展空间，从此她就走上了钻研的道路。进入高中后，有着多年 AP 计算机教学经验的刘亦柠老师发现了她对计算机的满腔热情，便积极地带领她进入了专业学习的课程。同时，刘老师将她领进了很多外界的高端竞赛。在这个过程中，她开阔了视野，与更多热爱计算机的同龄人切磋技艺，专业技能不断提升。

于霄雯称刘老师为自己的"伯乐"，二人像师生，也像好友，恩师不仅教会她知识，也让她看到教师的全情付出和敬业奉献。在看到刘老师为学弟学妹辅导备考课程时，她就想到在高中的 MLC（学生学习共同体）开这样的课程，从侧面分担一部分老师的压力。

乘风破浪，在计算机专业竞赛中脱颖而出

于霄雯的硬实力从这份清单中可见一斑：

2020 美国奥林匹克信息学竞赛金牌，晋级铂金级；

2020 微信"星火计划"未来营小程序开发人工智能方向第三名，斩获腾讯大学生实习 offer；

2019、2020 美国计算机科学联赛连续两年个人高分奖；

2019 美国物理碗中国赛区前 10%；

Microsoft Technology Associate for Introduction to Programming using Javascript（微软证书）

2018FIRST 机器人联赛深圳赛区前四甲。

值得一提的是，在 2020 年疫情期间，于霄雯组织同学们参加"星火计划"大赛，她同时面临着技术难题和领导者的压力。大家在前期花费了很多时间和精力，却在最后关头遭遇了技术上的 bug，她一边想尽一切办法解决困难，一边控制好自己的情绪不向队员传递焦虑。她也曾想放弃，却在心里说："这不是我一个人的事，这是一个团体，不能因为我的放弃而让队员们丧失以后的学习信心。"就这样，她自己一个人咬牙坚持了下来，带领队友走到了最后，最终拿到了很好的成绩，斩获了腾讯大学生实习的 offer，上大学后，他们可以在寒暑假前往腾讯公司选择喜欢的岗位实习。

一手创办编程社，她编写了 2 本社团项目规划书

热衷于计算机的她，也非常希望更多同学了解这门专业，走进前沿的科技，于是她一手创办了高中的计算机编程社。开办社团之前，一贯严谨务实的她进行了调研，根据同学们的情况制订了社团的发展计划，编写了《社团活动与项目指导》《第二阶段编程学习课本》2 本书籍，为从零基础到进阶阶段，再到高级阶段同学的学习提供了有力的抓手。讲解专业知识、设计阶段项目巩固所学知识、组队参加大赛，于霄雯对社团成员的发展有着清晰的认知和规划。飞机大战、植物大战僵尸、森林猫……这些充满男孩子气的游戏，他们第一年搞得风生水起。第二年又用 Python 语言，专攻 2048 的游戏，将所学知识运用得淋漓尽致。她的软实力在社团活动中飞速发展起来。

6 年时光，从"独善其身"到融入集体

初一入读我校，于霄雯接触到了更开放、包容的同伴关系。"以前我们都是自己好好学习就行了，大家也不会去主动交朋友，来到这里后，居然有同学主动过来找我做朋友。"这里的活动很多，同学们都有机会站到台上，原来比较内敛羞涩的她渐渐敢于表达自我了。她再也不是那个"独善其身"的小女孩了。小班教学、合作学习、项目研究、课堂演讲、分享汇报等，都让她一步步成长起来。她说："相比于之前那种更专注于自己个人的学习，这些方式也教会我如何去跟别人正确地合作，以及怎样才是一个合格的 leader。"

良好的同伴关系也激发了她的热情，让她时时刻刻想要为班集体贡献自己的力量。为了让同学们更高效地学习英语，她利用自己的专业特长开发一个程序，让大家的单词听写变得更加方便。"在这里我找到了一种归属感，老师同学们就像我的家人，我就应该为大家做些力所能及的事。"于霄雯在这里发光发亮，也用这份光亮去照亮他人。

AP 8 门最高分，专业学习有诀窍

于霄雯是女孩眼里最厉害的那种理科学霸，8 门 AP 拿到了最高分 5 分：

计算机、物理、化学、微积分、宏观经济、微观经济、统计学……每一门都很烧脑,她却乐在其中。她说自己非常得益于高中部教学,因为从入校起,学校就鼓励同学们去参加 AP 考试,每个阶段都有老师帮助学生根据个人的特点选择备考科目,然后进行辅导。于霄雯说:"学校合理的节奏布排和恰当的师资调配帮自己拿到了理想的成绩,我们只要跟着老师的引导走就可以了。"

在计算机专业学习上,于霄雯有自己的心得:"入门的时候可以先找到一个目标,比如说现在想做一个游戏,然后你按照这个目标呢,去学语言。到后期的时候,如果开始接触更高级的内容,比如说算法,需要注意一点就是在解决一道题的时候不能只拘泥于一种解决方案,要发散思维想各种解决方案,因为计算机呢,它比较注重的是最优解决方案。"也正是得益于计算机专业的学习,于霄雯形成了严谨全面的思维习惯。

在未来,于霄雯有一个宏大的理想,她想要将计算机专业与生物医学相结合,为患者提供更多治愈的途径。说到梦想,这个学霸女孩眼中放光、语调铿锵,她的大爱和善良令人感动。在他们这群优秀毕业生身上,我们看到了一种共同的宝贵品质,那就是忠于热爱、回报社会、扛起未来的大旗。

被加州大学伯克利分校录取，看她如何与老师并肩作战

张嘉颐（2022 届）

录取学校：

美国加州大学伯克利分校

加州大学圣芭芭拉分校

艾默生学院（8 万美元奖学金）

英国伦敦国王学院

……

人物画像

"热心小张快乐多"是同学们对她的昵称。"超级爱说话"，即使是第一次接触，她也会如此坦诚地向对方评价自己。热爱生活中一切美好的人和事，在这滚烫的生活中，高兴便开怀大笑，伤心抑或感动便放声痛哭。哭过、笑过，再张开双臂拥抱生活中的悲欢喜乐。她有着鲜活的个性、蓬勃的朝气，是那种令人过目不忘，青春色彩最为鲜明的女孩。她的赤诚十分可爱，她的坦率又令人怜惜。她是被美国加州大学伯克利分校、加州大学圣芭芭拉分校、艾默生学院（8 万美元奖学金）、英国伦敦国王学院等大学录取的张嘉颐。

"破茧成蝶",勇敢做自己

小学时期的张嘉颐,因个性鲜明曾遭遇一些同学轻微的欺凌,再加上老师的严肃与疏远,让她渐渐把自己封闭了起来,她说当时"只有分享的欲望,却没有分享的勇气"。自卑、厌学、叛逆,到了6年级时已经很严重。为了让她换一个学习成长环境,妈妈把她接到了北京,进入了我校。当时她的第一感觉就是"老师们怎么可以如此亲切,像朋友一样平等、耐心,即使我犯了错,老师也丝毫不会指责我,而是跟我谈心,一点一点分析我的问题所在。在老师面前,我获得了足够的安全感。"在寄宿制的校园生活里,她与一群友善和睦、积极向上的同学朝夕相处,每个人都那么个性十足,又那么互相包容。小学时期的阴影很快便消散了,她终于又将真实的自己大胆地展现出来。原来受情绪影响而落下的成绩也很快追了上来。她说:"因为我不想让爱我、关心我的老师、同学们失望,所以才这么努力。"

并肩作战,老师成为自己最有力的战友

到了高中阶段,标化考试、申请大学的压力陡然增加,嘉颐感觉老师不再是亲切的朋友,而是人生导师 + 智慧军师。班主任王寅雨被同学们称为"老王",她温柔、搞笑、严肃、有魄力,让同学们又爱又敬。"我原来数学比较弱,老王总是有办法让我搞懂每一道题,在她的不断指点下,我在数学方面开窍了,AP 微积分最终考到了 5 分。在各种碎片化时间,老王会找我们聊天,给我们春风化雨般的心灵陪伴,和直指未来的人生观引导。""其他老师也都时刻陪伴左右,分享我们的喜怒哀乐。我的托福考了 7 次,从 2020 年 8 月开始几乎每月都要考一次。英语史旭楠老师陪着我们练习、备考,每晚都坚持到九十点。每次去考场前我都会给史老师打电话,她对我总是那么充满信心,为我加油打气。如果考得不好,我出考场就会给她打电话大哭一场。如果考得好也会第一时间跟她分享喜悦。那种感觉更像是家人。"有这样一群老师在身后,嘉颐的备考、申请之路坚定而充满力量。

热爱，是她最滚烫的标签

嘉颐活得热烈、爱得坦荡。她有过很多理想，从前想当服装设计师，后来又想当华春莹那样的外交部发言人——唇枪舌剑，为国争光。后来她接触了电影，为其中的历史文化、民生百态、悲欢离合而深深着迷。《钢琴家》《绿皮书》《阿凡达》《金陵十三钗》《南京！南京！》……电影在她的认知里不仅仅是娱乐，更是历史、文明的载体，在不同的故事里，她在思考着自己的未来。如何将理想与现实结合起来呢？电影看上去很震撼、很美，但它包含了太多的技术和思考。校园电视台在高一时闯入了她的视野。这个学校创建的平台，现在完全由学生自己来策划、录制、播放。她成功入围，成为配音组的一员，同时，也辅助做一些文案工作。在这里，电影课的老师包容着每个孩子的个性爱好，给他们足够的发挥空间，同时也给大家提供全方位的指导。张嘉颐在这里度过了三年，并成了配音组组长。她遇见了很多志同道合的小伙伴，很多学长都是从这里起飞，申请到了世界名校的传媒专业。就这样，嘉颐的理想平稳"着陆"了。

教育的落地，让她从细节受到终身影响

在采访中，嘉颐始终饱含着对母校和老师的感恩之情。这些年学校的改革大刀阔斧，取得的成果不仅是一块块闪光的奖牌，而是在细节之处对孩子的终身影响。嘉颐英语特别优秀，112分的托福成绩只是一部分，更重要的是她的英语综合运用能力很高。她特别喜欢阅读英文原著，这个习惯是从初中时开始的。当时学校开设了外国名著阅读项目，她至今仍记得入门的书 *When You Reach Me*，那时老师倡导每天留出阅读的时间，做好读书笔记。这个习惯，嘉颐一直在坚持，每晚不读会儿书就觉得生活少了点什么。她的思想天马行空，读书笔记里不仅有自己的感受，还有她画的各种漫画，一本本笔记成为她独特的心灵成长轨迹。

初中时，学校的研学课程让嘉颐大开眼界。与亲爱的老师、同学们一起奔赴祖国的大好河山，在古色古香的平遥古城感受生活的巨大变化，在历史悠久的西安大雁塔思考华夏文明的传承与流变。令她深受震撼的是南京大屠杀遇

难同胞纪念馆，看到那些惨不忍睹的画面，她悲痛万分，哭着走出了展馆，久久不能平静。"从南湖那艘小小的红船发展到现在，我国的发展真的很不容易。我深深爱着自己的祖国，真诚地说，我很'红'。今天我们青年一代远离硝烟战火，更需要接受这样的教育。从研学时起，爱国的根便深深地扎在了我的心里。后来在校园日常的升旗仪式、国旗下讲话、共青团活动、开学典礼以及校长的一次次讲话中，这个根越来越深。"现在，嘉颐是高中共青团支部书记，她把这份发自内心的热爱传递给了更多的同学。

高中的社团红红火火，同学们在这里发挥特长，提升自己的实践能力。嘉颐加入了"好奇不奇"、YAT 等社团，与更多有趣的灵魂交流碰撞，提升自己的新闻写作能力……

被世界名校录取只是一个结果，嘉颐最闪光的地方，是她饱满的个性和鲜活的灵魂。在校 6 年，她充分释放自己，在老师引导下，在同学陪伴下，长成了自己最喜欢的样子。心中有梦、眼里有光，她带着热爱奔赴山海，未来的她一定会熠熠发光！

南加大学长文睿悉:大陆唯一录取者,并被巴菲特邀请

文睿悉（2021 届）

录取学校:

南加州大学

北卡罗来纳大学教堂山分校

加州大学圣芭芭拉分校

伦敦大学学院

参加 SKT 中学生投资挑战赛，她与全球中学生同台竞争，成为全场唯一揽获三项大奖的选手，受邀参加 2021 年举行的巴菲特股东大会；申请季几经"磨难"，她最终被南加州大学商学院含金量极高的 WBB 项目录取，全球只录45 位，她成了当年中国大陆录取的唯一！

是什么品质让她收获诸多"唯一"，让我们走近文睿悉，揭秘"唯一学姐"的心历路程，或许，这份"唯一"，也存在于你的身上。

能"看见"的女孩

高一，参加全球青年经济论坛前，文睿悉都没有学过经济学，父母反对冒险参赛，怕浪费时间"打酱油"，但她看到耶鲁导师的豪华阵容，认为机会难得，15 岁的年龄，独自往返上海参赛，搞定全程，拿回全球教育经济论坛的最佳代表。

高二，参加 SKT 中学生投资挑战赛前半年，她既不了解央行的运行机制，也不知道 MACD 指标，竞赛日程在疫情中几经变更，外加 SAT 多次取消，转

考，搬家……

投资挑战赛一波三折。初赛公布时，文睿悉的团队被放到候补位置。她说："晋不晋级无所谓，但被候补，心有不甘。"她没有放弃，按照官方指示，洋洋洒洒写了一封 Motivation Letter，结果，进了。

2020 年赛事期间正逢疫情肆虐，美股经历多次熔断，巨幅震荡，让人猝不及防。作为比赛中的模拟投资者，文睿悉如同在"刀尖"上行走。她用学到的模型、基本面分析和技术层面分析与市场博弈，最后，她选定的几只股票走势都如她所期。凭借对国际新闻风云变化的洞悉，对股民心理的推测，她建仓 BNJX 和 AMZN，花了不到半小时就决定大量买入，两天后的 K 线直上云霄，回报率为百分之几十，她在比赛中的排名也一路飙升，最后排名全球第三。

最终，她率领团队荣获"年度投资团队全球银奖""全球年度最具影响力奖"，她本人荣获"全球最具潜力投资人"的队长个人奖项，成为全场唯一揽获三项大奖的选手，受邀参加巴菲特股东大会！

两个月后，她转战全美中学生经济学挑战赛。如果按组委会的建议，根据她当时的经济学基础，文睿悉只能报名低级组。可这个女孩偏偏不服，7 天学完微观经济，默默啃完一本厚厚的《曼昆经济学原理》后，给自己报了高级组，并且顺利完成挑战，摘获三枚奖牌！

别人只敢从一到十，这个女孩敢一下子把自己"飙"到十，然后在过程中补差。

她说："我们身处一个 VUCA 时代，Volatility（易变），Uncertainty（不确定），Complexity（复杂），Ambiguity（模糊），更多的变化、不确定性也意味着更多的机遇，关键是看你怎么去利用它，是否还能够保持一种定力，坚信自己的判断。"

这是一个能"看见"的女孩。

乘风破浪的女孩

"头顶，天空是明亮的蓝色；脚下，海水是幽暗的深蓝色，而我的视线之外是黑色。防晒霜刺痛我的眼睛，手掌的伤口流血，肌肉也因疲劳而抽搐。从日出开始，我就一直在水上，无数次尝试起飞，但都没有成功。其他冲浪者相继离开，我的精力几乎耗尽，但我不能放弃，至少，要抓住一个难以捉摸的浪头。"

这是文睿悉的冲浪日记。除了长跑、拳击，冲浪是这个不惧挑战、热衷运动女孩的另一爱好。

挑战并不总是"友好"的，失败和伤痛如影随形。在这个过程中，文睿悉逐渐养成了两项珍贵的品质：自我反思和调整适应。"我在滑板上弯下腰，观察别人是怎么做的，并思考自己犯了什么错误，从压板到起程，再到找到正确的站立位置，我清楚地记得尝试和跌倒的过程，然后花时间重新思考我的方法，专注细节，最终成功地抓住了一个浪头。"

文睿悉选择了南加大 WBB 项目，这是一次极具挑战的"人生冲浪"。四年，三个国家，三所学校。一般人出国留学基本要小半年适应环境，融入校园，而文睿悉面临的是一次次各不相同的"浪头"，她需要很快适应，很快进步，待在舒适区的时间将是非常短暂的，她需要不断调整适应，在挑战中证明卓越。

"大家都知道 WBB 项目竞争特别激烈，可能也就没有再去申请，申请过程中要交很多复杂的材料，所以说，有些学生可能就会放弃申请，没有勇气去尝试这个项目。"

当文睿悉正在纠结去哪个学校的时候，一位已经在 WBB 读大四的学姐告诉她："从 WBB 毕业后，你可以自信地告诉任何一个雇主，让我第二天去任何一个国家，任何一个城市，完成任何一项工作，我都有信心做好，因为在 WBB 的四年已经让我拥有了这样的能力，习惯了这种方式。"

"我们花那么多学费，跑那么远，到底是为了什么，为什么我不参加高考在国内读大学，为什么非要走上这么一条海外求学的路？"文睿悉时常问自己这样的问题。"追求知识吗？追求知识肯定是对的，但在中国也可以听哈佛的网课，所以其实我们买的是一个环境。留学这种经历对一个人的三观和能力都会有很大的塑造，这些东西光有知识是不成的，你只有在那样的环境中才有可能把自己塑造成那样的人。我选择 WBB，因为我想要那样的一个环境。"

"作为一名冲浪者，机会出现时，耐心等待，全心战斗；遇到障碍时，保持专注，调整方向，迎接下一个浪潮。"是挑战者选择了最高的浪头？还是最高的浪头成就了一名真正的挑战者？总之，文睿悉决定拥抱 WBB 的洗礼。

"对话、审视、突破"的女孩

文睿悉天生就是一个勇于冒险、喜欢挑战的女孩吗？

好像也不是。

"我妈说我小时候很乖，就是比较好带的那种小孩儿。现在，妈妈觉得我长大了，变得叛逆了，而我觉得与其说是'叛逆'，不如说是'欲望'或者'野心'，就是说我有一个自己想要的东西，我就会去想办法去得到它。"

在追求卓越的路上，这个女孩如一棵灿烂的向日葵，始终追寻最亮的方向，她凭啥总能保持自信，相信自己能做到呢？"人的自我设定会和经历关联，自信是不断积累的过程，需要自己跟外界不断碰撞。"文睿悉说。

小时候她曾随做访问学者的父亲去美国读了半年学，遭遇了一段艰难时光。"全校就两个中国学生，语言交流一开始有很大障碍，阅读的要求比中国学校大得多。一开始我只能拿到 C 或 D 的成绩，但我依然努力去学，好好备考，最后也拿到了 A 和 B，还有各种奖状。从那以后我领悟到，原来环境和困难是可以克服的，等我再回国后，我发现这段经历让自己变得非常坚强，我相信自己可以适应不同国家，可以在不同的环境中迅速成长。"

在一个接一个的挑战中，文睿悉不断与自己"对话、审视、突破"。对于自己未来的路，她有过很多思考。"很多时候，我们的教育还停留在工业革命时代的模式，培养人特定的技能，将来走上特定的岗位，成为一颗'螺丝钉'。我的父母曾经希望我学 CS，如果学得好说不定会去国际大公司。但我不希望自己本科四年这么度过，这不是我的兴趣点所在。"

最终，文睿悉选择了留学，选择了商科，在这个选择中，她融入很多自己的思考和情感，也折射出她对世界的看法。"我学习商科不是为了以后挣大钱，我觉得商科、经济学是一门能够解决问题的学科，尤其是 Social Entrepreneurship（公益创业），你肯定能够帮助你想帮助的群体，你成立的公司会成为可持续发展的组织，你搭建的链条能把社会资源都串联起来，解决一个社会问题，我觉得这件事情非常酷！"

正如一年前这个女孩对未来的思考："我的专业意向是商科、经济方向，但现在我觉得它只是必备的一个工具储备，会成为我向更大目标前进的一个辅助，而不会成为目的本身。"

这样的目标，无限的未来，配得上这样优秀的世纪学子！

寄语校园

给亲爱的老师们：

我想去尝试的事情，老师们都会鼓励我，一路推着我往前，他们相信我会更好，所以会把我往前推，尽可能去帮助我，几乎每一位教过我的老师都是这样，我遇到的都是很好的老师，非常感谢他们！

给学弟学妹们：

大家求学之路都会有一些艰难和曲折，但我希望大家一定要相信自己和自己的能力！然后最重要的两点，第一要关注身体健康，推荐大家多去运动，好好睡觉；第二点，一定要关注自己的心理健康，尤其在申请季的时候，整个过程可能非常漫长、曲折，但记住一个老生常谈的话：The best is yet to come。

全球最牛的社科专业，她如何一举拿下

倪杉（2020 届）

录取学校：

英国伦敦政治经济学院

伦敦大学学院

曼彻斯特大学

兰卡斯特大学

美国南加州大学

威斯康星麦迪逊大学

倪杉，二十一世纪国际学校的"明星学姐"。九年在校时光里，她总是闪耀出独特的光芒："中关村杯"亚洲中学生华语辩论邀请赛全程"最佳辩手"、海淀区级三好学生、海淀区优秀学生干部、海淀区"最美中学生标兵"……

2020 年 3 月，倪杉获得英国 G5 超级精英大学之一的伦敦政治经济学院录取书，专业是国际关系。根据 2020QS 世界大学学科排名，伦敦政经的国际关系专业排名世界第二，仅次于哈佛大学。

被如此硬核的牛校顶级专业录取，她是如何做到的？她为什么如此笃定地选择"国际关系"专业？她从小跟随父母游历世界的生活，她在学校辩论队五年的历练对她迈入梦校之门起到了怎样的作用？

下面，请听倪杉自己的心声。

我为什么选择"国际关系"专业？

十八年的人生历程中，我有着丰富的跨国生活经历，这些经历让我一直在和"身份认同"的问题较劲。我在洛杉矶出生，但我对美国没什么归属感，相反，童年的大部分记忆都在澳大利亚。如果你跟我讲自由女神像，我脑子里的画面可能来自网络图片，但悉尼大桥、歌剧院、情人港……这些名词在我脑海里都是被栩栩如生的记忆填充的。但是抛开国籍和童年记忆，我也是一个黑眼睛黑头发黄皮肤的中国人，无论走到哪儿，华人一定是我最认同的身份。我从小就在寻找一个归属感，寻找我对于自己的文化身份认同。在悉尼读小学时，每周一会唱澳大利亚国歌，而我会莫名地觉得别扭；小时候，我总是会在意朋友的发色和瞳孔……那是一种生活潜移默化给你的敏感，让你在不同的文化之间被撕裂，又在不同的文化之间拼凑出一个自己。

儿时的经历和情绪多数是潜意识的，自己从未主动注意过。多年后，我在准备大学申请的时候审视过去，才慢慢理清这些情绪。我把它当作一个礼物，因为随着年龄的增长和知识的拓展，我把对不同文化的关注变成了对国家间差异和交流的研究兴趣。

我在校辩论队的成长经历打动了招生官

在申请伦敦政治经济学院国际关系专业时，我在校辩论队中五年的成长经历打动了招生官。

初二开始打辩论赛，当时老师推荐我进入校辩论队，没想到自己试讲后被选中了，成为正式队员后，我逐渐成长为副队长、队长。二十一世纪国际学校的辩论队从海淀区的辩论赛起步，一步步晋级，成了在全国辩论赛、国际辩论赛中获取冠亚军的一支劲旅。五年辩论经历磨砺了我的逻辑分析能力，让我对事物能有多角度和相对成熟的思考方式，并能清晰地表达自己的观点。

这些能力是在一次次备赛中获取的。打辩论赛需要进行大量信息搜索，从中挑选不同角度的素材用于支撑观点，形成表达的完整逻辑链。另外，在辩论过程中我接触到不同领域的辩题，除了价值观类型的辩题外，也有许多涉及社科类知识。通过一次次准备这样的辩题，我了解到社会动态，对社会学科有了更深的思考，潜移默化地提升了我对社会学科的兴趣，这些经历对我学习国际关系至关重要。

2019 年 7 月，我获得第二届"中关村杯"亚洲中学生华语辩论邀请赛"全程最佳辩手"称号，评委对我的思维深度和语言表达能力给予高度评价。国际关系的很多理论和应用非常讲逻辑，我用五年的辩论经历告诉伦敦政经的招生官，我不仅能学好国际关系专业，而且有能力驾驭并运用它。

我在斯坦福夏校初识"国际关系"

2018 年暑假，我去了斯坦福的夏校。在那里，我选修了一门叫作"国际关系基础理论"的课程。这门课让我第一次完整认识到了这个专业，让我发现了一条深入了解世界的道路。这个世界过去的痕迹、现在的结构、未来的走向一路都被这门专业从历史、经济、文化等各种不同的角度拆解研究。在这种解析研究中，我童年和少年时期游走于世界各国的生活经历所产生的各种疑问，仿佛渐渐有了更加清晰的答案。

我在斯坦福夏校选修这门课时，课上没有几个高中生，本科生、研究生，甚至博士都有，课堂讨论的社会现象和理论都特别深。但我当时还挺幸运的，因为我已经在二十一世纪国际学校的 AP 课堂上接触了相关的知识，才对课上教授讲的东西理解得不吃力，但是也是因为那会儿还没修 AP 统计，所以在做一个 project 的时候因为不会"卡方检验"吃了大亏。

在斯坦福夏校结业时，我突然意识到，学习国际关系这门专业，大概就是小时候穿梭在不同文化中的我，内心真正想要做的事。

认真对待专业选择

我想告诉大家，上大学这件事，哪怕你在申请的时候专业是 undecided，你也最终要选一个专业潜心学习。很多大人会说，本科学的东西很有可能跟未来的工作一点都不搭边儿，挑个好申的就行。但其实一方面，在本科的学习过程中，这个专业会塑造你看待事物的方式和思考角度；另一方面，只有有足够的理由告诉招生官，你看，我就是你们这个学校的这个专业该拥有的人，才能给他们录取你的理由。

专业和学校也可以反向选择，就是确定了自己想去的专业，再根据专业排名选校。所有国际关系专业的学生心里有三个公认的"白月光"，乔治城大学是"外交家的摇篮"；塔夫茨大学，很多国家的外交部发言人都来这里研修；还有就是伦敦政经，这个学校很特殊，我们平常能见到的榜上有名的学校，如果你去查它们的资料，类型里会写"私立 / 公立综合性大学"，而伦敦政经却是"社科类研究型大学"。这个学校压根就没有理工科专业，因为专精，它在社会科学领域的专业排名连续七年世界第二，但如果你想要学计算机，你在这个学校都找不到教你的教授。

真诚对待大学申请

大学申请在我看来，最重要的是完完全全地把你这个人最真实的样子展现给招生官。你是谁，你是什么样的人，你想成为什么样的人，有什么样的追求，这些都是在申请过程中非常重要的问题。而它们要找寻的不仅仅是要讲给招生官的，更是你需要审视自身，回顾你从出生到现在的经历，剖析自己，然后讲给自己听的答案。我在申请的过程中，最常做的事情就是找个没人的地方对着电脑发呆，并不是真的没有想东西，而是仔仔细细地在重新回味自己的人生。我觉得大家一定一定要在动笔写文书之前做这件事情。

英国大学的申请不是很烦琐，一篇文书交给五个学校，把你的分数递上去，结束。英国是很看重学术能力的，但 LSE 对你的那篇文书会格外在意。所以我不仅是把我考的分数给伦敦政经的招生官看了，而且我告诉他们为什么国际关系是我坚定的、与我的人生经历非常贴切的选择，为什么我想要在伦敦政经学习这个专业。我一遍遍回顾自己的人生经历，将自己在不同文化和国度间游走所产生的深入思考，以及我对世界的认知和疑惑讲给招生官听，我告诉招生官，国际关系这个专业和我的人生轨迹注定要贴合在一起的。

小小"爱迪生"的青春赛道，被钻研与拼搏点亮

田俊杰（2022届）
录取学校：
新加坡国立大学
英国帝国理工学院
美国加州大学圣芭芭拉分校
美国伊利诺伊大学香槟分校
……

在他身上，你能看到"爱迪生"的影子，为了做一份模拟电路图，反复试验无数次，以冷静的心态面对枯燥的过程、不计其数的失败，这样的"冷板凳"一坐就是一个多月。他是"别人家的孩子"，踏实、严谨，对自己的学业和申请安排得井井有条，十分明晰。他以超硬核的实力，在各类国际竞赛中取得耀眼的成绩。他善于从别人角度思考问题，是同学们眼中优秀的学习部部长。在二十一世纪国际学校的三年，他从一个品学兼优的学生，成长为沟通力、领导力、执行力超强的学生干部。

他就是2022届优秀毕业生田俊杰。

善于钻研，是他最优秀的学习品质

田俊杰申请的大学专业都是物理、电子电气工程等。擅长理科的他很喜欢研究问题，但最终走上这条精准的专业道路得益于他一路以来的参赛经历。在学校丰富的竞赛辅导课程中，老师提供了课本以外更广、更深的知识，例如物

理类的热力学、电磁学等，这些知识不同于以往课本内的知识，更贴近生活实际，能将所学立竿见影地运用到实际生产中，这让他对物理产生了浓厚的兴趣。

他与同学们一起获得了全球创新研究大挑战全国赛三等奖、商业大师奖和全球赛晋级；2020年他在加拿大初级化学奥赛中荣获全球铜奖；此外，他还在数学、批判性思维等多项竞赛中成绩斐然。在物理唐艳坤老师的鼓励和支持下，俊杰在2020年英国物理奥林匹克竞赛（BPhO）获得超级金奖，2021年"物理杯"美国高中物理思维挑战获得全国金奖——全国排名前10%。

高二时，他和王习森（被牛津大学录取）一起曾在线上联系北科大教授做科研，设计"反电动势电路板"，从而保护机器在运行中不受损害。由于涉及的元器件十分复杂，他自学了大量的基础知识，与王习森在线上进行了无数次研讨，不断修改电路模拟图，一遍一遍地把电路模拟图发给导师审核，再一遍一遍地修正。这个过程经历了一个多月。搞科研是有趣的，因为能预见到产品的实际效果；搞科研也是最枯燥、最不确定的，因为反复计算了很多遍，有可能最终还是失败。它不是做一道有确定答案的题，它的开放性、未知性考验着俊杰的定力和心态。经历艰难的求索，他们的电路图终于在电脑上试验成功了，如果不是疫情，现在已经投入了实践运用环节。这一件事，让我们从他身上看到了"爱迪生"的影子，那么执着，那么投入，令人动容。

托福116分，只考了两次？

高一时，俊杰从公立体系转入二十一世纪国际学校。当时他的英语并不占优势，尤其是听力和口语。但他的英语成绩随后大幅度提升。在全英文的课堂模式里，他不骄不躁，跟着老师多读多说，尽量与外教多交流。很快他的英语听力和口语便适应了国际化的教育模式。他会提前规划好寒暑假的时间，集中精力学习英语，专心致志地刷题。每一次做完功课都会及时找老师寻求帮助。付东明老师这几年为他认真批改了四十多篇作文，即使在假期里也永远在第一时间给他反馈，这让俊杰十分感动。从托福首考98分，到第二次116分，俊杰这一仗打得干脆漂亮，阅读和写作单项均达到了30分满分的好成绩。

"当初选择二十一世纪，就是因为听其他家长反映这里的老师认真负责，能为同学们提供一切辅导和帮助。这几年下来，我真的看到了老师们赤忱的教育之心。"

他的AP微积分BC、统计、物理C力学、电磁学、化学、微观经济全部拿到了最高分，总结的经验就一句话："学校安排的一年备考时间很充足，只要上课好好听讲，扎扎实实学好每一个知识点，认真对待每一次模考，考完认真分析错题就足够了。"

领导力其实是一股温暖的力量

从高一加入学习部，到后来成为副部长、部长，俊杰的综合能力实现了跨越式提升。MLC 备受同学们喜爱，他在背后付出了很多努力。整体的策划、协调、监督都是由他来统筹的。印象最深的是，学习部会定期组织部员检查 MLC 的开课情况，有几次部员反映有的课开得不理想，学员人数比报名人数明显减少了。他去调查后发现，有很多因素会导致开课效果打折扣。于是，他便及时改革了 MLC 的机制，如开课前对报名学员进行简单面试，开课一周内可以进行调整，联系学部领导预留固定的上课地点……他自己也作为 MLC 小老师开物理课，为同学们答疑，既帮助了他人，也了解到 MLC 实际运行中可能会出现的问题。面对部员的困难，他从不刁难，而是换位思考，发现问题背后的原因，找到最合理的解决方法。面对诸如辩论赛之类的各种社团活动，他要安排场地、时间，联系评委，对各种突发情况随机应变。在繁忙有序的活动中，他的领导力、沟通力、统筹力等全面提升。

他还是锦绣传说社的外联部部长，负责与丹寨地区联系，订购产品，在班级进行一场场义卖宣讲，再把义卖款项汇给对方。在这个过程中，他的性格从原来的相对内敛，变得外向开朗、十分健谈。不仅如此，他在参与活动的过程中思维方式也发生了改变。擅长理科的他，面对问题习惯从数量化的角度去思考。在跟随社团去丹寨地区实地考察的时候，他体验蜡染的艺术，还是沿用理科思维去画画，结果显得比较生硬，缺乏美感。在感受了一周当地的民风民俗后，他才明白，数据 + 情感，才能创造出更美的作品。做人做事也是如此，不仅要讲逻辑讲原则，还要讲感受讲感情，这样会将集体的力量发挥到最大。

领导力不是权威，而是设身处地为他人着想，为大家排忧解难，推动着集体发展地更快更好。俊杰的随和、温暖、坦诚，深受同学们喜爱。

对比三年前，俊杰感慨自己变化很大，他从"别人家的好孩子"成为卓越的学生干部。岁月不会辜负每一个努力的个体，俊杰成长的秘密就藏在踏实走过的足迹里。

冰雪精灵、公司股东、纽大新星……
她的青春写满传奇

张亚凝（2021 届）

录取学校：

新加坡国立大学

美国纽约大学

英国拉夫堡大学

英国华威大学

英国爱丁堡大学

高中三年，她斩获 20 多个滑雪冠军。

最终，收获纽约大学、拉夫堡大学、爱丁堡大学、佐治亚大学等学校的录取书。

目前，是知名滑雪产品公司股东。

让我们走近这位传奇的滑雪精灵、2021 届优秀学姐张亚凝。

学姐带路，冰雪世界向她敞开大门

将张亚凝带入滑雪赛道的，是二十一世纪国际学校 2019 届优秀毕业生、现就读于纽约大学的李梓墨。因为共同的爱好，两人在滑雪中结下了深厚的友谊。亚凝后来走得更远，参加了系统训练，走上了专业竞赛的道路。她说：

"我在这项运动中收获最多的，就是更乐于挑战自己，然后更喜欢去挑战、接受新鲜的事物。不管是在学习还是生活中都能勇敢地面对困难，不轻言放弃，而且也更容易接受失败和挫折，以更乐观的心态去面对这些失败，从而能很好很快地调整好自己的心态，然后继续去战胜它。"高中三年，她斩获 20 多个滑雪冠军，分别获得了北京市第一届冬季运动会甲组冠军、PSA 亚洲单板职业联赛女子组冠军，全国夏季滑雪挑战赛总冠军……

她的背后有一群默默支持的人

高中学业和竞赛训练强度都很大，亚凝把二者划清界限，做其中一件事就心无旁骛、集中精力。她说，自己学习与滑雪训练的时间比为 2:1，有三分之一的时间是在滑雪场上度过的，她还是班长，要线上、线下处理各种班级事务。可想而知，她有超强的时间管理能力，还有一群默默支持的老师、同学们。除了在课堂上提高学习效率，老师们也会考虑到她的训练，利用课下的时间帮她梳理知识点，给她补课。在打磨申请文书时，同学们站在不同的角度毫无保留地分析她的特点，发掘了原本她自己并没有察觉到的一些闪光点。在长时间的陪伴和交流中，师生、学生之间形成了彼此很信任、很融洽的朋友关系。

成立 KS 冰雪社团，为冬奥会助力

张亚凝与二十一世纪国际学校的另一名滑雪高手、2020 届学姐陈雪阳（被美国科罗拉多学院录取）发现有很多学弟学妹也喜爱冰雪运动，于是共同创立了 KS 冰雪社，在校内、校外开展了丰富的实践活动。他们在校内主要是成立微信公众号，发送冰雪运动相关的新闻、科普知识，推广这项运动。社团曾邀请到为中国滑雪史实现金牌零突破的郭丹丹女士举办讲座，受到同学们的欢迎。社团也会走出校外，前往小学、幼儿园举办小讲堂，向更小的孩子普及滑雪运动知识。他们面向社会开展体验活动，向喜爱这一运动的人士教授专业知识。张亚凝和社团成员所做的一切，都是为了让更多年轻人爱上这项运动，为 2022 年冬奥会助力。

冰雪精灵华丽转身，她一路成长为公司股东

如今，张亚凝身上有一个更闪耀的头衔，某滑雪品牌公司股东，参与公司重要决策。她是如何在上学期间就步入职场，又是如何发挥专业特长赢得公司领导信赖，一步步成为股东的呢？原来，喜爱滑雪的她，在社交媒体上经常发布自己的视频，分享心得感受，也收获了一定的粉丝。这家公司当时正在国内做自己的品牌，急需专业人士的建议。他们发现了张亚凝的专业特长和对市场的敏锐把握力，于是邀请她以兼职产品经理的身份进入公司。亚凝出色的领导力、执行力为公司作出了很大的贡献，高中还没毕业，她很快又被提升为股东，参与公司重要决策。她能从线上兼职的状态升级为股东，能在学业、竞赛、实践各个赛道耀眼绽放，充分证明了自己超强的综合素养和专业能力。她能将爱好发展为职业，并与市场经济接轨，在运动生涯上实现华丽转身，这些都充分证明，她有长远的发展规划，懂得及时调整方向，非常务实灵活。

学长引领，循着光的方向前行

正如学校高中的 MLC（学习共同体）广受学生喜爱一样，学长学姐全力以赴，在各方面向学弟学妹提供帮助已经成为我校的文化氛围。张亚凝在学姐李梓墨的带领下走入冰雪运动的世界，与学姐陈雪阳在社团中互相激励、扩大社团的影响力。在滑雪之外，升入纽大的李梓墨在学业上也给予了亚凝很多有益的建议。例如在 AP 课程、SAT、ACT 等课程的选择和规划上，梓墨从自身经验出发，结合亚凝的特点帮她分析利弊，高效学习和备考。在申请大学时，学姐也向她分享了自己在纽大的真实感受，亚凝说："在纠结去拉夫堡还是纽大时，我和学姐李梓墨、学长吕东航交流了很多，这比在网上查阅大学信息真实、全面多了，学长学姐的经验分享让我在择校时心里十分有底。"同样的，亚凝也将这种正向引领传递了下去，积极向学弟学妹分享各方面经验。"前一阵，有个学弟来咨询我，他也想学体育专业，看到我们社团的海报后，就来找我聊。我觉得我们学校同学们之间都很无私，真的是在掏出一片真心互帮互助，这种感觉非常好。"

专业世界第一 & 地理位置优越，两所大学怎么选？

在张亚凝的录取榜单上，英国拉夫堡大学的体育管理专业多年位居世界第一，在她查阅的资料中显示，今年内地本科只录了她一位，竞争大、专业水准高吸引了亚凝。然而，纽约大学超强的综合实力、优越的地理位置、学长学姐全面真实的学习体验更令她心动。她说："纽大处于最繁华的地段，周边有丰富的实习机会，而且教授都是体育行业的管理者，他们一边从教，一边从商，掌握着最新鲜、最前沿的专业知识和市场经验，这对我这个专业学习是非常有利的。"最终，她选择了很多学长学姐所在的纽大。

亚凝喜欢二十一世纪国际学校开放的环境，她有充分的空间和自由去发展特长；她喜欢师生间亲密友好的氛围，能在锻炼领导力的同时收获珍贵的情谊；她喜欢大家团结向上、互帮互助的正能量传递，这能激发自己无穷的潜力。面对未来，她说："希望学弟学妹能在申请学校的道路上抓住机会，顶住压力，取得理想的成绩，也希望学校能培养出更多优秀的人才，取得更好的成绩。"

从 21 世纪飞向迪士尼，动画专业全球第一录取

舒垚（2021 届）

录取学校：

瑞林艺术与设计学院

普瑞特艺术学院

芝加哥艺术学院

萨凡纳艺术与设计学院

······

舒垚特别爱笑，说话时会和动画片里的小公主一样，有各种可爱优雅的表情动作，看着她从学校 1 年级的小豆包一路成长为被全球动画专业第一录取的优秀学姐，你忍不住会发出感慨：爱笑的女孩总会是幸运的。

迪士尼、皮克斯、梦工厂······这样的未来简直"开挂"

舒垚收获了八所顶级院校录取书，四所给了高额奖学金，其中不乏所有艺术留学生向往的梦校，如普瑞特艺术学院、纽约视觉艺术学院、芝加哥艺术学院等。但最终，她果断选择了动画专业全球排名第一的瑞林艺术与设计学院。为什么呢？除了与瑞林艺术设计学院有点玄学的 match 直觉，舒垚一口气说出了这所名校好多让她心动的地方：

"第一，艺术氛围很浓厚。瑞林艺术设计学院在佛罗里达萨拉索塔市，就是迪士尼的发源地，当地的动画资源和动画氛围是全美最浓郁的；第二，行业大咖人脉。瑞林的教授、老师都是业界大佬，校友毕业后都是去皮克斯、迪士

尼、梦工厂等一线大厂；第三，学校的 career service 在全美艺术学校排第一名，学生大三、大四就能实习，优秀者有机会带薪进到迪士尼、皮克斯、梦工厂、Google、苹果公司实习。第四，气候温暖，靠近海滩，学累了就可以去海边放松；第五，学校会给每一位新生配备一台非常专业、行业级别的笔记本电脑，光手绘屏大概就值好几万美元，这个细节特别让人感动，体现了学校对学生的专业支持……

舒垚眼里闪着光，这是她用努力证实的梦想，如今就在眼前

关于学校和专业的选择，留学咨询中心的 Sherry 老师给舒垚提供了大量学校选择的信息，高中艺术老师付海燕则帮助她量体裁衣，锁定真正适合她的专业。"付老师觉得我性格活泼好动，阅片积累深厚，绘画基础扎实，应该挑战难度系数较大的动画专业，就业前景与我对未来的设想也很契合。"在付老师的支持鼓励下，一向对自己要求严格的舒垚给自己设定了更高的目标，如今圆梦理想专业的她想对学弟学妹们说："我感觉学校对于学生的发展一直是大力支持的态度，希望大家能够通过学校提供的平台、老师的专业指导得到更好的发展。"

动画、插画、游戏设计、商业设计……艺术之路本来挺宽阔

舒垚生活在一个艺术氛围很浓的家庭，从小就看着爸爸绘制建筑设计图，热爱艺术的妈妈会经常带她去公园写生，舒垚感觉艺术好像就是自然而然的事情，是生活的一部分。即使这样，当她步入国际高中，规划未来专业路线时，也产生了纠结：到底应不应该将自己全身心热爱的艺术作为未来的专业方向？

舒垚用试探的方式与妈妈沟通，为她的选择做一个"铺垫"："我给妈妈打电话说，我真的要走动画专业了，您会怎么想？妈妈说，那你就去做吧，没问题，我支持你！这是你的路，一定要坚持走下去，不要辜负当时选择的初心。"舒垚非常感谢父母尊重自己的选择，但必须承认，我们依然生活在一个对"艺术"有刻板印象的环境中。当她被瑞林艺术与设计学院录取的消息传到老家后，叔叔阿姨、亲戚朋友们传来了不同的声音："哎呀，为什么要去国外学艺术？做这个行业真的可以吗？太不稳定了吧？做艺术没几个人能做出名

堂啊……"

在舒垚看来，刻板印象源于信息的缺失和认知的误区。"在很多人眼中，从事艺术专业就是画画，然后画卖不出去，画画的人就吃不上饭，这其实是非常大的偏见。艺术已经深入生活的每一个角落，就业的前景和机会非常广阔。举一个父母都很担心的例子——游戏，如果学习游戏设计，可以从事 VR 技术的开发制作，可以做游戏产品的体验官；再如商业插画，生活中的各种海报插图，地铁上注意事项的插图，服装上的印花都是商业插画，应用领域非常广泛；如果从事动画原画设计，就会参与前期人物、场景的设计，国漫现在发展不错，前景也会很好……"

付海燕老师的一番话给了舒垚一颗"定心丸"："其实 80% 的学生将来从事的工作也不一定是大学所学的专业，可能从事相关方面的工作，或者其中的分支。例如大学学习的是动画专业，也许毕业后只有 20% 的人专门做动画，其他 80% 可能会做插画、平面设计、电影等，因为艺术的知识和语言都是相通的。"

对于舒垚，能在现有的生活中创造新的事物，那种创造的体验是非常珍贵的，她特别想对家长们说：艺术的可能性很多，听到自己的孩子想去从事艺术专业的时候，应该抱有一种乐观积极的态度，应该庆幸孩子还对生活和世界充满了热情和创造力，有自己热爱的事情和努力的目标。

没上一节课外班，没考一个证书，学好艺术最需要的到底是什么？

拿到八所美国顶级艺术院校录取书后，舒垚妈妈说："你这个孩子挺神的，从小没上过一次艺术课外班，还能录得这么好。"

是的，八所世界顶级艺术院校青睐，四所给予她共计近 19 万美元奖学金，舒垚一次艺术课外班也没上过，一个画画考级也没参加，而且，她非常庆幸自己是这样的经历。"国外大学，尤其是艺术院校跟国内艺考不太一样，国外艺术院校更加看重学生在作品中表达的核心思想，对事物的阐释，而国内艺考可能要求你画得特别好，所以需要天天练习。当然，不同的考评方式各有各的利弊。国外大学更加看重你如何用艺术形式、艺术媒介来传达你想要去传达的信息，更加看重学生的个人特色。因为从小我都是自己画，自己摸索，没有太多思维定式，因此我的个人特色得以更好地展现。"

那么，在艺术学习的道路上要取得突破，什么才是最重要的因素呢？舒垚的答案是恒心。"艺术需要不断地积累，它不像其他工作，年轻时会更有竞争力。艺术的工作需要人生的积淀，拿齐白石先生为例，50多岁才开始去画国画，真正有成就的时候已经是晚年了。其实，艺术的学习有时候会非常枯燥，我自己在家里或者学校一画就是几个小时，几个小时可能画的都是同样一个东西，所以如果没有热情，没有恒心的话，真的是坚持不下来。"

对于舒垚，画出一幅满意的作品和解出一道数学方程一样，会获得极大的满足感。她并非天资过人，画画的手从未停止练习，她会在意自己的缺陷，去网上搜索技法，不断练习提高。"一开始我不太能画好人物的脸，后来经过长时间的练习，我已经完全熟练掌握这方面的技能。这个时候，我会有一种非常美妙的感觉，就好比一开始的我特别轻，里面没有装任何东西，到后来慢慢地随着年龄增长，接受外界事物的信息越来越多，感觉自己装的东西更多，自己也变得更沉更有力了，就这种感觉让我觉得特别踏实，特别舒服。"

舒垚即将去全球最好的动画专业学习，她有一个愿望："小时候看过第一代中国动画人的经典作品——《小蝌蚪找妈妈》《七色鹿》《宝莲灯》……当年即使放在全球都是非常具有代表性的动画制作，我觉得当时中国动画实力非常强，不输给美国或者日本。现在国漫发展得很好，希望自己在国外把自己打造得棒棒的，回国为国内的动画产业多出一份新点子，多添一份力量。"

获得 10 万美元奖学金的公益学姐想对你说……

曹雅涵（2018 届）
录取学校：
美国南卫理公会大学

　　因为被《云上太阳》所震撼，她走进了贵州丹寨，然而，除了发现那里美丽的苗族蜡染，她还发现了留守儿童、传统手艺失传等问题，于是"21 世纪锦绣传说社团"诞生了。因为她的公益之举、感恩之心和对传统文化与商业创意融合的探索成果，世界顶级商学院送上 10 万美元，期待她的加入。

　　随着留学申请的竞争来越激烈，热门申请专业、顶尖院校的 offer 一票难求。但她却受到了 7 所世界名校的青睐，给她授予总计 194000 美元的名校奖学金、美国乃至世界顶尖的商学院大一直录荣誉、名校最高荣誉项目等，招生官甚至在 offer 中专门表示了对她的认可、赞美和欢迎。她就是我校 2018 届优秀毕业生曹雅涵。

　　美国培泽学院和南卫理公会大学的招生官均在发给她的 offer 中专门提及了"21 世纪锦绣传说社团"与"妈妈工坊项目"，对这个社团和项目表示出了极大的兴趣和欣赏……为何如此多的名校招生官纷纷给她开出优越的条件？

由一部电影产生的美丽邂逅

　　原来，曹雅涵一直热衷于公益活动。一次偶然的机会，她看了一部名为《云上太阳》的电影，被电影里的美景深深震撼了。经过查阅资料，她了解到这部电影是在中国的贵州丹寨取景拍摄。2013 年暑假，曹雅涵在妈妈的陪伴下踏上了多彩贵州的神奇土地。这里不仅有美丽的山山水水，更有独具特色的传统手工艺——丹寨苗族蜡染，被国务院认定为第三批国家级非物质文化遗产。生活在云上苗寨高山深谷里的苗家人，延续着古老的生活方式，继承并发展了传统的蜡染工艺。曹雅涵被这里的一切深深吸引。

随着走访的不断深入，她发现村寨里存在严重的社会问题。许多村寨除农业外，没有别的经济收入来源。大部分的青壮年都流失到城市中打工，只剩下老人和留守儿童，传统手工艺丹寨苗族蜡染也濒临失传。曹雅涵感到很痛心，从心底想为苗寨做些什么。离开这里后，她一直和苗寨的朋友们保持着联系，共同探讨脱离贫困、保护传统手工艺的方法。

"21 世纪锦绣传说社团"的诞生

中考后，曹雅涵来到二十一世纪国际学校。她的班主任李志鹏老师了解了她想帮助贵州苗寨村民的想法后，积极鼓励她成立一个公益社团，依靠团队的力量开展公益活动。于是她号召高一年级 20 多个同样热爱公益事业的同学，一起成立了"21 世纪锦绣传说社团"，并确定了社团的宗旨为"传承民族文化，守望精神家园"。曹雅涵说，他们成立社团的初心，就是传承和发扬中华民族的古老手工艺文化，把中华民族的优秀文化推广到世界各地去。

小社团的大举动

经过长时间的调研和接洽，曹雅涵带领社员们和丹寨当地的妇女民族手工业发展协会达成了协议，共同开展一项实实在在的公益项目——21 世纪妈妈工坊。2016 年初夏时节，曹雅涵和社员们合力捐助的两个妈妈工坊正式建成了。8 月，曹雅涵和社团里的另外 3 名同学组成了一支小分队，踏上了前往贵州丹寨的旅途，开展了妈妈工坊暑期公益之旅。工坊建成后，丹寨的一些母亲陆陆续续从外地回到了孩子们身旁。通过系统的培训，再加上从小在苗乡受到的民艺熏陶，她们很快上手，成为技艺娴熟的画娘、绣娘，也为她们的家庭带来稳定的经济收入来源，这就是妈妈工坊的意义。让在外漂泊打工的女人回家，一边做手工赚取生活费和孩子的学费，一边陪在老人和孩子身边，亲人的别离之苦得到缓解，同时作为女性的妈妈们也有了更多的尊严和自信。画娘、绣娘身边的孩子也在耳濡目染中把民族传统艺术传承下去。曹雅涵与同学们的举动受到了贵州当地政府及媒体的关注，腾讯公益将他们的妈妈工坊公益项目作为优秀学生案例面向全社会发起众筹，成功筹得152097元。

虔心于公益活动，醉心于中华民族传统文化

身为社长的曹雅涵还带领社员们开展义买，动员同学们用自己的压岁钱、零花钱、奖学金来购买村寨妇女的手工艺品，把订单的全部利润用来捐助妈妈工坊。她还策划、组织了"邂逅云上丹寨，体验深蓝秘境"的大型活动，邀请了清华大学的赵兴旺博士走进二十一世纪国际学校，给同学们做了关于苗族蜡染的精彩报告，并组织同学们现场画蜡。她四处寻找资源，争取到了宝贵机会，和非遗大家罗程先生共同举办了"飞翔的蓝"公益活动，向北京市民宣传推广苗族的民族文化。2017年5月，社团成功与当地蜡染企业达成合作，第二批妈妈工坊在贵州丹寨建成；同年12月，她带领社团为苗寨孩子们建成了爱心图书角，让妈妈和孩子们既有了陪伴，而且都在做有意义的事，两全其美。

成长路上，常怀感恩

曹雅涵和同学们的公益社团在成立之初，就得到了学校老师强有力的支持。当时学部张学斌副主任非常关心他们公益活动的进展情况，经常和她交流，帮助她找活动场地，给她进行演讲培训，倡导开展社团内部培训，促进大家共同进步，壮大公益队伍；每位年级的班主任老师不仅给社团开绿灯，批准妈妈工坊的专场宣讲，还跟同学们宣讲传承民族文化的意义；政治老师盛蕾非常关注他们社团活动的进展，帮助他们向社会公益机构小希益申请到了活动的启动资金。

面对众多名校offer，如何抉择？

面对众多名校的邀请，她为何放弃了排名第33位（2018年排名）的培泽学院，放弃了排名前50位的加州大学欧文分校和加州大学戴维斯分校，而选

择了排名第 61 位（2018 年排名）的南卫理公会大学？曹雅涵的考虑是：虽然南卫理公会大学在美国大学的综合排名并不靠前，但是它的考克斯商学院却是世界顶尖级的，致力于培养学生职场上的专业能力和社区中的领导能力。受到本地创业精神的深刻影响，考克斯商学院与众多世界著名企业保持着亲密的合作关系，为学生提供强大的实习资源，为他们在世界各地就业提供了平台。她说，考克斯商学院的申请竞争非常激烈，但它给了自己大一直录的名额，并且还授予她 Distinguished Scholar（杰出学者）10 万美元的奖学金，说明她的性格特点、身上所具备的品质与能力、学业和职业发展目标与这所学校非常匹配，相信学校将会把她培养成一名 world changer。

"21 世纪锦绣传说社团"的脚步从未停止。曹雅涵希望这种爱心接力棒能很好地、持续地传递下去，自己也定不会辜负母校以及大学的期许，将进一步向热爱跨文化交流的国际友人们推广苗族文化，希望中华儿女手上的民族工艺，身上烙印的华夏文化和东方魅力，经久不衰！

李志鹏：我如何将问题学生变为满分学生

李志鹏，北京市二十一世纪国际学校校长助理、高中数学教师、班主任、年级组长，曾荣获北京市民办中小学"优秀教师奖"等荣誉。

全班满分，我转身拭去眼角的泪水

2010 年我从普通高中教师转型为双语型的 AP 微积分教师，记得刚拿到满是英语的原版教材时，我的脑海一片空白，几乎无从下手。怎么办？没有捷径可言，只能从头再来，一个单词一个单词地去啃，一个知识点一个知识点地去过。那个暑假，我做了 20 余套真题与模拟题，记录了两本教学笔记，整理归纳了近 5 年所有解答题的类型。终于熟悉了整个教材的脉络体系、AP 微积分的考试大纲等重要教学内容。

2013 年，我带的班级学生基础弱，每次考试后，反映在卷面上的错误千奇百怪，无奇不有。即使这样，我在批阅时都做好翔实的原始记录，这样不仅能在分析课上有的放矢，同时又可作为课上和课下对学生进行辅导的依据。尽管会投入很多的精力，但为了让学生多学点东西，圆满地完成学业，我把这些琐碎的工作当成自己义不容辞的责任。功夫不负有心人，2014 年 5 月这些学生用 96% 的通过率为我送上了毕业大礼，这个升学率不仅远远超过我们的预期，更是远远高于国内、国际的平均水平。

2015 年，高中部进行教学改革，我被委以重任，在距离 2016 年 5 月的 AP 考试仅有半年的时候，学校组建了一个 26 人的微积分 BC（AP 微积分考试的最高难度）考试班。去除一个月的寒假时间，我的实际授课时间只有 5 个月，要知道该项课程的正常教学要求是两年多。

考前两个月，我放弃了所有的周末时间，和学生们一起为即将到来的考试而努力。

还记得查分的那个晚上，好多学生的手都在颤抖。而当他们看到成绩的那一刻，他们几近疯狂地吼着"5分，老师我考了5分"。全班26人全部满分，也让我揪着的心终于落地了。转身，找了个没人的地方，我偷偷拭去了眼角的泪水。

三大"法宝"将问题学生变为满分学生

"最萌身高差"，您听过这句话吗？我就经历过这样的场景：身高刚过一米六的我，时常与一个近两米的学生进行切磋。他就是当时班上"琅琊高手榜"排名第一位的小王。

单凭身高，站在一起都让你有些肝儿颤，更何况他还练就了"秒杀众神"的眼神，让很多老师都有些不寒而栗。与这样的高手过招，要么"一战成名"，要么"金盆洗手"，永不踏入"江湖"。还记得与他的第一次交锋是入学后两个月的时候。当时，因为他近乎疯狂地违反校规班纪，无奈之下我让他回家反省，并建议他的父母将亲朋好友全部聚集起来做孩子的工作。终于，他扛不住，交代了自己的累累"劣迹"：不交作业、抄袭作业、迟到、上课睡觉、顶撞老师等，可谓是"罄竹难书"。这一系列的行为也让家长害怕了。事后，他的爸爸与我沟通说：真没想到孩子已经到了这样的程度，谢谢老师及时点醒了我们。

当他重返校园后，有一段时间表现不错。但好景不长，类似的问题又出现了。我只好我祭出了"真情眼、爱心手、暖心话"三大法宝，终于将他制服了。

所谓"真情眼"，就是敢于与其对视，那一刻我的表情严肃，眼神犀利，一言不发，死死地盯着他不放，直到他低头或转移视线，我就是要让他知道：原则性问题和底线绝对不容突破。接下来的两大绝招就是要打感情牌，毕竟日子还得过下去，不能整得剑拔弩张啊。他的成绩不好，那我就发挥自己的强项，给他补课，玩命地补，其间牺牲了多少个人时间，我也说不清楚。最后把他不及格的成绩硬生生地拽到了AP微积分满分的序列。

接下来的大学申请季，我又联合留学中心一起给他做规划，从书写 essay

的材料，到推荐信的精心打造，再到 common 系统的填写，每一个环节我们都做到了极致，最后 5 所大学全部申请成功。其中一所大学还给予他每学年 1.5 万美元的奖学金。那一刻，我们高兴得差点儿蹦了起来。说实话，三年的点点滴滴，着实不容易。期间的酸甜苦辣，只有走过来的人才能感觉到那也是一种幸福。

孩子们在毕业后给我发信息说：鹏哥，你是咱们班上最严厉、最关心我们、最负责任、也是最爱我们的老师。虽然你无数次严厉地批评我们，但是我们能感觉到你是发自肺腑地为我们好。我们每个人都有自己的性格，正是因为有你，才将我们融为一体，我们班才变得这样精彩！

我能给学生什么？唯有全情投入

全情投入是二十一世纪人的精神，有了这种精神做依托，我作为 18 届和 19 届的年级组长，工作起来也就得心应手。我们身边没有钩心斗角、偷懒耍滑，更多的是相互信赖、相互帮助。

涉及教学改革、重要教学节点的时候，我都会充分征询老师们的意见和建议，全面考虑后再做决定，老师们也都会为整个年级的建设和发展积极献策。

特别是到 AP、TOEFL、SAT/ACT、申请等重要环节时，老师们就像打了鸡血，不计报酬、不辞辛苦，加班加点和学生们一起战斗，给孩子们最大的支持与安慰。

还记得这两年的申请季，每个学生的文书都会经过至少 4 位老师的 5 轮修改，好多老师都会因为学生的申请忙碌到凌晨。而当学生们拿到理想大学的 offer 时，我们感觉所有的一切都值了。

我也永远不会忘记，2018 年 12 月 12 日早上 8 点，朱宇璇同学的爸爸在得知孩子收到康奈尔大学录取书的时候，第一时间给我打来电话，电话里泣不成声，让电话这边的我也不能自已。

我们都是平凡的老师，却从事着不平凡的事业，也在平凡中创造着感动了无数个家庭的奇迹。为此，我不能停下前进的脚步，也不想放弃进取的机会，更不能丢下我深爱着的学生们。

"魔法周"：让学生搭上传统文化"神奇校车"

周松涛，初中部主任、语文教师。曾荣获海淀区育人先进个人，"书香燕京——北京市中小学阅读指导活动"优秀辅导教师，海淀区"中华颂·经典诵读大赛——百年沧桑话海淀"优秀组织奖。

有点"笨"的"魔法周"

班里只要出现他的身影，必让孩子们欢呼一会儿，他毕业于北京大学，从教23年，是一位语文老师，学生们给他贴了很多标签："风趣""幽默""博学""凡尔赛""专业""敬业""时尚""洞若观火""明察秋毫"……另外还有一个让人费解的标签——"笨"。

现在提倡因材施教、作业分层，而多年前的期末考试，他就不辞辛苦，给班里每一位学生都设计了不同的试卷；面对学生的提问，他从不草率给予结论，而是不嫌麻烦，追溯每个知识点的出处；为了学生一个小小的语病，他会花大量时间，翻遍语言学大家的著作；做学术项目研究，他从不会不问出处地借用观点，而是将文献资料一页页扫描，仔细研读，与团队分享……

也许是这种做教育的"笨功夫"，他总能给孩子们的学习带来魔幻般的惊喜。

疫情居家学习期间，他为了鼓励学生对《阿长与山海经》做批注，模仿古代科举考试放榜，为孩子们精心设计出表扬榜；

他 PS 出飞翔的猫，让语文名著阅读任务不再沉重；

他自制活字印刷教具，让枯燥的古文"鲜活"起来；

他讲陆游《游山西村》，口误将"丰年留客足鸡豚"说成"丰年足客留鸡豚"，甘愿自罚抄写此句 20 遍，自罚时又将每个字用甲骨文、金文、篆书、隶书、楷书、草书、行书七种书体抄写两遍，将"老师的自罚"演绎成一节具体可感的"汉字书体演变微课"。

面对名利，他恬静淡泊；对待教学，他热情似火；看到孩子，他觉得都应该把他们当作自己的娃来教。

　　"魔法周"的"笨",其实象征了二十一世纪国际学校和老师们的一种精神。

　　正是这种"笨",铸就了学术课研最坚固的核心。正如范胜武校长说过的:"当个优秀老师不容易,但是只要把学生当作自己的娃来教,你就会研究,就会下笨功夫。做足了笨功夫,就会提升内在的自我,就会凝练出教育的真谛。"

让传统文化"润物无声"

　　周老师是学校十二年一贯制传统文化课程项目组成员之一。曾是对外汉语老师的他,对学生的跨文化交流有来自一线的认知。

　　"孩子们出国留学,受到国外不同文化的冲击可能会产生文化认同感的混乱,甚至文化休克的现象,如果从小就把固根培元的功夫练成,那么他既能吸纳国外先进的文化,又有自己的文化根基作支撑,就会真正成为一个有中国灵魂、国际视野的人才。"

为了让传统文化走进孩子们的生活，滋润他们的内心，周老师煞费苦心。

课堂上学习中国对联文化，他将班里每一位同学的名字做成了对联。

张朔＋朱旗：张弛秦道，朔风骨寒，少小虽非投笔吏；朱殷双轮，旗画雪暗，论功还欲取长缨。

孙国宁＋王博洋：孙子遭谗膑脚，马陵破魏，齐国运以宁；王勃有心请缨，阁中挥毫，其博才如洋。

林梵智＋韦纤理：不以凡智视梵智；须将千里期纤理。

殷若晴＋归赛阳：我有殷忧，若霖雨之期晴；君问归期，赛寒冬而待阳。

课下，他组织丰富的活动，将传统文化"拉回"现实。

"我们在清明节设计了一个任务，要求学生采访自己的祖辈，了解自己的家族是如何来到北京的。然后绘制家谱，这也是对中国人家庭观念的一种传承和理解。通过这样的活动，学生了解自己祖辈的不易，了解家风，传承奋斗的精神。在清明节设置这样的任务，学生会感觉并不是硬塞给他一个任务，他们会觉得传统文化的学习和自己的家庭联系起来了，是自然而然发生的。"

就连"自黑"，也跟传统文化沾上边。"因为经常熬夜，我的发际线正在后退过程中，学生经常拿我的发际线开玩笑。有一次我们正好学到传统经典《西游记》，我就说，老师现在的处境啊，还是很有压力的。学生说为啥呀？我说老师这个年龄，就像《西游记》里面唐僧师徒一样，孙悟空的压力，猪八戒的身材，沙僧的发际线，还有唐僧的碎碎念啊！学生听完就哈哈大笑。"

对于传统文化，周老师认为，我们不仅仅是在学习传统文化的时候才讲传统文化，实际上传统文化应该像春雨一样，是润物细无声地发生。

同学们心中的"涛涛酱"

君子之交淡如水，可君子之性淡如竹。

周老师是个奇怪的人啊。下课后，他总是守着那间小小的办公室，一步不出。手里永远拿着那长相奇怪的 U 盘。一直在那台老电脑上做着工作，常常到深夜，只为将我们的语文功底再一次垒厚，一年 365 天，日日如此。君子之性淡如竹啊。

他始终都是一双皮鞋，一年四季，从不变更。就算被嘲笑脸上的胡楂，也对自己的外貌不甚在意。我们认识到，做人不在乎表面，在于品德，君子之性淡如竹啊。

他也是一个博学的人啊，平时不苟言笑的他一旦谈及学习，"冰山"突然化掉了，站在台上将自己的方法技巧倾囊相授，身上有一团暖暖的光晕，痴痴傻傻地笑着，而刹那，他又将话题拉回，瓶盖大的镜片下的眼闪烁着光。君子之性淡如竹啊。

他也是一个风趣的人啊。不断夸耀着自己的学习本领，评价着同学们的朋友圈，与同学们开无伤大雅的玩笑，谈论八卦，作者的奇妙故事。他的话仿佛带有一种神奇的魅力，将我们的耳朵牢牢吸引。他也会将自己做的作业，给我们展示。君子之性淡如竹啊。

他是一个专业的人，虽说不上上知天文下知地理，但也是问有所答，知有所晓。他擅长用理科思维来解答文科题目，君子之性淡如竹啊。

——李晨团队

周松涛老师是个博学的人。他精通各个学科，可以用上知天文下知地理来形容。他的博学在自己所教授的语文学科中部分体现为：精通历史。他在给我们教授古文和古诗时经常能直接说出有关此古诗（文）的历史史实和故事，扩大了我们的知识面。因为古文语序和英语语序相近，所以他在讲古文时会用英语解释词语的意思，并用英语解释某一句子的结构，让我们更好地理解它。

他不仅在自己的学科上如此，还有"隐藏技能"：同学们有不会的数学问题也喜欢去问周老师，他都能满脸笑容一脸轻松地给我们解答（经常说"这题这么简单"）。这就是博学的周老师。

——戴子晴团队

他是"凡尔赛宫宫主"，用行动诠释凡尔赛的全部内涵。深谙凡尔赛的精神，能做到凡尔赛而不自知的地步。作为一位语文老师，周老师常常说的就是：其实语文是我学得最差的学科。周老师就是行走的凡尔赛百科全书。他的凡尔赛看似非常难以做到，却又非常符合其整体形象。在跟周老师的相处当中你可以在不经意间听到那凡尔赛的言论。作为凡尔赛宫的宫主，任何的凡尔赛在其光辉照耀下都显得黯然失色。这就是周老师，其达到了凡尔赛的最高境界。

——王冠音　段昱辛　王凯平　肖俊飞

周老师"术业必有专攻"。他对待课堂认真严谨，在课堂上语言层次分明，通过不断地讲解技巧，让我们学习到许多知识。他是个对待教学认真负责，语言生动，条理清晰的老师，在课堂上举例恰当，对待学生严格要求，课堂气氛积极热烈。同时，周老师的课堂内容充实，简单明了，使学生能够轻轻松松掌握知识。他有自己独特的解题方法，全都不遗余力地通过简单易懂的方式传授给我们，使课堂效率很高，我们都很喜欢周老师的课。

——戴子晴

周老师是一位"别样 fashion 先生"。夏季，宝石绿短袖衬衫与绣花浅灰色短袖衬衫两款互换，只有两件衣服？那你大错特错，一款买上 5 件，时尚性与便捷性兼并。裤子不管春夏秋冬永远是清一色的深褐色西装裤，"社会上流人物"专属皮鞋皮带，与周 sir 清瘦的身材完美契合，更是衬托出他的气势磅礴、高冷决绝。冬季，永不改变的咖啡色多兜外套配深蓝色毛衣，是一种质朴、实用的时尚，经常从不知哪处兜里掏出彩色夹子与白色条形装饰，带着慈祥又锋利的笑容慷慨地发给我们。

除了一些日常装束，周老师有时还会有一些特殊 cosplay 时刻，比如他的"嬴政托电脑"造型，是人尽皆知的时尚，曾经风靡一时，引领了时尚界的潮流，登上了 F7 班电脑杂志封面。

——赵紫嫣团队

如果有一个难忘的画面，那一定是周老师用一腔热血在半夜"炮制"魔鬼小条。是的，周老师非常敬业，不管是作为一个老师，还是我们的朋友，有着"中国速度"的他，改作业出成绩的速度令我们畏惧。其实每当我们拿到那些"隔夜"的卷子和作业时，心里不光害怕，也有满满的感动。他一个饱读诗书的老师，会为了我们了解当下流行的网络语言，甚至去阅读当下流行的小说。有时和我们交流家常的他，不仅亲和，也很帅气。他是一个惜时如金的人，却为了我们一次一次从一楼爬上四楼，强调他强调过无数次的重点，讲他讲过一遍两遍的故事，嗨，我们虽然听过很多遍，但是，我们永远也听不腻。"周松涛"三字感觉怎么也说不完，听起来温暖又可爱，严肃又敬业。他是"让学生痛并快乐的'魔法周'"。

——韩家丽团队

周老师是一位幽默的老师。在课上他用两人打架举例，生动地为我们展示了黑虎掏心的招式：脚下扎稳马步，一边出拳一边念着"黑虎掏心"，惹得全班同学捧腹大笑。周老师是位"小条爱好者"，为了增加小条的趣味性，他时不时地加入一些创意元素，比如将分数栏改成药剂浓度，将作业变成作业签，每次都能带给同学们新的惊喜。课下的周老师也时常给我们讲述那些课本中没有的作者小八卦。也是这样，造就了周老师在我们心中幽默的形象。

——郑一诺团队

秒对眼神，娃心中永远的 Amy 姐姐是谁

欧沛，小学部副主任、英语教师。

荣获：

北京市基础教育学生综合素质评价工作先进个人；

海淀区教育系统优秀共产党员；

海淀区小学英语学科八里庄学区教研基地学科首席；

海淀区系统优秀"四有"教师标兵；

"希望中国"中英双语文化艺术节最佳指导老师；

首都学生外语展示英语短剧比赛最佳指导老师；

海淀区中小学英语短剧特等奖指导老师；

北京外国语大学全国青少年阅读风采展示活动优秀指导教师；

海淀区"世纪杯"课赛八里庄学区一等奖；

"锡华杯"教学大赛两次一等奖。

一提起她，就能想到一个小太阳的形象，那么温暖、明亮、热情。从一名

海归毕业生入职二十一世纪国际学校，八年过去了，她的眼神依然十分清澈，却多了一分笃定和从容。身上的荣誉越来越多，责任也越来越重，但她的初心始终未变：爱孩子，爱教育。

"从我和孩子对上眼神的那一刻起，我就知道自己最适合当老师了。"

经常会看到欧沛老师身边围着一群孩子，叽叽喳喳地叫着"Amy!"（欧老师的英文名），询问问题或分享自己的感受。她的脸上永远都是挂着甜美的笑容，开心得像个小孩。她说入职后，一下就和孩子们的眼神对上了，那一刻便"深陷其中"。她对孩子的爱，不仅发自本能，更有深入的理解。

Amy对孩子有很强的同理心。孩子们犯了错她从来不是劈头盖脸地指责，而是蹲下来，引导孩子说出自己为什么这么做，因为她觉得孩子一定有自己的原因。就像她小时候，有一次夏天太热，就把冰箱里的东西都转移到外面，自己钻到了冰箱里，父母回来哭笑不得，但并没有批评她，而是耐心询问原因，并告诉她这么做的危险之处。也正是这样，Amy总是能顺着孩子的行为走进他们的内心，引导他们说出自己的困难，提供及时的帮助。在她眼里，孩子们每一件事都是大事，掉了一颗牙，毛衣领子有点扎，橡皮不见了，笔握不好……她能迅速回到自己小时候，想象一下自己如果遇到这些问题需要得到大人什么样的引导。

老师要有童心、好奇心。Amy有很多爱好，阅读是其中一项，她热爱阅读，痴迷于文学、教育学、心理学、艺术甚至科幻作品，形式也涵盖了书本阅读、有声读物、电影欣赏等，所以她有着丰富的精神世界。孩子们爱看《三体》，她就与他们产生强烈共鸣。探索艺术主题，她就与孩子们一起去寻找校园里无处不在的艺术之美。正是因为对这个世界充满好奇，她才如此热爱阅读，带着孩子们畅游书海，与他们有说不完的共同话题。

爱不是凭空产生的。首先老师自己就是一个很幸福的人，能很好地安排工作和生活，内心充满阳光，才能将这份热情传递给孩子们。Amy 分享一本书里谈到的一个观点：决定一个老师是否优秀，最重要的是 Passion，也就是激情。老师只有内心充满快乐，对教育怀着一腔激情，才能在工作中获得很强的成就感。所以，爱孩子首先要爱自己，在教育中发掘自身的潜能，带着满满的激情实现自己的人生价值。

带着爱，她陪伴孩子们成长，孩子们也给了她很多爱的滋养。她桌上的一个小玻璃瓶里装满了学生对她的祝福。Amy 说："在陪伴孩子成长中收获惊喜和感动，像是收到了意外的福利，这个过程真的很美妙。"

Amy 带的第一届毕业生，如今都已成为朝气蓬勃的少年

让每一个孩子都闪闪发光

年级每个班的 logo 色组成了彩虹的颜色，小石榴班热情团结，紫葡萄班优雅协作，金太阳班热情阳光，小橙子班温暖向上……整个年级既温暖又多姿多彩，鼓励学生个性绽放。在小学整体有爱的教育氛围下，Amy 与 2 年级老师们一起设计了"好友日""好友周"，鼓励孩子们结交好友，建立在学校的安全感。老师们与家长保持良好的沟通，为孩子营造温暖的氛围。在这里，每个孩子都闪闪发光：每个月一次的颁奖大会，午睡小达人、光盘小达人、礼仪小达人、高效小达人等亮晶晶的标签，点燃了孩子的自信，每人都能站到领奖台上；橱窗海报展示着大家的字帖、绘画、手工作品等；课堂上，老师细心观察每个孩子的进步，随时给出真诚的表扬；班里，五花八门的小能手让每个小朋

友都是"主人翁"……

不是 Leader，而是 Supporter

Amy 作为年级组长，她说自己不是 Leader（领导者），而是 Supporter（支持者），她笑称自己是"移动办公者"，背着书包，拿着水杯、笔记本，移动在校园的各个角落。一会儿在教室给孩子上英语课，一会儿在听其他老师的课，一会儿在分享自己的教学经验，一会儿又在和外教交流课堂环节设计。她随和、坦然，很注重集体能力的提升，将老师们紧紧团结在一起。老师遇到问题她会提供最大的支持，群策群力想办法解决，让老师们的工作很安心、投入，没有丝毫不安。在这快乐的氛围中，老师也把爱和温暖传递给了孩子们。在去年学校组织的诊断中，老师这样评价她：

"很幸运遇到如此年轻有活力，思想进步，工作有方法，朝气蓬勃的队长；

有领导力、执行力，非常棒！

喜欢你不卑不亢的个性，喜欢你干净利落的行事风格。

和你在一起，我会心安，且充满动力！

Amy 真的是一个非常有魅力，能让大家死心塌地跟着她做事的人！"

这是一个充满爱的团队。

不做教书匠，要做课程设计师

八年过去，Amy 已经从青涩的应届毕业生成长为骨干教师，她对教育教学的理解发生了很大的变化。"一开始我认为把一节课时间上满就是好课，后来我开始追求上课的效率，让孩子既喜欢又收获很多，所以我们将戏剧引入英语教学，孩子们因此还在外界戏剧舞台上收获了很多荣誉，综合素养得到了提升。再到后来，我就开始增强课程的设计感，从学生的学习目标而不是教学目标出发，去研究课堂任务、评估手段，让孩子们以任务为驱动去亲身实践，老师只是起到穿针引线的作用。我们的课堂很活跃，有时会走出教室，去楼道参观艺术展，去操场测量旗杆长度，去观察秋天的落叶，孩子非常喜欢。"

"锡华杯"教学竞赛，Amy 曾两次荣获一等奖

Amy 喜欢课程设计师这种感觉，因为设计永远没有最完美的，需要全身心投入，需要不断创新和完善，她很享受这个过程。现在，她不仅提升孩子的英语能力和文化素养，还在课堂环节中融入了对孩子们价值观的塑造、审美能力的培养等。她从学校的平台起飞，成为了海淀区小学英语学科八里庄学区教研基地学科首席，将优秀经验辐射出去。她荣获了北京市基础教育学生综合素质评价工作先进个人、海淀区教育系统优秀共产党员、海淀区系统优秀"四有"教师标兵等称号。

Amy 荣获海淀区教育系统优秀共产党员，发表主题演讲

Amy 组织学生参加戏剧比赛

正宗的"斜杠青年"

Amy 总给人闪闪发光的感觉，好像从没有职业倦怠感。因为她不仅心中充满了对孩子和教育的爱，自己还是个大大的"斜杠青年"。二胡、摄影、旅行、唱歌、健身、科幻、艺术、文学，她都喜欢。她精力充沛，生活多姿多彩，拥有丰盈的内心和有趣的灵魂。这样的老师人格魅力爆棚，像一个太阳，温暖而明亮，吸引着师生向她靠近。

Amy 经常在学校六一儿童艺术节与孩子们同台演出

她如暖阳，照亮路上最美的课堂

阳文孜，学校一贯制研学课程负责人、初中社会学科教研组长、初中部道德与法治教师。

荣获：

课件《我们的社会主义祖国》获国家级一等奖；

研学论文《研学励志，做豪迈的中国人》登载于国家核心刊物《中小学信息技术》；

研学论文《直击研学痛点，创新探索策略》获北京市第七届学习科学研究优秀成果一等奖；

研学论文《不把"游学"当"游玩"有效策略研究》获北京市研究优秀成果二等奖；

研学论文《游学课程，通向灵魂深处》获北京市第八届"京研杯"教育教学研究成果二等奖；

2017年北京市中小学"京教杯"朗诵比赛一等奖；

获校园"世纪好声音"教师组一等奖。

研发这个课程，就像一次创业

阳老师特别喜欢旅游。每年暑假都要和家人一起去旅游，和家人在一起就特别关注美景、美食，全身心放松。但是做了研学旅行课程之后，她的心态和关注点就变了，无论走到哪儿，就会想这里有什么课程资源啊，下次可不可以带学生也来研学啊，哪个场景适合搞什么体验活动啊，尽琢磨这些事。

学校的研学课程已经到了 8.0 版本了，经历了从无到有的过程。2014 年，学校开始落地研学课程的时候，国家还没有大力提倡研学旅行，阳老师说，就像是第一次创业，白手起家。

2015 年，阳老师带着学生去了一趟山西的乔家大院。出发前，研学组的老师们做了很充分的功课，按照政、史、地、生这四个学科来构建"研学宝典"，拿"研学宝典"开展研学，收获满满。山西的平遥古城、戏剧表演、抻面的体验活动，孩子们都特别喜欢。

如今 8.0 版本的研学旅行课程更加完整了，形成了"一带一路"的研学课程体系。"一路"就是"华夏寻根路"，"一带"就是"传统文化路"。初中部一共是八条线路，加上小学 6 年级的四条京外研学，一共是十二条线路。

每一条线路对应一种文化，例如浙江杭州对应的就是吴越文化；山西对应的就是晋商文化；南京是金陵文化；西安对应的是汉唐文化；山东曲阜是孔子的故乡，对应的就是儒家文化；山东青岛对应的是海洋文化，大连对应的是工业文化，后来又添加了一条上海路线，上海对应的是海派文化，一共就是八条线路。

2014 年课程研发还处于萌芽阶段的时候，研学课题组就发现学生的研学成果可以用唱、跳、朗诵、绘画的形式来表现，当时提出了"五个一"——一本书、一座城、一支歌、一首诗、一种文化。经过一次次的实践和更新，如今 8.0 版的"五个一"是"一个课题、一张明信片、一项劳动成果、一个艺术作品、一篇美文"。

"一个课题"让研学课程具备更高的学术价值；"一张明信片"是孩子们最喜欢的，他们把研学中拍的美照匹配美文，制作成明信片寄给家人，还可以到学校跳蚤市场售卖，非常有成就感；老师们把劳动教育融入研学课程，研学结束后，孩子能带回一项劳动成果；研学旅行也是一次艺术的盛宴，学生们也会把旅途中制作的艺术作品交给艺术老师来评价；最后，"一篇美文"是从2014年到现在一直延续下来的老传统。我手写我心，用笔用心记下行万里路的感悟，也是特别有分量的。

疫情背景下，学校以安全为重，京内和京外研学旅行暂时搁置了，孩子们的研学以校内活动为主，希望疫情平稳后孩子们能再次体验路上最美的课堂。

改变，就在路上

阳老师说：走过的地方、积累的课程资源可以帮助孩子们解放天性，你会发现有的孩子真的变了。

例如初三（7）班有个学生，平时在学校里边上课是比较安静的，但是研学开始的时候，你会发现她变得很开朗活泼。有一次去故宫研学，她带着一堆工具，因为要获取课题研究需要的素材，特别是其中涉及数学的数轴问题，就得用工具去测量。就是这样一个任务驱动式的课题，让一个沉静的孩子变得生龙活虎。最后，这位同学选择了"从网红看故宫文化"这个很火的社科类课题，加入了自己的思考，也有自己的拓展，这对她深度学习是有帮助的。

在研学旅行中进行劳动时，平时比较淘气的男孩子也变得乖巧卖力了。一次体验磨豆腐，几个男孩子很开心地出力推磨，等到品尝劳动成果，排队吃豆腐时，大家都开心极了！品尝自己的劳动成果，感受真的不一样。

最令老师们感动的是孩子们在"红色研学"路上的变化。阳老师回忆说："记得去山东台儿庄大战纪念馆的前一天晚上，研学课程组的老师们还在备课，周松涛老师给孩子们准备了他爷爷参加台儿庄战役的真实故事，我则准备给孩子们朗诵一篇赵一曼写给孩子的信。第二天前往纪念馆的大巴车上，我们就给孩子们讲述着英雄们的故事，就在我朗诵一抬头的瞬间，忽然发现车里的气氛变了，平时叽叽喳喳的孩子们此时安静了。到了纪念馆，我们发现孩子们都很肃穆。当时，我们还在纪念馆举办了一个建队仪式，一个孩子完全没有用之前的稿子，而是把她参观之后的感悟，做了一个非常精彩的即兴演讲，真的是感动了全体师生，现场不由自主响起热烈的掌声。"

研学旅行课程团队的工作热情、工作动力，就来自于孩子们美好的变化。他们的成长，让老师们觉得，一切辛苦的付出都非常值得。

可盐、可甜，孩子们心中的暖阳

2022 年是阳老师在二十一世纪国际学校工作的第 20 年。很多老师、朋友总会问她：阳老师，你工作起来为什么总是那么富有热情？阳老师说，她记得有一句话：热爱是一种能力，热爱抵过岁月漫长。

热爱，就是阳老师的动力。

这种暖洋洋的动力传递到学生中，孩子们也给阳老师送来了暖心寄语："有条理、有故事、有烟火气的阳老师，可盐、可甜，陪伴着我们从初一到初三，永远爱你！"

气质如兰、才华馥比仙的"优雅阳"

何为"优雅"？优雅就是时时刻刻温文儒雅，脸上总是挂着微笑，给人一种亲近温柔的感觉，即使面对调皮的学生也会细心地进行引导，既活跃了课堂气氛，又提醒了学生，在我的印象里，阳老师的优雅是温柔儒雅。

何为"优雅"？优雅就是在众人面前落落大方，语言动作自然流畅。听阳老师的课时，知识点就如同流动的气体一般，丝滑而流畅地刻印在脑海里，因此，在我的印象里，阳老师的优雅是潇洒自然。

何为"优雅"？优雅就是知书达理、满腹经纶，悉知国家大事，为我们灌输正确的价值观，为国家培养栋梁之材。阳老师在生活的方方面面，总以理性客观的角度辩证地看待问题，是我们学习的榜样，吾辈之楷模。在我的印象里，阳老师的优雅是知书达礼、文质彬彬。

气质美如兰、才华馥比仙，在我们的心中，阳老师就是优雅的代名词。

——殷乐　王钰佳　黄健团队

让人惊喜的"创意阳"

课堂是多彩的，课堂是梦幻的，课堂是神奇的，课堂是有趣的，课堂是宝贵的，课堂是……是阳老师的一番天地！

一间书香满溢的教室，一位和蔼可亲的教师，一颗无私奉献的心，一个平凡的称谓，一生不平凡的使命。人来人往皆匆匆过客，我却把您独藏心头。亲爱的阳文孜老师，可否为我的絮语停留？韩愈曾说过："师者，所以传道授业解惑也。"当今所说的"四有"老师，是有理想信念，有道德情操，有扎实学识，有仁爱之心的好老师。有一个人，正是如此。

有这样一个人，她美如天使，学生见了无不夸奖。她拥有一双俨如天鹅般的双眸，淡淡的眉睫，荫掩着明眸间的盈盈秋水。这脸，定是女娲精心"雕刻"的，若有谁瞥见，必被她阳光大方的气质与倾国倾城的样貌所吸引。

阳老师总能在道法课上给我们惊喜。道法并不是一个非常有趣的科目，但阳老师总是能把课堂打造的有趣，经常为我们设计各种各样、丰富多彩的课堂活动,希望我们能更好地融入课堂。阳老师将时事融入进课堂,让"道法"跟上潮流,让平平无奇的课秒变新闻联播,我们的身份也从学生秒变成前线记者,紧跟时事。对了!差点忘记了课堂好伙伴——我们最爱的学案。

在阳老师的课堂上,我们总能快乐地学到许多知识。未来很远,像浩瀚星空下的迷雾,混沌迷茫;未来又很近,是一群像您这样的人,如烟火绽放之光。我们相信,只要紧紧跟随您的步伐,我们定能考出一个好成绩!

——黄楚涵 刘家源

一缕阳光的"温暖阳"

阿孜是和煦春风,总是用温暖优雅的笑容走进课堂,侃侃而谈,博学多才。阿孜是夏日暖阳,总是用悠扬婉转的歌声让内容变得幽默有趣。她不仅是一个有趣的老师,同时也是一个严格的老师。她会在课堂上规范我们的行为,上课起立时需要恭敬地做"作揖礼",上课时老师也会为我们设定任务时间,培养我们良好的学习习惯。这样可爱又优雅的阳老师,你爱了么?

——党语恬 申雨卿团队

亲近学生的"有爱阳"

阳老师和蔼可亲,很受学生喜爱,上课也是一丝不苟,非常认真。在保证我们能把她所讲的知识全部吸收后,才开始讲下面的内容,这就是阳老师的认真之处,她不会落下一个学生。

阳老师非常关心学生生活,她在意每个学生平时生活的点点滴滴。生活中遇到困难,阳老师会马上打电话关心,细心地告诉你怎样解决;阳老师非常喜欢与学生相处,课上一丝不苟地为我们传授知识,课下与学生相处融洽,让我们倍感温暖,也许这就是阳老师深受学生喜爱的原因之一吧!

——尚多 董乐琪 付殊雅

专业敬业的"严谨阳"

阳文孜老师是一位敬业的老师。她人如其名，孜孜不倦地教导我们。

每次考试前，她都会为同学们制作道法选择题的问卷星，认真整理每一道题，为我们的学业"披荆斩棘"，工作到很晚。尽管她很忙碌，却也仍然能在课堂上给我们呈现完美的状态；每次同学问她问题时，她都会秒回且认真解答。

步履匆匆，一晃三年，我们走在前面，回首时，她依旧站在原地，注视着我们。剩下时光短暂，作为她的学生，我们倍加珍惜和她在一起的日子。诲人不倦，她从未停下脚步。

——戴子晴 段昱辛 周子棍 闵煦洋团队

贴心细致的"周到阳"

在我们的学习生活中，阳文孜老师作为道法老师陪伴了我们三年，她对学生们负责，备受我们爱戴。

在课上，她带领着我们学习知识，对以前学得不够扎实的知识点进行巩固，查漏补缺，对我们之后的道法学科的学习、考试大有裨益。

在平时，阳老师经常利用空余时间，来到各个班级里，为我们答疑解惑，让我们深受感动。每次大考前，她都会为我们打印各种复习资料，同时把重要的知识点也打印出来供我们复习。

阳老师，您对我们的关爱我们会毕生感恩。

——谢腾飞 黄常棣 方紫钏 黄九歌团队

有一种母爱，无关血缘

刘金玉，小学副导育长。五次被评为学校"优秀教育工作者"，一次被评为海淀区优秀"四有"教师，曾荣获学校第一届"世纪礼仪大使"提名奖和"世纪劳动奖"，曾在学校"做服务型好老师"教师演讲比赛中荣获一等奖。

每天下午，都能看到小学副导育长刘金玉老师风雨无阻地站在校门口，拿着喇叭广播："× 年级 × 班的家长请做好准备！"她组织生活老师们认真核实家长，将孩子安全无误地交接给对方。整个过程会持续很长时间。为满足走读生家庭的个性化需求，学校安排了两个时间段让家长接孩子。

这道风景线是美丽的，富有爱心，用刘老师的话来说："生活老师，集《西游记》取经师徒的优点于一身：唐僧的慈悲善良，孙悟空的机敏灵活，猪八戒的乐观开朗，沙僧的吃苦耐劳。我们是一支团结友爱，一心为了学生的队伍。"

"我们就是孩子进入校园后的妈妈，给孩子带来家的温暖。"

在这所寄宿制校园里，生活老师无微不至地照顾着学生的方方面面。饮食起居、习惯培养、健康监测、就医陪伴、心理疏导、同伴关系引导，随时随地都能看到她们的身影。

吃饭前，生活老师为孩子们打好餐；孩子们吃完饭，生活老师将学生送到教室上课后，返回宿舍区进行清洁、消毒等大量体力工作。下课后，组织孩子回宿舍，安排他们洗漱、整理内务，展开睡前阅读、图书漂流。走读的孩子，老师们下午将孩子手把手送给家长。每天晚上，夜班老师每隔一小时就要起来巡视寄宿的孩子，看有无踢被子的、生病的、想家而睡不着的；等等。

小学的孩子由于年龄小，需要的呵护和关爱更多。曾经有低年级的孩子半夜发烧，老师联系不上家长，赶紧去医务室领取退热贴。几位老师分工协作，全力配合，为孩子量体温，清洗呕吐物，喂孩子喝水，一晚上几乎都没有睡觉。早晨，孩子终于退烧了，老师们的眼睛也肿了，却十分开心。只要孩子健康，一切都是值得的。这样的情况时有发生，生活老师不怕脏、不怕累，像妈妈一样，24小时守候在旁，护着这群小宝贝。

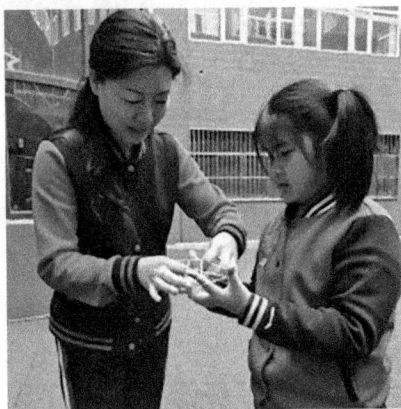

刘老师说:"生活老师首先要发自内心地爱孩子,还要有很强的责任心,我们在多年的工作中积累了一套规范完善的经验。除了让孩子们健康快乐地成长,还要培养他们良好的生活习惯,如有序排队、安静就餐、整理内务,在集体生活中得到全方位的锻炼。"

为爱装上"用心""智慧"的一双翅膀

教育学生,不仅要有一腔热忱,还要用心、动脑。刘老师将小学 6 个年级分为三个阶段,生活老师要扮演不同的角色。1、2 年级的孩子年龄小,老师要用"慈母"的心态对待孩子,缓解他们对新环境的陌生和紧张感,让他们感受到老师的关心和帮助,快速融入集体生活。3、4 年级的学生逐渐有了自己的想法和自主性,这个阶段很关键,老师要以"严师"的心态,强化他们的规则意识,培养其自觉性。5、6 年级的学生即将进入青春期,老师应该以"益友"的角色与他们交流,给予更多的包容和理解,多倾听他们的心声,分享处理问题的正确方法。

曾有个小男孩刚入学时不太爱和同学交流,缺乏自信。刘老师仔细观察后发现他总是在课间一个人默默地玩魔方。于是刘老师就去网上学魔方,并和小男孩一起玩。他惊讶地发现老师竟然和他有共同爱好。其他同学看到后,也加入了玩魔方的队伍。从此,小男孩与同学们打成了一片,也更加自信阳光了。刘老师说:"爱孩子不是嘴上说说而已,要真正用心去观察思考,找到巧妙的方法让孩子感受到你的呵护。"

刘老师非常认真。她在督促学生养成良好的行为习惯时，特别讲究语言的艺术，用孩子能听懂、很温暖的话去表达自己的想法。比如督促孩子吃饭别磨蹭时，她不会说："快点吃。"而是温柔地说："趁热吃。"不会问学生"听懂了吗？"而是问"我说明白了吗？"不会跟学生说"你有某个缺点需要改进"，而是说"你还有这些地方可以做得更好"……面对学生，刘老师会从孩子的心理感受出发，字斟句酌地说好每一句话。

当学生出现某些问题时，再小的孩子她也会照顾他们的尊严和情绪。当时有个1年级的小孩子因为积分卡不够兑换自己心仪的礼物，偷偷拿了同学们的积分卡。刘老师发现后并没有当着全班同学批评他，而是把他悄悄叫到一边，温柔地指出他的错误。孩子马上就认识到自己的问题，后来又用自己挣的积分卡悄悄还给了同学们。

刘老师的爱，春风化雨、充满智慧，给孩子小小的心田洒下一片阳光。

用同理心理解家长，用专业知识说服家长

小学孩子住校，家长难免会有各种担心。生活老师作为第二个"妈妈"，就要时时刻刻站在家长的角度来思考问题，衣食住医各种细节都要为孩子考虑周全。刘老师看天气预报从来不只看第二天的，而是看一整周的。因为住宿生返校前，刘老师要提前给家长发温馨提示，准备本周孩子所带的衣物，遇到下雨天还要提前准备好雨衣。

在照顾孩子上，刘老师也一直在学习专业知识。有一次，家长发来信息问："孩子正在换牙期，松动的乳牙吃硬东西会很疼，学校为什么还提供了苹果？"刘老师及时给家长打电话说："您的心情我很理解，我们家孩子小时候也经历过这个阶段。当时医生说啃食硬的食物有利于乳牙脱落，只吃软烂的食物反而不好，乳牙不脱落，会导致长成双排牙，将来不仅要拔牙，还得正畸，既花钱孩子还受罪。"听到刘老师的解释，家长的误会马上消除了，对她的专业也十分佩服。

学无止境，带着爱与智慧一路修行

刘老师爱学习、善钻研，在学校封闭培训和各种专题讲座上，她学习了丰富的医疗、安全等方面的专业知识，如心肺复苏、除颤仪的使用、海姆立克急救法、消防器材的使用方法、季节性传染病的防治等。"学校创造的学习氛围非常浓厚，这些知识和技能都是在照顾孩子们时急需的，我们在互动、分享中实现了共同成长。"

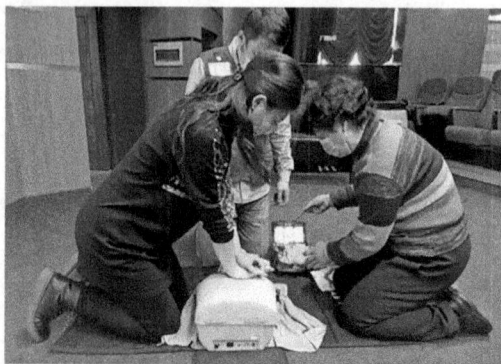

　　此外，刘老师自己还研究儿童心理学、教育学，在网上听取专家讲座，结合工作实践，并将这些知识逐渐内化为自己的教育方法。学无止境，教育是一门爱的艺术，更是一场智慧的修行，刘老师边实践边学，收获了很多很多。在一次全校教职工演讲大会上，她发自肺腑的话引起了大家共鸣：

　　　　"在导育老师这个岗位已很多年，起点却仿佛依然在昨天。

　　　　曾经有人问我：'是什么让你坚持到了今天？'

　　　　我想，是看到孩子们的进步而欣慰的成就感！

　　　　我想，是保持职责心已经成为一种习惯。

　　　　当手机的存储已满，却舍不得删掉任何一张照片，

　　　　因为那里有孩子们一张张可爱的笑脸。

　　　　当盼望他们长大，却又害怕面对毕业离开的那种心酸，

　　　　因为有一种依恋叫不愿说再见。

　　　　这何尝不是爱的无声语言。

　　　　爱，是凌晨照顾生病学生，而肿胀的双眼；

　　　　爱，是孩子吃饭时处理呕吐物的不厌其烦；

　　　　爱，是学生生病时的那一份心疼和挂念；

　　　　爱，是思考如何管好班级而彻夜难眠；

　　　　所有的付出都是为了对得起此生相聚的缘。

　　　　有一天，当我老了，白发苍苍、步履蹒跚，

　　　　回忆起这段往事，依然会笑得很开心，

　　　　因为有一种母爱，无关血缘！"